美术心理学

Psychology of Art

丁宁——主编

丁宁——著

上海人民美術出版社

图书在版编目（CIP）数据

美术心理学/丁宁著.—上海：上海人民美术出版社，2020.1
(中国艺术通识名师精品课)
ISBN 978-7-5586-1420-0

Ⅰ.①美... Ⅱ.①丁... Ⅲ.①美术-艺术心理学
Ⅳ.①J0-05

中国版本图书馆CIP数据核字（2019）第222718号

中国艺术通识名师精品课
美术心理学

主　　编：丁　宁
著　　者：丁　宁
策　　划：孙　铭
责任编辑：姚宏翔
统　　筹：丁　雯
流程编辑：孙　铭
封面设计：棱角视觉
版式设计：胡思颖
技术编辑：季　卫
出版发行：上海人民美術出版社
(地址：上海长乐路672弄33号　邮编：200040)
印　　刷：上海中华商务联合印刷有限公司
开　　本：787×1092　1/16　20.5印张
版　　次：2020年1月第1版
印　　次：2020年1月第1次
书　　号：ISBN 978-7-5586-1420-0
定　　价：88.00元

序言

在这一变化特别驳杂而又迅捷的时代里，人们常常可以感受到一种暗中涌动着的物质主义的迷茫情结，因而，对于走向“诗与远方”的艺术的存在，有些人就有了一种莫名的、不自觉的隔阂、疏离甚或回避。不过，这并非不可改变。当我们频频自觉地接触艺术本身后，它就不再是外烁的，而可能逐渐内化为我们内心世界的一部分，也就是真正走向“诗与远方”。

当然，我们需要亲验的应当是赋予我们以高峰体验（peak experience）的艺术杰作。否则，也有可能徘徊在艺术精神之外的地方。尤其是如今形形色色借“娱乐至上”或“惟新”为名行世的艺术，可能常常红极一时，但是，却并非都是值得称道的，其中有太多浅薄、低俗、反智和无的放矢的东西，与真正的艺术旨归其实相去甚远。它们既不可能久久留存在人们的记忆中，也不会在艺术史上激起任何有影响力的涟漪。倒是如果不予清理、修正或抵制，一时或会让人铸成无可救药的蹩脚趣味，即当年德国哲人黑格尔所谓的“癖性”。

意大利美学家克罗齐（Benedetto Croce）说过一句非常值得反复思考的经验之谈：“要了解但丁，我们就必须把自己提升到但丁的水平……”无疑，只有在最高艺术的熏陶中，才能养成纯正而又高雅的趣味和眼光，同时实现自身精神的真正提升。这也正是我们为什么要亲近经典艺术以及具有深刻意义的杰作的根本原因。

因而，何谓“经典”和“杰作”，如何接近与理悟“经典”和“杰作”，并以此为真实的参照和范本去实现新的创造高度——这类问题显然还是一种思之弥新的课题。尤其是在中国经济正迅速崛起，面向国际社会大家庭或人类命运共同体，日渐成为一个令人瞩目的大国、强国的当下，怎样的文化气度和艺术格局才与之相称或相得益彰，就成了一个特别现实的课题。回望曾经的汉唐开放气象和几乎不可逾越的高度，再想想如今泱泱十几亿人对世界应该有怎样的卓越贡献，我们就不能不感受到一种沉甸甸的担当。

最为理想的，当然就是艺术与生活的和谐融合，这是我们应该为之不懈追求的方向！在伟大的艺术面前，俄罗斯大作家陀思妥耶夫斯基曾经坦承，自己愿意成为“美的奴隶”，因为“美可以拯救世界”！另一位俄罗斯大作家屠格涅夫在德国柏林终于亲睹古希腊的雕塑时，曾经由衷地感慨：“我多么幸运，我没有在饱享此番眼福之前死去，我看到了所有的一切！”让艺术，尤其是美的艺术，成为我们生活的有机组成部分，这是最美好不过的。与此同时，也并非所有人都需亲手创造艺术。除了成为艺术家的那极小一部分人之外，更多的人，无论是从事与艺术相关行业的人（如教育者、博物馆从业人员、文化行政管理人员等），还是从事与艺术相关甚少的职业的人（这应该是为数更为众多的人群），都是要以享受艺术为旨归的。要做到这一点就不能浅尝辄止、附会风雅而已，而是有必要不断提升自己的艺术修养水准，增加有关艺术的理论、历史知识，提升用文字加以深刻阐述的能力。只有这样，那些能够激赏伟大艺术的人才会成为推动艺术创造的受众，让艺术家协力缔造新的“期待视野”!与此同时，正是在人们一次次地穿行在伟大艺术的时间长廊里并得到沦肌浃髓的高峰体验时，文化和艺术的创造力才可以获得滋养和激发。所以，归根结底，与伟大艺术联系在一起的生活，是一种有意义的、令人心仪的境界。

我们相信，无论是艺术院校中的莘莘学子，抑或是会对艺术念兹在兹的普通读者，都可以从艺术（尤其是伟大的艺术）中得到滋润心灵的雨露，尤其是在有一套相对系统的丛书予以导引的情况下，就能事半功倍。

这套丛书的推出正是基于以上的出发点。首先，丛书的内容范围涉及艺术美学、艺术概论、美术心理学、中国美术简史、外国美术简史、中国画论导读、外国画论导读、美术鉴赏、中国书法艺术鉴赏、中国书画鉴赏以及美术专业论文写作等。这是关于艺术的一个颇为基本的知识系统，基于此，读者可以进一步深化，并延伸到艺术的诸多其他方面。其次，它力图融入国内外最新的学术成果，以给人耳目一新的印象。再次，它体例上则尽可能脉络清晰，语言尽量精练。这样，把读者的期待放在首位，就会拉近本套丛书与读者的距离。相信作者们的良苦用心会获得读者或多或少的共鸣。

艺术，自然是一个开放的大话题。我们这套丛书只是一个引子而已。

是为序。

丁 宁

2017 年 8 月 9 日深夜写于爱丁堡大学

目录

CONTENTS

第一章 引论

当人类开始凝视艺术女神的微笑时，她也同时面对着艺术的神秘之维。从古希腊人的神话设定来看，艺术涉及了众多复杂的领域。饶有意味的是，天神宙斯和记忆女神所生的缪斯们所司管的对象甚至超出了我们的惯例思路。譬如，欧忒耳珀（Euterpe）这位据说发明了长笛的女神专司音乐与诗；塔丽亚（Thalia）既掌管喜剧，也负责田园诗；墨尔波墨涅（Melpomerne）专事悲剧；忒耳西科瑞（Tesirchore）除了负责舞蹈之外，还掌管戏剧合唱，后又兼管抒情诗；埃拉托（Erato）专司抒情诗；波吕许尼亚（Polyhymnia）负责颂歌；卡利俄珀（Calliope）掌管英雄史诗，以及灵感和雄辩；克利俄（Clio）这位发明英雄诗的女神却负责历史；乌拉尼亚（Urania）甚至专司占星术。令人惊讶的是，从女神们分工甚细甚至越出艺术之域的对象中，我们却无以找见美术的影子！古希腊人，这个充满了德国哲人史宾格勒所说的那种强大的“阿波罗精神”（即造型意志）的民族，为什么不在神话中的艺术女神身上稍稍暗示一下当时和未来的造型方向的辉煌成就呢？[1] 雄伟的巴特农神殿、曼妙的瓶画以及静穆而又伟大的雕塑等，都确凿无疑地表征着古希腊民族可以永远引以为自豪的造型追求。或许，睿智的缄默正是赋予其一种崇高艺术的应有心境，如果没有合宜的阐释路径的话；或许，无言的理解正是为思想留出无限空间的最好办法，如果多少意识到色、线、形所构成的视象之下蕴含着无以言喻的神秘性的话……当然，这一些仅是善意的猜测而已。让上述的“黑暗的感觉”变得豁然起来，使我们能够更加真实地感受到造型艺术活动的内在律动，恰恰是当代美术心理学所面临的富有挑战性的使命所在。

---

1 我们至多可以推想的是，造型艺术是其他神祇（如日神阿波罗）兼而司之而已。

第一节 美术心理学的含义

在赋予美术心理学以较为确切的界定之前，我们不能不先说一说“美术”这一概念，尤其是它在语用史上的意义。也许是语言学家常称的语言老化的缘故，如今人们已不大理会汉语中这一概念的西方色彩了。但是，正如有的美学研究者所强调的那样，在中国的古典美学中所谓的“美”远不是最高的艺术范畴。因而，可以想见，“美术”在中国应该是一个较为晚近的概念。这在西方也大略如此。波兰美学家塔塔克维兹（Władysław Tatarkiewicz）在其《六个概念的历史》一书中总结过，“艺术”（art）是一个从广义上讲包括了学问和技艺的概念，它经历过种种不同程度的变易。在古代甚至中世纪，“纯艺术”（fine art），其意义不完全等同于现在的“美术”，而是混杂在其他事物中的，因为，当时凡是涉及技艺和规则的东西均在艺术之列。我们所熟知的“美术”也因而在宽泛无比的能指系统中失去了自己真正的标记。饶有意味的是，古代人并不是没有任何我们今天所指的美术活动，诸如绘画、雕塑和装饰等，但是，他们曾经完全地遵循了一种相当绝对的判别原则：只有精神的努力才能诞生真正的艺术，也即“自由的艺术”；相反，诉诸体力的劳作只能产生粗陋的艺术。依据这样的观念，雕塑作为一种需要投入体力的创造就至多只能停留在纯艺术的边缘而已，甚至绘画也有可能被列入非自由的艺术。这种情形一直到了文艺复兴时期才有极大的改观。米开朗基罗在1549年的一封信中就写道："如果更卓越的判断力与难度，障碍与劳作，并没有构建起更高的高贵性，那绘画与雕刻在本质上就是相同的。而要使这一观点能够成立，那每一位画家都应该像思考绘画一样思考雕刻……既然两者都出自同一根源，并具有同样的智慧，那雕刻与绘画就完全可以在一起和谐共处而将那些冗长的争辩抛到一边，那些争辩耗费了比两种艺术实践更多的时间。"[2]在这一时期里，一方面，由于美的地位显著提高，其创造者诸如画家、雕塑家和建筑家等，都逐渐被人们所看重；另一方面，这些创造者都不同程度地具有一种和一般匠人区分开来的愿望，使得美术的独立性迅速提高。尽管在15世纪就已开始有了一种从行会工坊向美术学院的过渡，但是，事实上，"美术"也还没有充分地从其他事物（如科学）中分离出来，因为对于画家和雕塑家来说，与其被人看低为匠人（artisan），还不如被误解成学者（scholar）。虽然直到16世纪仍没有"视觉艺术"或"美术"的明确专称，但是，和"美术"关系相当直接的概念却应运而生了。譬如乔万尼·彼得罗·卡普列阿诺（Giovanni Pietro Copriano）在其诗学著述中就把绘画和雕塑划入"高雅的艺术"（the noble arts），原因是，它们作为我们高尚感受的对象，比其他事物更加完美、高雅，并且更富有生命的力量；罗多维珂·卡斯特尔维特罗（Lodovico Castelvetro）则把绘画和雕塑等称为"记忆性艺术"（the memorial arts），这既可能与艺术女神的母亲摩涅莫绪涅（Mnemosyne）是记忆之神有关，也确实把美术同实用之物在本质上区分开来，因为前者只是存留和再现记忆中的事物或事件而已。今天，"美术"的概念已经渐趋明确，然而，它的背后却确实有过一段长长的观念的变迁过程，只不过我们很少意识到这一点罢了。

---

2 ［意］米开朗基罗:《我，米开朗基罗，雕刻家：一部书信体自传》，初枢译，上海人民出版社，2007 年，第 247 页。

在这里，应该提到的概念还有“视觉艺术”。由于美术作品主要或者首先是通过视觉而为人们所掌握的，因而，把“美术”称为“视觉艺术”也是一种合宜的做法。在西语中，由于“美术”在词义上常常难以同其他门类的艺术明确地区分开来，因而，“视觉艺术”的提法不但已和“美术”相提并论，而且近几十年来似乎还有赶上和取代后者的明显倾向。当然，“视觉艺术”还应包括一些非纯艺术性质的工艺设计甚至建筑的某些部分。不过，可以令人放心的是，“视觉艺术”这一概念并不适用于电影艺术、舞蹈艺术和戏剧艺术等这些同样关涉人的视觉感受的艺术门类。因为，对于电影、戏剧的接受而言，人们不仅仅需要视知觉的参与，而且同样还要求运用听觉进行感受和理解以把握电影、戏剧艺术中的音响、言语等，在这种意义上讲，与其把电影、戏剧划归为视觉艺术，还不如称之为综合艺术。至于舞蹈艺术，也是需要对其中的音响加以感知的，更为重要的是，舞蹈表演艺术家及欣赏者的动觉感受构成了舞蹈的一个相当特殊的方面，所以，它同样不宜叫作视觉艺术，而要列入表演艺术。正是基于上述考虑，本书中的“美术”是和“视觉艺术”的概念相通用的。此外，似乎还要提一下“艺术”的单、复数形式。从语用的情况看，当“艺术”一词作为一种复数的概念（arts）时，往往确指所有门类的各种艺术；而当它以单数形式（art）出现时，又往往可能单指视觉艺术或美术，包括绘画、雕塑等。因而，具体的语境如果相对明确，艺术的概念也可与“美术”相称。

不过，我们与其要“定格”美术概念的恒定性质，还不如更关注它充满生气的变易。稍稍具备一点美术史知识的人都会发现，美术自身的流变从来没有停止过，而且它在今天的剧变程度可能是前所未有的。美术是一种以变量而取得生命活力的人类活动，或许这应该是更为根本的观念。

既然美术从来不是什么僵死的现象或存在，那么，偏重于从心理学方面研究美术的美术心理学，就尤其能凸现它的过程意义了，因为正是在其过程中潜隐和流动着心理的丰富性内涵和充分的深刻性。不过，尚需注意的是，对于美术心理的关注可以出现两种不同的方向。德国的哲学家、心理学家寇尔帕（Oswald Külpe）曾经指出，任何涉及审美的东西都无以回避心理学："如果说同心理学的这种关系有时会引起争论的话，这大概只是由于无关实质的分歧而产生的：一些人认为美学的专门任务是用特殊的观点考察心理现象；另一些人认为美学的专门任务是研究特殊事实领域，但一般是从纯心理学的角度去研究的。在前一种情况下，我们得到的是心理事实的美学，在后一种情况下，我们得到的是美学事实的心理学。"[3]同样，美术心理学也不是一般心理学所谈论的美术问题。因为美术现象作为心理学的一种印证和例说时，往往失去了许多丰富的规定性，趋向于适合一般的情境和发展水平。所以，美术心理学要更倾向于从心理学的视角考察美术现象的整全心理意义，并且由此凸显美术本身的特殊规律。正是这一内在要求赋予美术心理学以特殊的规定性。它不能以牺牲美术现象的整体性意义为代价去证实某种心理学的定律或法则，而是以心理学的态度为出发点，阐发美术现象整体性意义的深刻内蕴。只有这样，它才不会是心理学的某种附庸的产物，而可能在心理学本身感到疲软的地方崭露独特的优势，使心理学也会在它星光灿烂的地方找到某种启示、参照和激励。阿恩海姆曾在给温诺（Ellen Winner）《创造的世界》一书的序言中写道："在艺术中，人的内心情感得到了最纯洁的表现，灵敏的心智得到了最充分的发挥。无论是谁，只要能正确地对待艺术家们的心理、作品……就不难对人性作出令人满意的解释。"当然，话说回来，美术心理学的主要使命不是为了心理学的目的而设，但对于人性的理解的殊途同归，却也在根本上凸显了其意义所在。

以研究记忆而出名的德国心理学家艾宾浩斯曾经在20世纪初在其《心理学：基本课程》一书中说过一句话："心理学有一长期的过去，却只有一短期的历史。"此言用在美术心理学上或许更为贴切些。作为一门边缘性的年轻

3 ［德］寇尔帕：《哲学引论》，转引自［苏］维戈斯基《艺术心理学》，周新译，上海文艺出版社，1985 年，第 23-24 页。

学科，美术心理学本身也是正处在逐渐确定的过程中的。其实这种情况也最明显不过地证明着，这一学科还在大步向前迈进。我们努力的目的就是要在美术心理学的意义上缩小“应知”和“已知”之间的距离。

第二节 美术心理学的理论背景

当我们回视美术心理学的最初源头时，看到的无疑是一种历史久远的认识传统。换句话说，早在心理学成为一门独立而又自由的学科之前，有关美术心理的种种猜测和描述已能连缀成不乏华彩的思想之流了。它们汇集在哲人们的艺术反思之下，成为某种灵魂厮守的归向。中国儒家津津乐道的《周易》就包含了相当有潜力的美术思想，其中也不乏美术心理方面的某种指涉。比如，《贲卦》中的“上九，白贲，无咎”庶几是中国古典美术的基本心理要求。从绚烂的青绿山水发展到近乎无色的水墨山水的艺术史，不仅逻辑地印证了先人们的这一审美的极致理想，而且也使中国古典美术成了在内在气质上最难匹其俦的东方艺术之一。西方的情形也大略如此。当艺术的魅力成为一种思想的驱动力，心理的东西就成为追求的一个目标，恰似托马斯·门罗在《艺术心理学的过去、现在和将来》一文中所描述的那样：“对艺术的本质，从心理的角度加以推理研究，大概起源于广泛流行的对超自然力量和艺术家灵感的原始信仰……那种符合神意的颂诗和符箓可以祓禊禳灾，符合神意的雕像、神庙和宗教礼仪剧则可以使神灵愉悦，显然神灵是有所偏袒的，正是在这些地方闪现出审美趣味……”[4] 古希腊的大学者苏格拉底也曾和帕拉西俄

4 See *The Journal of Aesthetics and Art Criticism*, Spring, 1963.

斯讨论过雕塑表达人的内心的特有方式。他要求绘画“表现出心灵的状态”，认为这样才拥有真正的活力，等等。至于柏拉图所萦心的绘画的模仿问题，则完全是地道的美术心理学的命题了。

然而，正如心理学的独立是以1879年德国心理学家冯特（Wilhelm Wundt）在莱比锡大学创立第一个心理实验室为标志的那样，美术心理学也同样属于比较晚近才产生的一门学科。不过，这样的描述并无绝对的意味。原因在于，美术心理学作为一种学科尽管成熟得较晚，但是，它很早就为有成就的心理学家所瞩目。例如，属于黑格尔学派的蔡沁（Adolf Zeising）在1854年就提出讨论的黄金分割原理，并在近代实验心理学家费希纳（Gustav Fechner）写成于1865年的《关于黄金分割律的问题》一书中得到种种的验证和修正；[5]与美术关系最紧要的色彩理论，诸如杨格-赫尔姆霍茨（Thomas Young and Hermann von Helmholtz）色彩说、赫林（Karl Ewald Konstantin Hering）色彩说等，都早在冯特建立第一个心理学实验室以前就已形成。尤其是费希纳完成于1876年的两大卷《美学导论》，早已相当充分地涉及了美术心理学的问题。

不管怎么说，把美术心理学看作是科学形态的心理学发展背景上的一种产物是完全正确的。美术心理学尽管还不十分完备，但其中的重要命题和基本原理却都与一般心理学相关甚密，离开了心理学，美术心理学将是十分不成熟的。不过，问题还在于，心理学本身也不是铁板一块，即使是在冯特创立了第一个心理学实验室之后，心理学的发展也是相当复杂的。这种情形决定了美术心理学的发展也可能是多向化的。事实正是如此。如果做一种大致的归纳，我们至少应该承认下列五种美术心理学流派，即：1.实验美术心理学，2.精神分析派美术心理学，3.格式塔派美术心理学，4.认知学派美术心理

5 费希纳的修正颇多，如他证明垂直线以平分为最美，十字以上下均分为最美，而这些线条长度的划分均不合黄金比例。

学，5.人本主义美术心理学。正是这些风采各异的美术心理学的不断发展，使当代形态的美术心理学的建设获得了现实的条件或基础。把握这些流派各异的美术心理学的概况，不仅可以使我们窥见到美术心理学的丰富积蕴，而且也有助于我们在摆脱“无知的无畏”的同时，体认美术心理学的未来走向，使仍然处在创榛辟莽阶段的美术心理学真正迈向它的成熟阶段。

1. 实验美术心理学

初看起来，实验美术心理学成为美术心理学的先声似乎是历史的巧合，但是，稍加追究即可发现：一方面是心理学（尤其是实验心理学）的逐步成熟为美术心理学的实验方面提供了可行的概念和方法（感知、注意、反应时间以及情绪等只是在冯特时期才有广泛的研究）；另一方面则是美术理论本身的一种发展逻辑所致。以黑格尔为代表的自上而下（von Oben）的研究在成为一种很难企及的顶峰后，自下而上（von Unten）的研究就非常自然地应运而生了。它虽然不完全是逆反于黑格尔式的理论神话，但确确实实构成了美术理论的一个具有纪念碑意义的跃迁。

费希纳（见图1-1）被人尊为实验美术心理学的鼻祖是当之无愧的事情。在37至39岁期间，费希纳发表了有关补色、主观色的专题论文，还曾讨论过人类感觉的后象心理。这一切为以后的系统研究奠定了坚实的基础。在64至75岁期间，他的主要兴趣都集中在审美心理方面。他极力要寻找美的线条的定量关系，并曾参照绘画杰作，体会画家在无意识中所运用的线条关系。譬如，对于德国肖像画家、版画家霍尔拜因作品的真伪问题，费希纳就做出过相当独特的研究分析。当时的人们对德累斯顿和达姆施塔特两地的圣母玛利亚像均出自霍尔拜因之手这一说法曾有许多的争议。尽管两幅作品在总体上似乎有一致性，但是详略不同。达姆施塔特画中有一孩子（即基督），德累斯顿画中也有一孩子，不过那是病孩，或许是画家应某一家庭的请求，把一个已经夭折的孩子画在肖像上了。对此，费希纳独辟蹊径地采取了公正的态

图1-1 费希纳

度，指出这两幅画可能都是真的。[6]

《美学导论》作为费希纳的主要著作，体现了他的实验研究的全部内容。其中的16种原则至今仍对美术心理学具有相当的参考价值。这16种原则分别是：（1）审美阈原则：这一原则运用于意识水平，它要求刺激在它能够使主体产生快乐或者痛苦之前必须有一定的持续时间并达到一定的强度，换言之，进入审美阈限的刺激，才有可能唤起审美愉悦。（2）审美加强原则：按照这一原则，几种快乐的条件联合起来所产生的总的满意感，大于任何一种孤立条件下所产生的满足，或者是大于把各个条件分别产生的快乐加起来的总和。（3）多样中的统一原则：千篇一律的东西或者错杂繁乱的东西都不能产生快乐，只有既表现多样又有统一的东西才能引起人的快乐。（4）没有矛盾，一致或真实的原则：这一原则表明，我们宁可要图像的和谐和真实，而不要其矛盾和错讹。（5）清晰性原则：对于明白、清楚的事物的直观才会引起愉快。（6）审美联想原则：审美中除却当下直接感受的印象之外，通过联

6　参见[美]E.G.波林：《实验心理学史》，高觉敷译，商务印书馆，1981年，第319-320页。

想唤起过去的印象，同样会引起快乐。(7) 审美比较原则：事物在质的方面或量的方面存在可资对照的条件下，感受的愉悦性大于各件事物单独引起的愉悦性。(8) 审美序列原则：快感会因为与时间上先行的不快感的对照而增强，也会因为与时间上先行的更大的快感的对照而减少；同理，不快感也会由于与时间上先行的更大不快感的对比而减弱。(9) 审美调和原则：不快的印象通过随后的快感的作用，能在复杂的和更大的快感中得到调和。(10) 审美的总和、中和与饱满的原则：对刺激群进行一种总括，使之连续反复进行，能够强化刺激印象；中和则能使刺激不超过限度；刺激若是过分饱满，就会引起不快感。(11) 审美的持续和交替原则：某一审美感受可以持续一定时间，但是若超过一定限度就会引起疲惫的不快，在这个时候，若是改变审美感受的类别，则会引起快感。(12) 审美的传导原则：在普通的情感状态下，他人的快感会传导给我们，他人的不快也会使我们感到不快；然而在不快的情感状态下，他人的快感反而会传导给我们以不快。(13) 审美感受的双重表象原则：对自身过去与未来的愉快或不愉快的回忆、期待，包含着双重的表象。第一重是对于过去、未来的表象本来就具有的愉快或不愉快，第二重则是伴随着第一重的表象而产生的相应的愉快或不愉快。(14) 审美的适中原则：在量的方面或是在质的方面，过度的印象会导致不快感，而适中的印象则会引向快感。(15) 审美的耗力最小原则：快乐来自同所抱目的相关的精力的最小消耗，而不是来自精力自身的最大节省。(16) 审美的安定性原则：部分与整体的和谐表现出生命力的协调关系，而快感则产生于其中的安定性，等等。在以上的16种原则中，前6种在审美中起了主要作用，而后10种则显得较为次要。

尽管和自上而下的美术理论相比较，费希纳的研究显得不甚系统、严谨和深刻，然而，这种完全不同于古典的美术理论表述的试验研究，确实具备了无与伦比的具体性和直接的可应用性。它对后来偏重于实验性结论的当代行为主义美术心理学产生了相当深远的影响。实验美术心理学虽然发展艰难，但是，却是效度和信度最为显著的美术心理学分支。它的其他研究成果将会在本书的其他部分中予以介绍。

2. 精神分析派美术心理学

这一历史相对晚近的美术心理学派由于和颇有争议的精神分析学说以及创始者弗洛伊德（见图1-2）联系在一起，其面目是相当模糊不清的。早在20世纪60年代，托马斯·门罗（Thomas Munro）就不无强调地说过，弗洛伊德的“基本思想，在今天仍然或多或少地受到怀疑，但是却又被外行地运用于艺术问题和美学，而且经常是以一种错综的或歪曲的方式去运用，因此，有人坚决反对把精神分析运用于艺术之上。但是，如果谨慎地应用同时又不排斥其他资料，精神分析理论对于艺术和艺术家的解释依然是深刻的解释”[7]这种观感大致不差。

弗洛伊德是先有实践后有理论阐释的心理学家。他对于心理学的贡献涉及人类动机即动力心理学的研究。在过去，冯特及其追随者们的心理学研究，继承的是联想心理学和生理心理学的传统。他们从事感知觉、反应时间等的研究，甚至还重视意识的内省分析，但是，却忽略了人的行为背后所隐藏的动力因素。在这一点上，弗洛伊德确是补偏救弊的一大功臣。他在精神分析研究中所涉及的难题几乎没有什么方面不能给美术理论以深刻的启示。例如，潜意识问题。弗洛伊德认为它是人的内心生活的能量的蓄积库。尽管潜意识的大部分不能呈示到意识的水平上，然而它却在冥冥之中影响甚至规定着心理的最细微的活动。艺术似乎天然地和人的潜意识难分难解。再如泛性论，这是最受诟病的命题。但是，在后期的弗洛伊德思想中，这种命题渐与

---

7 Thomas Monroe. The Psychology of Art: Past, Present, Future. *Journal of Aesthetics and Art Criticism*, Vol. 21, No. 3, Spring, 1963.

图1-2 弗洛伊德

文化的思考结合起来，使艺术的升华原则有了一点社会学的意味。又如死本能说（Thanatos）：这是一种追求涅槃的冲动，它正好和把人推向不朽的爱欲（Eros）构成对应的关系。这也许是弗洛伊德把生与死统一在人格理论之中的大胆尝试。死本能说对于进一步分析艺术家的高峰经验（尤其是非理性经验）无疑是多了一种门道。[8]又如文化态度的把握。在弗洛伊德那里（尤其是晚期的著作中），文化的东西不再是外在的现象，而是和人的全部内在性融合在一起。尽管弗洛伊德对心理决定主义总是自觉不自觉地持有偏好，然而，毫无疑义的是，对于艺术家做整体深层的理解正是他的一种难得的思路。

由于弗洛伊德对美术作品有独到的鉴赏和收藏兴趣，他的心理学论著充满了这方面的例证。这些例证不只是归属于心理学的论述，有些恰恰是在美

8 有关这一点也可参照尼采所谓的日神和酒神的艺术冲动。无论日神或是酒神都植根于人的至深本能，前者是作为个体的人借外观的幻觉自我肯定的冲动，后者则是个体的自我否定而复归世界本体的冲动。

术心理专题中出现的。然而，弗洛伊德和学院派的美术理论家是大相径庭的。他不追求美术的普遍原理，也不为了确定美术作品的价值而建立规则、标准之类的东西。他始终旨在探索和披露那些沉睡在人的心理之中，而又被社会的规范和习俗的禁忌所玷污的源泉。他坚信，这些潜在的心理源泉在美术以及宗教、科学等领域里，为人类创造性的探险指引着方向。在他最得意的后期著作《文明及其缺憾》中，弗洛伊德更为广泛地涉及美术及其他文化现象，他独到地把美术与梦、民间传说、原始宗教以及文明中的建设性和破坏性的斗争联系在一起，从而对于揭示美术问题的深层意义（如美术中的象征）起了不可估量的作用。因而，精神分析派美术心理学又可称为深层美术心理学。

这里，我们不妨先了解一下弗洛伊德有关艺术家审美动力以及艺术家的早期经验和审美创造之间关系的论述。关于审美动力，弗洛伊德第一次明确地把它纳入潜意识范畴。与潜意识的关系最紧要的是“力比多”（libido，在早期著作中专指性欲，后含义逐渐泛化），因为它衍化为种种意图和愿望，其实质就是一种动力性的因素。通常来说，这种动力总是要求平衡与和谐，由此才能从不满足、不愉快等过渡到满足和愉快等。这一发展趋势构成了所谓的“快乐原则”。然而，问题又在于，人类的文明必然地构成了对力比多的种种限制，而且，与此同时，社会化的程度决定了它必须迁移到一种不但不危害社会规范而且同时还应有利于社会化发展的活动上去。这就构成和快乐原则相对立的“现实原则”。但另一方面，社会的规范、约束和限制虽然把节余的精力转移了，却未必能彻底地转移它。于是，就有可能产生如此两种后果：一是精神的压抑，二是被压抑的精神的爆发。依弗洛伊德的看法，人从早期就遭受了这样的压抑，并因此在心理的深处积贮下来。这种积累或潜伏下来的东西可能转化为受阻的能量，它往往要求在不受意识稽查的空档上得以释放，梦（包括白日梦）便是一个显例。艺术家也是一类寻求力比多能量宣泄或转移的人，只不过使节余的精力通过想象升华到可以为社会所认可的方向上去而已，而一般的人则更近乎于一种纯粹力比多的转移。昼梦或夜梦作为潜意识能量的去处往往是一个自私而隐蔽的世界，充满了令人羞耻的内容，有些甚至是不可告人的。但是，通过对梦的详细分析，人们可以发现梦和艺术家的创作意识状态具有惊人的一致性。譬如，梦总是有巨大的压缩作用。把梦的内容记下来也许只有半张纸，而可作的精神分析却可以多达6至12倍。可以想见，压缩也有一种躲避意识监视的倾向。同样，艺术家在选择和提炼题材时也会对潜意识中的力比多加以伪装和变形。其次，梦总是呈现视觉的形象，绝少有抽象、无形的思想。在梦的世界里，最为活跃和流动不定的总是与记忆相关的情绪性表象。第三，梦中的视觉形象几乎都处在一种高度紧张的“戏剧性”中，它与日常生活中的情形形成了相当鲜明的对照。凡此种种，弗洛伊德很坚定地认为，一切艺术家无不是白日梦型的幻想者。在这种意义上说，所谓的美术作品，作为一种心理意义的特殊形式，就可以成为人人都可进入并且从中得到替代性满足的对象，从而构成对现实生活中无以呈现的欲望的补偿。从这一点出发，弗洛伊德形成了以下三种观念。（1）美术家追寻压抑的宣泄或者力比多的转移往往具有固着性（fixation），因而，他们同精神病人颇有相似之处。但是，在本质上他们又与精神病人有别，因为美术家往往能成功地找到一种绕过现实原则所造成的挫折、压抑等的方式或道路，并且实现对挫折、压抑等的替代性补偿，最终逃脱了沦为精神病患者的厄运。同时，美术家虽然比常人更善于中断与现实的联系从而进入一种虚幻的状态，但是，他们不会永远驻留其中，并且具有足够的心力返回现实。（2）艺术中的形式只是隐秘个人性欲得以满足的过渡物，而形式之下或背后的内容才是真正使人得到快乐的情绪对象。形式充其量是刺激性的钓饵，它只能使人的感情进入一种特定的微醉状态，别无其他的显要性了。因而，美术的内容总是高于形式的存在。（3）任何形式都透露或掩饰着变形了的欲念，因而对美术作品的符号加以解剖，最终都可以达到美术家意识深层的内容。譬如达·芬奇对圣母像的热情就是对早年离别的母亲的情绪升华。同样，对于接受来说，特定美术作品之所以具有特别的吸引力，乃是因为它既不损害内心的“超我”，又和“自我”甚至“本我”相协调，从而达到高度的净化。以弗洛伊德本人为例，他特别迷醉于米开朗基罗的《摩西像》，就是因为后者使他不知不觉地看到了自己的影子。据《圣经·旧约》，摩西起初就是一个不为人重视和赏识的先知，他的预言的正确性只是到了最后才被人们所认识。可见，1914年时弗洛伊德对《摩西像》的那份共鸣热情，是与其自身经历以及理论的最初命运相关联的。

弗洛伊德对美术家早期经验和后来美术创作的探究，完全和作为深度心理学的精神分析的旨趣相一致，因而可以看作是对审美动力问题的逻辑延伸。应该说，对于美术家童年的关注并不始于弗洛伊德，自文艺复兴时期的瓦萨里以来，对美术家生平的兴趣已成为相当强大的阐释因素。但是，精神分析对美术家早期经验的注意有两个很鲜明的特色：（1）为了凸显早期经验和美术创作的重要关联，倾向于把这种关联看作是无所不在的、普遍性的事实；（2）由于这种特定联系的存在，美术作品的理解、阐释得到了一种可靠的依据。换言之，美术家的早期经验是理解其作品的一把钥匙。弗洛伊德本人就是试图从有关美术家的生平和绘画的现存文献中，勾勒美术家的人格和动机的深刻图画。同时，他也认定，每一个处于游戏之中的儿童本质上就是一个创造性的艺术家，因为前者也是在创造一个属于他自己的世界，或者更确切地说，儿童是在以一种足以使自己开心的新方式重新安排他世界里的东西。[9]正是由于儿童对游戏倾以情感，他们对幻想世界和现实很难严格地区分开来，对现实的要求如果受挫就会产生痛苦的体验。达·芬奇就是一个显例。作为私生子，达·芬奇在幼年时是和亲生母亲相依为命。但是，大概在3至5岁时他却被人领走，开始同生父和后母一起生活。此前，被其父亲遗弃的生

---

9 Howard E. Gardner. *The Arts and Human Development: A Psychological Study of the Artistic Process*, New York: Basic Books, 1973, p. 18.

母，把所有的爱都给予了儿子。弗洛伊德推断，达·芬奇的亲生母亲可能非常宠爱儿子，并由此促成了达·芬奇性意识上的敏感，对母亲产生了强烈的俄狄浦斯式的依恋。但是，早年的离别使这种依恋成为可望而不可即的目标。正因此，达·芬奇拥有了成为一个艺术家的两个重要条件：（1）异乎寻常的驱力，（2）使驱力的满足受到压抑的种种条件。不过，人们进一步要探究的问题是，达·芬奇为什么成了艺术家而不是精神病患者呢？因为，这里还存在着这样的可能性：要么是为了防卫这种驱力而采取逆向的反应（即压抑），甚至把对母亲的百般依恋化为憎恨和敌意；要么对一切异性都持敌对态度，由此达到体验的麻木状态。对此，弗洛伊德指出，达·芬奇的绘画杰作中的异性形象虽然是在复活他的母亲（据传是凯特琳娜）的动情微笑，表白一个小男孩对母亲迷恋的纯真希望，但是，这种表白是一种完全升华了的形式。以达·芬奇的《圣母、圣婴和圣安妮》（1510年，巴黎卢浮宫博物馆，见图1-3）为例，画家从中无意识地同时表现了对生母和后母之爱的渴望。首先圣母衣服上秃鹫的轮廓线及尾巴直接引往圣子的嘴唇，暗示了画家的某种心理取向。两位女性笑意盈盈的面容都是母爱式的，而且两者都一般年轻、优雅和

图1-3　达·芬奇《圣母、圣婴和圣安妮》，1510年，板上油画，168.5×130厘米，巴黎卢浮宫博物馆。

富有魅力。其二，这种描绘已有悖于《圣经》中的描写。在《圣经》中，圣安妮的实际年龄要大得多。最后，该作品的构图也是饶有意味的：画中的三个人物呈三角形，暗示了达·芬奇希望得到两个母亲的爱抚和养育的潜在愿望。总而言之，《圣母、圣婴和圣安妮》的创作使达·芬奇童年时期的最内在愿望得到了升华的（因而也是局部性的）满足。

虽然已有不少学者不止一次地提到，要全面地评价这位既大胆冒犯人类思想禁区又遭纳粹排斥[10]的学者的心理学思想是困难的。但是，至少在涉及美术心理学的问题上，我们却不难看出弗洛伊德观点中瑕瑜互见的东西。首先，应该承认的是，弗洛伊德是第一个把研究的视线牵入美术家最幽深的内在世界的心理学家。虽然像力比多之类的概念不无令人发窘的意味，但是另一方面也可以启示人们去把美术家的艺术冲动看作是来自生命本体深处的东西。这样就不可能把美术家当作是冷冰冰的人，而是有血有肉的主体。就这一点来说，弗洛伊德并没有看偏了美术家，而是在一定程度上高扬了他的主体意味。因为在古典的概念中，美术家与其说是富有个性和创造欲的人，还不如说是为重复劳动所累的艺匠，而在现代的某些理论那里，美术家则又成为被理性法则所规约的操作者和热衷于近乎几何游戏的形式论者。其次，我们不难注意到，每当弗洛伊德谈论某一个美术理论命题时，他往往会涉及更多的问题，从创作的动力、美术家的心理素质，到美术的形式和内容、美术的社会功能等，都有着相关的论述。所以，有的学者甚至这样断言，弗洛伊德几乎接触了美术理论的所有方面。第三，弗洛伊德作为第一个对美术问题表现极大兴趣的专业心理学家，影响是相当深远的。E.G.波林曾在他著名的《实验心理学史》中声称：“谁想在今后三个世纪内写出一部心理学史，而不

10　1933 年，纳粹下令烧毁弗洛伊德的著作。弗洛伊德自嘲道，历史还是进步了，如果在中世纪他必遭焚身之刑。弗洛伊德的四个妹妹都在奥地利被杀。

提弗洛伊德，那就不可能自诩是一部心理学通史。”同理，如果在一部《美术心理学》中不提到弗洛伊德，也将是一大缺憾。有关弗洛伊德对美术心理学的深远影响，下面我们将有所讨论。

毋庸讳言，弗洛伊德的偏颇甚至肤浅也是赫然摆在我们的研究视野内的。第一，在总的原则上，弗洛伊德理论的非社会学倾向，不但在前提方面是不可验证的，[11]而且在许多地方引申得有点离奇了。即以他对达·芬奇名画《圣母、圣婴和圣安妮》的分析为例，他把画家将圣安妮画得如此年轻而又迷人的原因归结为达·芬奇的俄狄浦斯情结的反映，这实际上是较难站得住脚的。因为，稍稍具备历史学和美术史常识的人们都会知道，在达·芬奇所处的那个时代里，对圣安妮的狂热崇拜原本是十分盛行的事情。而且，在教皇钦准的祈祷书中也早就有了三人像的木刻插图，其中，玛利亚就坐在圣安妮的膝盖上，而圣子则坐在玛利亚的膝盖上，成为她们目光注意的同一对象。所以，鉴于这一点，弗洛伊德发现“微言大义”的三角形构图，未必是达·芬奇所独创使用的。我们当然不能忽略对美术家隐在的心理动机和人格因素的深层分析，但是，与此同时，毫不顾及作品图像的社会性成因，就可能沦入凿枘不投的结论之中。其次，是不是所有的美术作品都必然地和无意识领域中的童年情结有关，或者更进一步说，假如力比多的转移、升华是必然的和普遍的，那么，这种转移抑或升华寄托在美术的形式之上是否都有确定的价值？毫无疑义，如果我们完全按照弗洛伊德对美术的内容范畴的理解，那么在确定美术作品的优劣时就会捉襟见肘。因为，至少来说，美术作品的深度并不一定是由创作者的个人历史（尤其是力比多经验的受挫与否）所决

11 著名的英国哲学家卡尔·波普尔就是从不可证伪性的角度把弗洛伊德的理论列入非验证性科学之列，依照波普尔的思路，尼采的所谓“上帝死了”和弗洛伊德的学说是一回事。

定的，我们可以意识到的历史和社会的因素应该具有更加重要的意义和作用。其三，正因为弗洛伊德在阐述美术心理学的问题时，基本上采取“六经注我”式的态度，因而，他所解释的作品不一定都具有充分的代表性，从而其有关学说在解释其他种类的美术作品时就往往是南辕北辙，缺乏普遍的适用性。对此，连弗洛伊德本人也略有感触。他曾经这么表示过，面对富有创造性的艺术家，精神分析只有放下自己的武器。确实，可以鞭辟入里地解剖一般人的精神压抑和转移的潜因的精神分析原则，未必一定能够解释天才型的美术家的内在艺术冲动。我们也不难从弗洛伊德所津津乐道的一些个案中发现，弗洛伊德总是在有意无意地简化美术家的早年经验和他的实际审美创造之间的关系。另外，我们也会十分自然地发现，利用弗洛伊德的精神分析原则，是很难解释中国的传统形态的美术活动的。尤其是对于相当程式化的中国画形式因素，其更是无法别置一喙。所以，弗洛伊德的美术心理学初看起来似以细致和深入见长，但实际上又往往是以不甚精确的猜测去应对十分宽泛的问题而已。最后，值得一提的是，弗洛伊德对于美术社会功能的描述暗含了一种不切实际的乐观。既然如弗洛伊德所说，美术之所以能够吸引人，就是因为它们一方面可以使接受者得到替代性的满足（比如不怀负疚地重温俄狄浦斯情结），另一方面又在不伤害“超我”的情况下，同“自我”甚至“本我”相协调，从而降低本能性驱力的重负，得到净化的醉心淋浴。那么，似乎就另有这样一种引申的可能了，即艺术是拯救社会的手段。这显然与弗洛伊德对于现实的某些批判是相悖的。[12]同时，这也是一种既把美术的社会功能狭窄化（美术作品是获致替代性满足的对象），又可能将其无限扩大化的做法。总而言之，弗洛伊德的美术心理学思想瑕瑜互见的特点，

12 比如在1908年所写的《文明的性道德和现代神经症》中，弗洛伊德曾经认为，维多利亚时代的伦理规范使得神经症和新的精神病有增无减。

要求我们以一种相当审慎的态度“舍易见之粗”而“取难论之精”。

应当指出，我们若要回避弗洛伊德势不可挡的巨大影响几乎是徒劳之举。在美术心理学走向一门显学的历程中，弗洛伊德的作用是显而易见的。不过，要巨细靡遗地列举这种影响的方方面面却不无困难。这里我们将略为提到阿德勒、拉康和荣格等人，以窥精神分析派美术心理学的发展概貌。

大体上说，精神分析派的美术心理学有两种发展走向：一是个体创作动力学说，其中有不少学者试图对弗洛伊德的学说有所修正，并提出了一些新的观点，但实际上都不放弃弗洛伊德的基本原则；二是群体创作动力说，试图从人类学和发生学的角度探究创作的原初动力和集体无意识的渊源。由于后一种具有更多的假设和猜想的成分，其结论更为大胆，也更难以验证。在第一种发展走向中，阿德勒（见图1-4）是相当突出的一位，他的《自卑与超越》一书，以相当平实的笔法阐述了创作的内在动机和发展契机。在阿德勒看来，艺术创造的动力来自幼儿的“自卑情结”（inferiority complex）以及“追求优越”的动机。虽然阿德勒也同弗洛伊德一样，试图在美术家的早期经验中寻究创作的原动力，但是两者的不同之处在于，弗洛伊德更为注意艺术家人格的分裂因素，而阿德勒则注重艺术家人格的整体统一性。[13]阿德勒认为，艺术家在很多方面和处于自卑或无能状态中的儿童一样，他们的心中总是拥有着某种目标，而且往往是由想象而生的优越性目标。因而，艺术家的内心充满了诸如此类的心理冲突：贫乏和富有、附属性和支配性、苦难和幸福、无知和全知以及无能和创造等。在这里，想象的目标越是优越，艺术家的不安和痛苦就可能越深，但同时也可能意味着可以激发更为惊人的创造力，获得某种真正的自卑的超越。无疑，与弗洛伊德相比较，阿德勒的系统容纳了更多的社会性内容，因而也有更令人信服的说服力。如果说弗洛伊德

---

13 为了和弗洛伊德学说相区别，阿德勒把自己的理论称为“个体心理学”（也有译为“整体心理学”）。

图 1-4 阿德勒

图 1-5 拉康

强调了艺术家过去的经验对创作的影响的话，那么，阿德勒正好相反，他凸显了个人的奋斗目标（即未来）对艺术创作的决定意义。但是，与此同时，我们也不难发现，阿德勒在以其个体心理学为基点的艺术见解中几乎处处可见他本人经历的影响。换一句话说，在不少地方，与其说阿德勒是在纵深地推演他的艺术心理学见解，还不如说是在重述他个人童年时的自卑和以后的成功。[14]除此之外，也许是阿德勒没有采取大众化的形式以外的形式严密地表达自己理论的缘故，其身后的影响并不像人们所期望的那么深远。如果阿德勒有什么重要影响的话，那也只是在美国而已。

法国学者J.拉康（见图1-5）是非常活跃的当代精神分析学学者。他的学术兴趣遍及从精神病学、心理学、哲学、语言学和人类学到象征逻辑学（皮尔斯）、集合论与拓扑学等广泛领域。作为20世纪50年代初期“法国精神分析学协会”发起人之一的拉康，却不满意于传统的弗洛伊德主义。他以结构主义和后结构主义的哲学为立场，将所谓的“俄狄浦斯情结”进行结构上的描述分析。也许正是由于这种原因，拉康的理论相当地艰涩难懂。但是，很少有学者会否认拉康理论对于视觉艺术的深刻启迪意义，尽管拉康本人的主要兴趣并不在视觉艺术的分析上。早在1936年，拉康提出了著名的“镜像阶段论”。他认为，人初涉世界是非主体的、不分化的存在，在我与物之间并没有什么区别。但是，一旦到了一定的年龄阶段（大约6—18个月），也就是进入镜像阶段，人就达到一次主体性跃迁的转捩点。当婴儿在镜子中看到自己，也就是看到镜像活动与自己身体活动之间的关系时，他为自己的发现感到高兴，并拼命向镜子靠近，以便看得更清楚些。这种识别的行动正是“我”的初次出现，也就是所谓的“初次

---

14 据有关文献，阿德勒排行第二，幼年时患有严重的软骨症，四岁时才能行走，正是这种难忘的童年痛苦使他很主观地认为，所有家中的第二个孩子一定比第一个孩子有出息，而生理上的缺陷是人格形成的极重要因素，是导致日后成功的关键之一。因而，阿德勒非常崇拜古希腊的狄摩西尼（Demorthenes）。

同化”（婴儿和镜子的合一）。不过，“初次同化”也意味着第一次的“自我疏异”。原因在于，现时活动中的“我”与镜中之“我”乃是分裂的。当婴儿试图触摸镜像时，他会发现那是并不存在的，所以初次出现的“我”是一种具有逆反结构的、外在于主体并被对象化的镜像。这就意味着从镜像阶段开始的是婴儿的想象世界，它为婴儿向象征世界（以接受语言为标志）和现实世界过渡奠定了某种心理基础。拉康进一步把弗洛伊德的俄狄浦斯情结分析为三个阶段：（1）母子双边关系阶段：此时父亲并不具有显要的意义，婴儿在这一阶段里与母亲直接相对，要竭力成为她的一切（包括母亲欲望的欲望）；（2）三边关系阶段：父亲介入并夺去婴儿欲望的对象，婴儿体验到父法的严酷；（3）二次同化阶段：开始和父亲同化，牺牲欲望，完成建立主体的过程。拉康的观点显然与视觉艺术有相当的类比性。譬如，就绘画而言，一个传统的观点是，画是一面镜子，或者说是一种框子，其特点是反映的现实性、向心性和图像性；另一种观点则倾向于把绘画看作是窗子，是离心的、透视的和客观性的。这两种观点貌似迥异，但相同之处正在于对绘画独立性的张扬，而拉康的镜像说，既不同于传统的镜子说，也不同于窗子说，它似乎更凸显了作品和观者之间的关系。首先，镜像和画中的图像都是二维的形象。绘画的观者接受色彩魔术的存在犹如婴儿注意镜子一样；其二，把不真实的虚拟的绘画内容看作是真实的或可信的，其实也是一种认同，与婴儿的初次同化颇有相似之处，至少在观者一进入画廊时，他就已经无意识地选择了与虚构幻想和想象的世界同化；其三，在具体的作品中，美术家的视点具有一种含混性，仿佛是儿子对于父亲的那种矛盾心情，因而包含了“二次同化”的内容。总之，镜像说可以更加充分地凸现绘画和观者、绘画和作者以及绘画本身的主体意味，把隐藏在现象之后的复杂体验关系透明化。这无疑地会深化人们对绘画心理蕴含的体认和分析。尽管拉康的学说和弗洛伊德一样，布满了令人疑惑的猜测和推断，但是它细致入微和不拘陈说的特点却给人以深刻难忘的印象。拉康的精神分析学研究的影响仍在广泛地蔓延着。

瑞士的荣格（见图1-6）是把弗洛伊德学说推向集体创作动力学说的当然代表。1900年，当荣格读完弗洛伊德的《梦的解析》一书之后，他对整个精神分析学说产生愈加浓厚的兴趣。几年之后，他开始和弗洛伊德通信，畅谈有关的学术问题。1907年，荣格到维也纳和弗洛伊德晤面，两人竟神聊了13个小时。与弗洛伊德的其他弟子或追随者不同，荣格在参与精神分析派之前已是一个很成功的精神病学专家，出版过个人专著，与此同时，荣格曾有志于考古学，这使他的眼光很自然地投向过去（尤其是远古）。所有这一切从一开始就使荣格对弗洛伊德的精神分析理论持有保留的态度。1912年，当荣格写作《无意识心理学》（后改为《变化的象征》）时，他陷入了深深的苦恼，因为如果公开发表他和弗洛伊德的分歧（譬如荣格不满足于力比多的概念，不认为性爱在文明中具有像弗洛伊德所认为的那种举足轻重的作用，等等），可能导致两人关系的破裂。果不其然，到1912年，两人即中断通信。1914年，荣格辞去国际精神分析学协会主席之职，而后再未和弗洛伊德会过面，尽管

图1-6 荣格

在内心里荣格依然对弗洛伊德怀有仰慕之意。

为了有别于弗洛伊德的精神分析理论，荣格把自己的心理学研究另名为“分析心理学”。在弗洛伊德的人格构造中有超我、自我和本我（分别对应于意识、前意识和无意识），荣格则表述为自我（ego，自我意识）、人格面具、阴影（接近本我的概念）、爱尼姆斯（女性）或爱尼玛（男性）、自性（self）以及个人和集体的无意识等。在意识、个人无意识和集体无意识这样的构造中，中心是自性。其中集体无意识指的是那种由于某种潜在体验的普遍性而形成的人类悟性的基本模式或原型的贮存。它并不为个体的显意识所掌握，尽管它包含了连远祖在内过去所有时代积淀的经验及其影响。对这一重要概念，博学的荣格始终没有一种确定而一致的解说。不过，他提出的依据大致有：（1）进化论业已证实了所有不同种族的人脑都有相似的特征，这就意味着无意识（个人的和集体的）的存在的物质基础是具有普遍意义的；（2）在某些宗教信仰中一些怪诞的说法和图案是共有的，它们出现在意识尚未完全能够把握的阶段；（3）精神病学的研究发现，在意识隐退或失控的条件下，患者的错觉、幻觉（梦）等与远古的某些神话现象具有相似之处；（4）在一些艺术作品中，艺术有时似乎在以一种祖先的方式去感觉与思考，等等。总而言之，集体的无意识是个人天然分有和分予的能力。如果说意识是高出水面的一些小岛，个人无意识是由于潮汐运动才露出来的那些水面下的陆地部分，那么，集体无意识就好比是广大无比的海床，具有更为内在和深刻的意义。在荣格看来，每一个艺术家作为探索人类深邃灵魂的人，只有当他成为一个“集体的”人，才能真正地窥见人类最深刻的内在律动。在这种意义上说，一切伟大的艺术并不是个人意识的产物，而恰恰是集体意识的造化。正像并不是歌德创作了《浮士德》，而是德意志民族的浮士德精神造就了歌德一样，与其说波提切利、达•芬奇、米开朗基罗等创造了彪炳史册的不朽作品，还不如说是某种在冥冥之中的集体无意识成全了他们的艺术悟性，使他们有可能为美术的历史长廊留下《维纳斯的诞生》《最后的晚餐》和《摩西像》等。与艺术家的集体无意识相联系的重要概念还有原型，它指的是集体无意识中一种先天倾向，是心理经验的一种先在决定因素，它使个体以其原本祖先当时面临的类似情境所表现的方式去行动。原型尽管归属于集体无意识，但是却能够体验为一种印象式意象。在每一种集体无意识中存在着大量的原型。同一原型可能在细节或名称上有些变化，但是它的核心意义基本相同，符合人类的某种普遍的心理要求。譬如英雄、大地母亲、智慧老人、魔鬼等原型在艺术作品中屡屡出现，其各个内在意义仍是相对统一的。当艺术家体验和表达原型时，他就可能比较深入地面对了人类的集体无意识。譬如，西方美术中圣母题材的作品多如恒河沙数，但却没有穷尽的时候，因为它们面临的是深邃无底的集体无意识，呼应着人类对母亲的无尽之情，因而也具有不朽的魅力。除了提出了集体无意识和原型等重要概念之外，荣格有关心理类型（内倾和外倾）、个性化等思想也给美术心理学对于美术家创作的心理研究提供了重要的思路和实证材料。从总的方面来看，尽管荣格力图纠正弗洛伊德学说中的偏颇成分，然而他本人的研究也并未得到广泛而一致的赞同，因为，非常显然，在假设问题的大胆上，荣格较之弗洛伊德实在是有过之而无不及，因而所谓“问题的空洞”并不少见。不过，饶有意味的是，荣格卷帙浩繁的著作中的神秘甚至宗教成分非常投合20世纪60年代和70年代青年艺术家的胃口，一度成为后者的崇拜对象，他们的作品至少部分地是在图解荣格的概念。由于荣格美术心理学思想的丰富性和重要性，我们在本书的其他章节还会有所论及。

综上所述，精神分析派的美术心理学虽然在信度和效度上远不及实验美术心理学，但是它所涉及的美术问题的广泛和深刻程度，却不是后者所能比拟的。另外，精神分析派美术心理学的影响在相当长的时期里一直有上升的苗头，因为当它与别的学科方法和观念得到一种互补时，其价值无疑是愈加显然的。所以，我们尚不能简单地认为，精神分析美术心理学会渐渐退出美术学的大舞台，批判地加以吸收，仍是我们相当重要的任务。

3. 格式塔派美术心理学

如果精神分析派美术心理学尚未完全从相关的心理学和艺术心理学中独立出来的话，那么，格式塔派美术心理学却似乎天然地把视觉问题作为自己的中心话题了。因而，从一开始，它就十分贴近视觉艺术的实际问题。同样，我们也不难发现，精神分析派的美术心理学旨在纵向地探讨美术创作的动因，追究创作主体的深层动机，分析形式掩盖之下内容的实质等，而格式塔派美术心理学则主要是横向地剖示美术活动的心理特征，寻求知觉的规律及其与观者心理的对应关系，描述美术作品的形式意味等。所以，在泾渭分明的精神分析派美术心理学和格式塔派美术心理学之间，实际上存在着一种互补和深化的巨大可能性。在这种意义上说，两者都具有不可替代的价值。

格式塔心理学本身是1912年在德国这一实验心理学基地上诞生的。这一派心理学家（以韦特海默、考夫卡和苛勒等为主要代表）依据现代物理科学的新概念，以整体的观点反对冯特的元素主义心理学体系。20世纪初以来，随着“场”（field）[15]概念的发展和相对论的创立，占统治地位的、以冯特为首的构造派心理学体系显得愈来愈不合时宜，曾被讥讽为“砖和灰泥心理学”。因此，在经验批判论和现象学等哲学流派应世的同时，格式塔心理学作为强调整体组织的理论，其产生与流行是合乎逻辑的。

首先，我们可以比较一下冯特的构造派心理学和格式塔派心理学对于知觉问题的不同理解。格式塔派心理学家认为，一个往窗外观望的人，他所直接看到的可能是树木、天空等，而不是各种联合起来的感觉元素（诸如亮度、色调等）；但在构造派心理学家们看来，正是那些感觉元素构成了人关于树木和天空的知觉。对此，心理学家G.A.米勒曾设计了一段和冯特的对话，

15 简单地说，“场”可以用来说明人与环境的关系变化，它是一种存在着相互作用的范围或区域，与它有关的重要概念有物理场、心理场、场期待以及张力（tension）等。

予以很尖刻的嘲讽。其次，韦特海默最早注意到的“似动现象”的研究，更加坚定了格式塔心理学家对知觉整体性的看法。韦特海默曾经对一种玩具动影机非常感兴趣，那是一种使静态画片迅速且连续地出现从而给观者造成一种动态错觉的小装置。据此，韦特海默做了著名的“运动知觉”实验：在暗室中用灯光把两条直线投映到黑色的背景上，这两条直线或者是彼此平行，或者是在一端相接形成一定的角度（如20°—30°）。当两条直线先后出现的时间差为1秒时，被试者只看到两条静止的直线先后交替地出现；当时间差控制在1/15秒时，被试者却清楚地看到了似动现象。此时，第一条线仿佛是在向第二条直线移动，然后再回到原处。根据这一实验，“似动”本身就是一种现象，它无法还原为感觉元素，即无法用两条静止的直线来加以解释。这就使格式塔心理学家越来越明确地坚持这一点：知觉并不是先感知到个别的成分，然后注意到整体，而是先感知到整体现象，然后才会注意构成整体的各个部分，而部分相加的总和又不等于整体本身，因为整体本身具有特定的质，即“格式塔”。

“格式塔”是德文Gestalt的译音，含义较为微妙，所以，英文有时以“形式”（form）来对译，有时又代之以“形状”（shape）。不过，“格式塔”的中心含义就是强调形的完整意义，故“完形”的译名也时或被人采用。但是，这一译法又容易使人把格式塔误解成刺激物本身的性质，从而忽略知觉的整体组织作用。因此，很多学者倾向于沿用德语的“格式塔”。虽然，我们可以看到，格式塔心理学派的主要人物都不是直接以艺术活动作为研究对象（尽管韦特海默的似动研究给视觉艺术尤其是电影艺术以极大的启示），但是，他们对各种格式塔的分析成果给美术心理学乃至整个美术学领域都产生了无与伦比的实际影响。譬如，韦特海默的知觉的结构原则就饶有意味：（1）邻近性：在时空上相近的各部分倾向于一起被感知。如图1-7所示，右边圆点这样的排列，容易使人把相近的圆点看作一个单位，而不是一个大的集合体，左边的圆点都是等距离的，因而会被看作是一个大的集合体；（2）

类似性：相类似的各个部分尽管被分割开，也有被看作是一个群体的倾向，如图1-8所示，圆圈和黑点看起来似乎有相互隶属的关系，但是，知觉上的实际印象却是以横向的图形为主，而不是纵向的图形，这确实和我们日常观赏写实类油画作品的感觉分配有相似之处，因为我们总是从最大的人逐渐看到最小的人，或者正好相反；（3）封闭性：我们的知觉对不完整的图形有一种使其完整的趋向，即填补缺口的倾向，譬如，对图1-9中的不完整图形，我们倾向于把它们看作是正方形、圆形和三角形；（4）与封闭性有联系的完形趋向：在许多刺激条件下，我们总是要尽可能地把一个不规则的图形看作是“完好”的图形，所谓“完好”的图形往往就是匀称的、简单的和稳定的图形，也就是不能使它再简化或者再整齐些的图形，如图1-10所示，这些不完好的图形也会使人在大脑中做一番修正，然后把它们命名为圆。根据（3）封闭性和（4）完形性，我们不妨如此推断，美术作品中大量不完整的、抽象的图形的存在，其根据正是在于它们一方面仍然可以被知觉所掌握，另一方面又会因为填补和修正而达到特殊的表现效果。从所谈的知觉若干结构原则来看，我们不难体悟到心理学家对格式塔意义的强调，即知觉可以比眼睛获得更多的东西，它多少要超过提供给感知器官的某些物理材料。也正是从这貌似简单无奇的图形阐释中，人们可以体会到，为人的视觉创造文化瑰宝的美术创作有着何其广泛而深入的发展可能，尤其是当意义和形式的“魔术”得到唯一合适的契合时，视觉的异彩就近在眼前了。

格式塔心理学一方面强调知觉的整体性，即当人们观察细节和部分结构之前，首先是对知觉物的外形进行整体的感知，儿童就不是先认识母亲的鼻子，而是把它作为整个脸孔的一部分来认识的；另一方面，它还讨论了所谓的“同构”现象。仍以韦特海默为例，在“运动视觉”实验中，他是这样推论的：两条直线在特定的控制条件下，既然得到了和“真动”相同一的“似动”，那么，人的大脑也应该有相应的皮质过程，换言之，知觉的经验形式是和刺激物的形有对应关系的。这一点后来加以发挥的大有人在，最后形成了

图 1-7

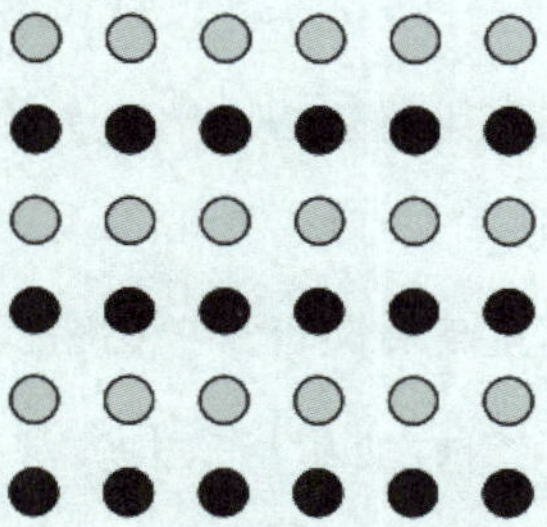

图 1-8

图 1-9

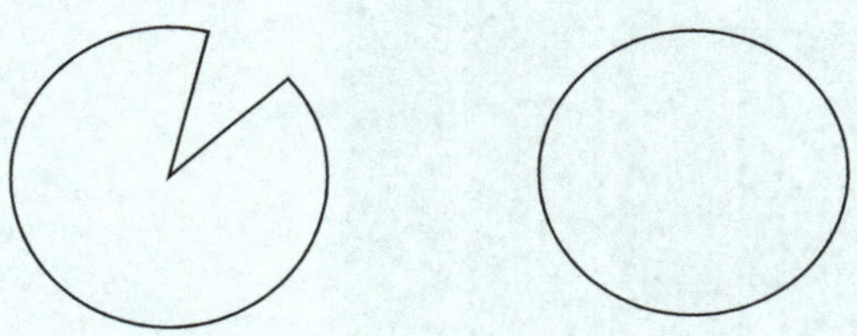

图 1-10

对美术作品接受的一种心理学的解释。

不过，如果我们仅仅把格式塔派心理学看作是一种以讨论知觉问题为主旨的学科，又未必合乎实际。事实上，这派心理学的日后发展使“格式塔”这一关键概念的含义大大扩展了：格式塔不仅仅限于说明视觉领域的诸种现象，而且还越出感知觉问题侵入诸如学习、记忆、意志、情绪状态、思维和动作等心理问题之中。正如后来苛勒所宣称的那样，形状意义上的格式塔不再是格式塔派心理学家们的注意中心，这样做包含了一种雄心，即以格式塔来研究心理学的整个领域。可以说，这种试图用格式塔来涵盖心理学整个领域的雄心，在鲁道夫·阿恩海姆（见图 1-11）那里达到一个高峰。

阿恩海姆极为高寿，2007年以102岁的罕见高龄谢世于美国密西根州安阿伯。他生前为密西根大学的客座教授。在此之前，他曾执教于哈佛大学，任艺术心理学教授。他曾经两次被推选为全美美学学会的主席，晚年还在源源不断地为世界上最孚名望的两家美学杂志——英国的《英国美学杂志》和美国的《美学和艺术批评杂志》撰稿。

图 1-11 阿恩海姆

阿恩海姆成为一代视觉艺术心理学大家并非偶然。一方面，他有幸在年轻时期亲聆心理学家韦特海默的教诲；另一方面，据他自述，“一生中从未间断过对艺术的关注——研究它的本质和它的历史，欣赏它甚至亲手创造它，与艺术家、艺术理论家和艺术教育家接触和讨论”。[16]他的著述浩富，主要有《电影作为艺术》（1957年）、《艺术和视知觉》（1954年，1974年）、《一幅画的诞生：毕加索的〈格尔尼卡〉》（1962年）、《走向艺术心理学》（1966年）、《视觉思维》（1969年）、《建筑形式动力学》（1977年）、《中心的力量：绘画构图研究》（1982年）、《艺术心理学新论》（1986年）、《阳光的寓言：论心理学、艺术及其他》（1989年）、《拯救艺术》（1992年）和《分离与结构》（1996年）等。在上述这些几乎难以逾越的研究中，阿恩海姆以格式塔心理学为主要依据，全面而细致地分析和阐释了处在知觉活动水平上的艺术活动的心理特征和过程，其中美术现象是主要的讨论对象。阿恩海姆除了精到地描述了视觉艺术中的整体性、平衡性、抽象性、完形性和简化性等规律之外，还富有创造性地讨论过艺术中灵感、情绪和直觉等概念。譬如，所谓灵感，在他看来是意识阈限之下的“知觉推理”，情绪是“心力互相作用而产生的张力”，直觉则是“直接领悟一个场或格式塔情境中所发生的交互作用效应的知觉能力”，等等。

阿恩海姆颇为自信地认为，格式塔心理学之所以能够成功地解释视觉艺术的奥秘，原因就在于：（1）对于视知觉、形质和主体的相互作用的研究，格式塔心理学做出了最为公认的贡献；（2）格式塔心理学从一开始直到20世纪上半叶的发展，都与视觉艺术息息相关，韦特海默、苛勒和考夫卡都不同程度地涉及艺术问题；（3）格式塔心理学所遵循的最重要的指导原则，向来是艺术作者听起来很顺耳的声音：“那种类似于艺术家观察现实的视觉过程，

---

16 参见[美]阿恩海姆：《艺术与视知觉·前言》，滕守尧译，中国社会科学出版社，1984年。

越来越使科学家认识到，对自然界的大多数现象的描述，仅仅通过对其局部进行个别分析的方法是无法完成的”“无论在什么情况下，假若不能把握事物的整体或统一结构，就永远也不可能创造和欣赏艺术品”。[17]不过，阿恩海姆也没有忘记，由此可能会带来一种“不顾一切的片面性”，但这种片面性会比那些充满神授和迷信色彩、似是而非同时又令人目迷五色、并不深刻却又附庸风雅的形形色色的理论要有益得多。阿恩海姆恪守的始终是这样的信条：在艺术中，具体的东西同时也是极其复杂的东西。因而，在实际的研究中，他始终强调：“每一个视觉式样都是一种力的式样。正如对一个活的有机体不可以用描述一个死的解剖体的方法来描述一样，视觉经验的本质也不仅仅通过距离、大小、角度、尺寸、色彩的波长等去描述。这样一些静止的尺度，只能对外部刺激物（即外部物理世界送到眼睛中的信息）加以界定，至于知觉对象的生命——它的情感表现和意义——却完全是由我们所描述过的这种力的活动来确定的。在视觉感受中，任何一条画在纸上的线条，或是用一块泥巴捏成的最简单的形体，都像是抛入池塘中的石头，它打乱了平静，使空间运动，因此，观看就是对于活动的知觉。”[18]从这一点上看，把有关视觉艺术的知觉看作是一种复杂的东西，正是格式塔派美术心理学的要义。

阿恩海姆在美术心理学方面的建树颇巨，所涉及的问题也极为广泛，这里我们只是举其荦荦大端。首先是关于异质同构说。它曾被用来说明视觉艺术作品成为观者的知觉体验的可能性以及美术家特有的知觉方式。阿恩海姆认为，不同性质的知觉物和观者的心灵之间正是由于一种力的结构的作用产生相应的体验关系。从这一基本原则出发，把“表现”归因于心灵联想的结果是不太可信的。比如一棵悲哀的树，其中的“悲哀”依照一般的理解是

17　参见[美]阿恩海姆：《艺术与视知觉·前言》，滕守尧译，中国社会科学出版社，1984年。

18　[美]阿恩海姆：《艺术与视知觉》，第8–9页。

因为它和观者以往的经验联结在一起的结果，如移情（感情误置）、投射、联想等。阿恩海姆则断言，一切表现性的基础在于特定的力的结构，而这些力的结构无论是对于精神世界还是物质世界本身，都具有一定的意味。譬如上升和下降、扩张和收缩、前进和退让等，实际上就是一切存在所遭遇的基本形式（包括人的心灵、个人和个人、个人和群体等）。对于视觉艺术来说，不管它的形式何等分歧，归根结底总有一种具有相应方向和强度的力的结构；而对于观者来说，他的脑皮层也有一种基本结构和刺激物的基调相类似的力的式样。这就是说，在刺激物（包括艺术形式）和人的心理之间，总有一种性质相异的力的基本结构，即所谓的心物之间的"异质同构"。好的视觉艺术作品，其形式中总是包含了一种富有刺激性的力的结构。当这种结构通过人的视觉器官传导到大脑，激活大脑皮层的相应结构时，就产生审美的愉悦感。格式塔派心理学的许多实验表明，当一种格式塔与人的知觉的结构要求相吻合时，人就有舒适、恬静等感受，这是因为好的格式塔不会使人的知觉活动受阻，以致引起憋闷和紧张感。接受如此，创作亦然。譬如，米开朗基罗在西斯廷礼拜堂里所作的《亚当的创造》（亦译《创造亚当》，见图1-12），就是要通过一种富有象征意义的构图形式，传达一种强有力的知觉力结构。阿恩

图 1-12　米开朗基罗《亚当的创造》（天顶画局部），约 1511 年，湿壁画，230.1×480.1 厘米，罗马梵蒂冈西斯廷礼拜堂。

海姆分析道，凡是熟稔《圣经》的人都知道，米开朗基罗的画其实是对原典作了一些改动的。因为，在这幅大型作品中，上帝并不像《圣经》里传说的那样，吹了一口气就把一个有生命的灵魂吹进了亚当用泥塑成的身坯里。为了避免过于复杂的文学性，使作品在视觉形式上更易于理解，更具有摄人魂魄的魅力，米开朗基罗就把上帝的形象表现为：手臂朝亚当的方向伸展，仿佛是把生命之火从创造者处转移到被创造者那里。在这里，艺术家用作为生命之桥的手臂把视觉上相分离的两个世界无比流畅地融合起来：一方是围绕上帝的完满世界，它通过上帝身体与手臂的对等线，表现了一种向前倾的动态；另一方则是不完满的、地球平面的一角，通过向后倾斜的轮廓线，表现出一种被动的状态，这一状态也同样留在亚当整个身体所呈现的凹形曲线形状中。总而言之，绘画作品的生命就在于传达出一种一致于人的相应知觉结构的力。不过，阿恩海姆并不是处处要直接奔向上述这个结论，当他进入更为具体的分析时，其观点似乎更为引人入胜。他深深地叹服道："创造主体是如此有条理地将形象创造出来，以至于我们看到的似乎就是那个简化的自然。这时，我们只是对它所传递的深刻而又丰富的经验感到无比惊讶而已。"[19]对于伟大的艺术作品来说，它是如此天衣无缝地吻合了异质同构的内在要求。一些现代派画家大言不惭地声称，他们的作品怎么放，仍都是平衡的。但是，对于抽象主义大画家作品观看情况的试验却表明，被试者在相当程度上还是能够判断出抽象作品的正确位置。这在某种意义上也印证了W.沃尔夫林的一句貌似平淡的名言：画是不能从镜子里看的。因为，经过分析就不难理解，画家是按照从左到右的视觉习惯来经营作品形式的。如果把《西斯廷圣母》一画中的圣子从左换到右，观者就会感到不舒服，因为右边显得过于重了。所

19 [美]阿恩海姆：《艺术与视知觉》，滕守尧译，中国社会科学出版社，1984年，第206页。

以，画家对左边的注意常常超过了对右边的注意。[20]事实上，艺术家不仅可以通过对描述对象的构图进行分配，顾及色彩对构图重心的影响（如白与黑的平衡须考虑白色的辐射效果，红比蓝重以及亮比暗重等），而且，还可以巧妙地布置画面的注意中心，从而达到一种新的力结构，如马奈的名作《奥林匹亚》（见图1-13）中五颜六色的花束即体现了这番苦心。总而言之，艺术家在创作中的一种最基本的追求，就是要使作品的每一种设色、每一根线条、每个形态都趋向理想的异质同构。

其次，是有关美术创作的过程的研究。阿恩海姆的创作心理理论之所以值得一提，原因在于它与众不同的思考路数，因而，在汗牛充栋的创作理论中显得格外引人注目。许多艺术心理学家一旦涉足创作心理，就显得非常的明智，往往与其要悬置一个貌似完整而彻底的目标，毋如要在现实的、有限度的探索之中得到一些既深刻又合理的结论。阿恩海姆正是这样做的。可以说，他在创作论方面实际上是最不见雄心的。阿恩海姆主要讨论的是毕加索这一个案，这种以不失实证重心去追求某种系统的描述的做法本身颇可品味。使阿恩海姆产生浓厚兴趣的是：毕加索作为一个怪才对变形的兴趣以及对梦的过程的极度好奇。通过细致地研究毕加索创作《格尔尼卡》（见图1-14）之前所有作品的画稿以及草图，包括《格尔尼卡》在最后成形时所经历的若干变化阶段，阿恩海姆试图证明：美术的创作始终是一种过程性的东西，而不是人们津津乐道的所谓意识在长期潜伏后的顿悟。所谓过程，乃是一种前后变化移易的过程，艺术品正是在这种过程中成长起来的。其中，具有一定目标的视觉思维不同于艺术家本人在内省时所描述的灵感的闪

20　这在表演艺术中也很容易找到同样的例证，比如舞台左边总是出场的主要地方，而右出场后如不占舞台的中心，观者的注意力也会移向左边。也许唯一例外的是波斯艺术，其绘画的基本结构似乎有意地照顾了从右向左的文字阅读习惯。这一问题可以从文化的角度予以深究，此不赘述。

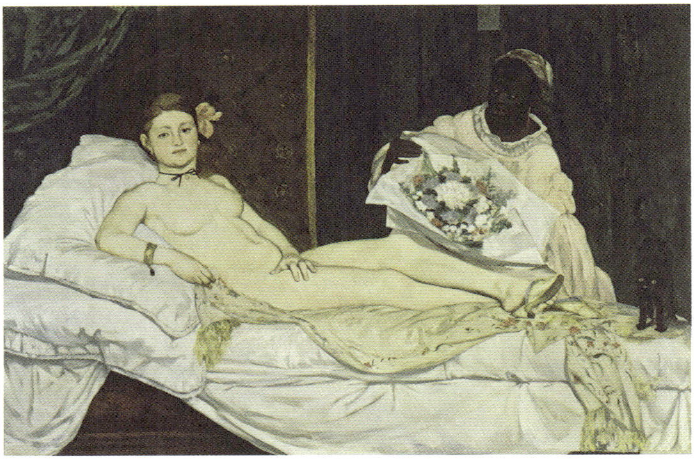

图1-13 马奈《奥林匹亚》，1863年，布上油画，130.5×190 厘米，巴黎奥赛博物馆。

图1-14 毕加索《格尔尼卡》，1939年，布上油画，349×776 厘米，马德里索菲亚王后博物馆。

现。在创作的整个过程中，艺术家所抱定的目标——无论是清晰的还是朦胧的——也就是对最终想要获得的事物的想象，它提供了创作的能量，规约了创作的方向。显而易见，阿恩海姆的言论中包含了这样一种思想：艺术从来不是偶然为之，而是艺术家为了更接近于最后的目标而做出种种努力的结果。正因为这一原因，阿恩海姆曾经近乎刻薄地讽刺过未来主义的艺术家，对弗洛伊德所谓驱力对创作的根本影响的观点也大发微词。这里，仍可以毕加索的《格尔尼卡》为例。在草拟的稿子中，那个倒下去的勇士一只抬着的胳膊与身体形成直角，而在后来的定稿中，那只胳膊就不再抬起了。这主要由于在形式上放低了的手臂可以不至于影响牛的直立形象的力度。可见，艺术家的创作过程充满了一系列殚精竭虑，不乏有意识的逻辑性选择。艺术家在特定作品中所达到的最后效果，经历过较为复杂的辩证过程（譬如所谓的“试错”[21]过程）。他始终都是有意识地试图要达到某种理想的构形，因而，他的每一种认知策略均同他所关心的图像的形式和象征的效果联系在一起。非常显然，阿恩海姆的这种创作观，是与通常被人们大谈特谈的无意识顿悟的神秘观念大相径庭的。阿恩海姆认为，所谓顿悟是一种对新奇联系的知觉，并不是有了敏捷的大眼就能随时知觉到新奇的组合并因此创造出艺术品。对于艺术家来说，对可能性进行组合的尝试是和定稿的要求连在一起的，它表明的是一种对早已存在于画家大脑中的最后形式的追求。一般感知倾向于把事物加以分类，而艺术家的审美感知则企图整全地把握事物内在的表现性。

如果说弗洛伊德对《圣母、圣婴和圣安妮》的创作心理的回溯，是和画家达·芬奇的经历和人格联系在一起的，那么，阿恩海姆对毕加索的《格尔尼卡》的创作描述，显然是在画家的工作属性上寻求解答，而不是主要以艺术家的人格作为深究的依据。换言之，弗洛伊德的出发点是美术家的童年，而阿恩海姆则是创作构思本身，因为在后者的心目中，审美的追求或目标决定了题材及其达到表现的形式；《格尔尼卡》的内容对于弗洛伊德来说，或许可以解释成毕加索用于掩饰或转移自己最终要表达的隐秘意旨的一种手段，而对阿恩海姆来说，画面本身就是美术家最终要表达转化成视觉化形象的构思的手段。

阿恩海姆的格式塔理论无疑是更适合于美术作品的形式阐释，所以，抽象性艺术（包括中国的书法艺术）都或多或少地可以在他的理论中找到立足之处。不过，格式塔派美术心理学从其理论前提到具体分项研究，仍有一定

---

21 “试错”(trial and error)，是美国心理学家 E. L. 桑代克提出的概念。在他看来，解决问题的过程就是一个尝试错误的渐进过程。

的争议，因而，也为进一步的思考留出了相应的空间。

首先，在讨论异质同构问题时，阿恩海姆把视觉艺术和主体心灵的契合、神交归因为大脑皮质也存在着一个相应的力的结构，而这种结构追究到底是电化学力的结构。其实，这种推测是走得非常远的假设，阿恩海姆本人是无法证明的。同时，与之相关的敏感问题是，主体对于美术作品的审美反应究竟是社会地形成的，还是先天地自成的呢？或者换一种问法：审美反应究竟是社会性占先，抑或生理性为主呢？显然，阿恩海姆对这类问题没有足够的注意。自然，阿恩海姆的结论如果不会因为其言之凿凿而给人一种定论之感的话，还是不妨立为一说，聊备一格的。

其次，与前一个问题有关，阿恩海姆以力的结构为基本出发点讨论美术作品的构形时，实际上多多少少忽略了更为重要的审美的历史、文化根源。一块陡峭的岩石、一株垂柳、一条抽象的线条、一片孤立的云彩等，之所以能让人产生某种表现性情感（如悲哀、柔情、活泼和孤独等），是因为其特有的力的结合。那么，这一切如果离开了主体，还有什么表现性可言呢？同样真实的情形是，一个客观对象在所谓的力的结构根本不变的条件下，也可能既给人一种积极的情绪体验，也会使人获得相反的消极性情绪。对于美术家来说，他与其要迷信对象的力的结构，还不如听从内心体验的絮语，去寻觅这种体验最合乎心意的载体。

其三，由于阿恩海姆不自觉地沉醉于所谓的力的结构，因而也模糊了这种对应于人的高度文化性的视觉结构，其本身始终是以发展和变化作为生命的根本依据的意味。在这种意义上说，美术家一方面固然是要吃透他所运用媒介所能营建的特定力的结构，而另一方面更为重要的则是谋求突破既定的、陈旧的和保守的结构，走向可能新人耳目的未来结构。否则，我们就无幸目睹艺术创新的勃然生机。

最后，格式塔派美术心理学的另一个薄弱环节是，它无力区分美术杰作的真正价值和赝品的空洞无物。所以，针对这一点，英国视觉艺术心理学家皮克福德一针见血地说："这种理论是难以区分好的艺术和坏的艺术的，而两者又都享用了同一格式塔。"[22] 不过，对于美术心理学的当代建设而言，格式塔美术心理学自有相当重要的作用。本书在其他章节还将有机会涉及。

4. 认知派美术心理学

首先应该说明的是，这里所提的认知派与其说是一个确定的美术心理学派，还不如说是一种共同或是相近的研究倾向。与之相关的有结构主义发生认识论（如皮亚杰）、卡西尔的"形成过程"和"交互决定"论、N.戈德曼的符号惯例论和E.贡布里希的艺术再现论等等。不过，这样的划归并不是毫无异议的。譬如，哈佛大学的H.加德纳教授就把阿恩海姆、L.麦耶甚至把I.A.瑞恰慈等也归为认知派。[23]通常，认知派美术心理学主要关心这两方面的问题：（1）美术活动的认知过程，（2）美术的认知能力。由于认知派的美术心理学并不十分拘泥于某一种学派或学说，因而实际上容纳了多得有点令人眼花缭乱的诸种学科，这在一定程度上使它获得了进一步发展的可能性。这里，我们不妨列举一些认知派美术心理学所感兴趣的问题：主体理解、运用艺术符号的技能和规则，艺术符号和非艺术符号运用的内在差异，艺术知觉中认知表象的生成过程，认知定势对创作和接受的影响，不同的视觉形式和媒介对认知的特定要求及其相融的可能性，艺术认知中能指（signifier）和所指（signified）、多义性和一致性、个体认知和文化认知等的关系。诸如此类的问题，由于可以从认知的不同角度进行研究，因而，继续深入探讨的余地还显得十分宽阔。

在这里，我们将主要提及英国的古典文化史学者兼美术心理学家贡布里希（见图 1-15）的认知理论。把贡布里希纳入认知派也是加德纳教授的主张。

---

22 R.W. Pickford. *Psychology and Visual Aesthetics*, London, 1972, p. 17.
23 See Howard Gardner. Artistic Intelligence. *Art Education*, March, 1983.

他在《艺术、心理和大脑——创造性的认知研究》一书的前言里写道："贡布里希的艺术研究接受了一种认知的方法，或者更精确地说，一种符号象征的方法，他提供了很多有关怎样从事艺术过程的心理学研究的思路，而事实上，贡布里希对波普尔主义、构造主义和弗洛伊德主义均有汲取。

如果说贡布里希的《艺术与错觉——绘画再现的心理学研究》（1960年）和《图像与眼睛——绘画再现的心理学研究续》（1982年）构成了他的理论核心再现论的话，那么《秩序感——装饰艺术的心理学研究》（1979年）和《象征的图像：文艺复兴时期艺术的研究之二》（1972年）则形成了理论的另外两翼：装饰和象征。这里主要涉及再现的心理学问题。

贡布里希侧重在画家创作过程上寻求相关的答案。他的典型问题是："再现性的艺术为什么有一种历史？"为什么提香和毕加索、达•芬奇和康斯坦布尔、哈尔斯（Hals）和莫奈等以如此不同的方式再现视觉世界？通常，人们都是从技巧发展或者艺术家模仿自然的欲望这两方面来予以解释的。但

图1-15 贡布里希

是，贡布里希却认为，艺术家的出发点恰恰不是模仿自然或“现实”，而是对于艺术作品的经验心理。所有的再现性艺术都是概念的，是某种“语汇”的操作。他不止一次地申明，艺术家在创作一件艺术作品时，头脑中总是有一种预定的图式支配他的观察与操作，而图式归根到底是艺术家在学习和经验中所体会和接受的前辈艺术大师的风格样式，正是这种渗透到主体内部的观念化了的风格样式，形成了每个艺术家特定的心理定向，制约着他的知觉和选择性。我们时常可以从一幅肖像画里看到契马布埃的笔触或从一幅风景画中瞥见柯罗的影子。图式的影响是极其巨大而又无从逃避的。不过，后代的画家不可能是第二个契马布埃或柯罗。这是因为与图式概念相对的还有修正的环节。一方面，每一个后来晚到的艺术家都要依照实际对象来绘画，他的全部主体所承诺的独特规定性不可能与他人一样重复，甚至也不可能和自己的视觉选择完全同一，这就如同不受内部和外部任何因素所影响的“纯眼”是一种假设一样；另一方面，作为具有艺术创造意识的主体，艺术家不可能不希图在既定风格样式的影响圈子外留下自己的创作痕迹，因此，他要超越内心固有的心理定向，走向一种新的视觉语言的感召，最终贡献出不同凡响的艺术作品。个人如此，群体亦然。譬如，时代和民族的不同之所以会造成对可见世界再现方式上的差异，恰恰就是因为绘画绝不是现实世界的绝对忠实的复现。画家所追求的不是物质世界的本质，而更应看作是对特定世界的一种反映。艺术家既从视觉的印象出发，也同时从自己的观念出发。当他熟悉了传统的、惯例的表现方式时，也为自己铸定了心理的定势，所有的观察都无不与这一定势藕断丝连，息息相关。我们与其说画家是在描绘他所观察的世界，还不如说他倾向于观察那种已被描绘过的世界，但与此同时，他总要有勇气加上自己的修正。在这种意义上说，风格样式的巨大变化，只有当出现一些天才艺术家时才有可能。

贡布里希还涉及了艺术接受中的绘画知觉问题。显然，他在这方面的阐释受到过构造主义心理学的影响，而能够在一种心理学流派的绝响中得到启发的情况确实是不多见的。构造派心理学，对于视觉的基本观点是：呈示在主体面前的感觉信息只是模模糊糊的东西，因而需要主体在观看时进行无意识的补充。就这一意义而言，知觉总是面临如何构造的问题。贡布里希据此要证明的是，在绘画的知觉过程中，如果缺乏观者的“参与”，那么，绘画作品无非是平面的、非表现性的色彩、线条等的堆砌物。够格的观者总是积极地深入领会、识别所画的对象及其深度关系。一幅绘画作品颇像罗夏测试（Rorshack test）墨渍，既似现实世界中存在物的模糊暗示，又要求外来的投射作用。康斯坦布尔的写实作品《威文荷公园》（1816年，华盛顿特区国家美术馆，见图1-16），其中也没有一样东西能够包容对象的一切视觉细节，它只是提供了一种对真实公园的暗示而已。所以，绘画映像的形成有赖于人的经验常识，而视觉的无意识的推测正是由画面情境引起的期待引导和制约的。事实上，当画家着手描绘一个物体时，他也不是抓住对象所有的细节，再现在画布上的对象特征永远是相对有限的，这和画家意欲表现的无限恰好相反。总而言之，越是富有错觉（或幻觉）的绘画作品，越是需要观者具备更为丰富的推测力。在经验方面，推测受以往的经验、常识和期待等的影响。

贡布里希是当代罕见的博学者，他似乎更愿意把自己称为艺术史家而不是美术心理学家。在他身上人们更多地感受到了苏格拉底式的学识功底，但这也多少影响了人们对其主要理论观点的敏感性。同时，对他的理论也不是

图1-16 康斯坦布尔《威文荷公园》，1816年，布上油画，56.1×101.2厘米，华盛顿特区国家美术馆。

没有尖锐的批评。英国学者诺曼•布列逊在力作《传统与欲望——从大卫到德拉克洛瓦》一书中就把贡布里希和老普里尼、瓦萨里等人归为一类了。几乎在每一本著作中，布列逊都对贡布里希展开针锋相对的辩论，指出后者的图式与修正的概念似乎过分局限在艺术的纯净天地里，而忽略了图式所必然经历的社会、政治甚至经济的作用。布列逊是 20 世纪 80 年代崛起的著名学者，他对贡布里希美术心理学的驳难本身也是引来争议的，此处不赘。[24]

在认知派美术心理学中还有一个重要的领域，即与美术活动相关的认知发展。由于这种研究直接和美术教育问题相联系，因此，具有很直接的现实意义。然而，认知的发展也是一个难度显然的课题。某一个结论是否具有普遍性，总是一个令人感到不怎么踏实的问题。与以往的偏重估测和推论的研究路数不同，现代美术心理学对认知发展所采取的实证的、统计的研究，还是具有相当的信度和效度。这里，我们要提到20世纪60年代早期的维克托•洛温菲尔德（Vikter Lowenfeld）和兰伯特•布里顿（Lambert Brittain）合作完成的“艺术认知六阶段论”。这是第一次全面地评价艺术认知能力发展的尝试。试述其大概如下：第一阶段：涂鸦阶段（2—4岁）。在这一阶段将经历从无序、有控制（如重复动态的东西）到命名的发展，在这里，命名是动觉思考转到想象思维的一个标志。此阶段中，儿童对人体、空间、设计等把握都不甚理想，对于色彩的运用大致经历了从纯娱乐的意向到用色彩区分涂鸦不同意义的进步。第二阶段：图解前（pre-schematic）阶段（4—7岁）。此间儿童对绘画、思维和环境的联系有所发现，能够具有人体部位的纵向概念，对空间则产生了一种以自我为中心的倾向。第三阶段：图解阶段（7—9岁）。儿童进入这一阶段，已经形成了人与环境的确切概念，从通过对形式符号或图样的重复获得自信心，发展到通过对图样的偏离而得到体

---

24 See K.Chapman. Rewriting Art History. *Research Frontier*, Fall, 1989.

验的表现。描绘人物虽然显然是以自己的知识和个性为转换依据，但对人体的掌握已大有进步。尤其是通过偏离而表现的体验有如下特点：（1）夸张人体的重要部位，（2）忽视或省略不重要的部位，（3）符号的变化运用。在空间领域里，开始运用基线（表示画的底部或地面），并且也会偏离基线以表达体验性的主观空间。令人感到尚有欠缺的是，这一阶段的儿童还没有那种有意识的设计手段。第四阶段：写实绘画阶段（9—10岁）。自我意识使儿童更加拘泥于自我态度所带来的诸种结果，在描绘人体时注意细节，倾向于写实线条。但是，在空间上舍弃了基线，出现重叠（如天空下延和基线部分相合）；在色彩方面则从色彩的客观阶段向色彩的表现阶段过渡。尤其值得注意的是，在设计方面，出现了有意识的装饰倾向，并且已经熟练掌握媒介及其功能。第五阶段：拟自然主义阶段（11—13岁）。随着智力的发展，在视觉和非视觉思考中出现了无意识的自然主义倾向，注意描绘对象的内心，追求三维空间的再现（如出现地平线、趋远则景小和具有意味的环境等）。在色彩方面，他们是根据距离和心境等来改变色彩的。而且，更为重要的是，第一次出现有意识的风格感。第六阶段：青少年艺术阶段（13—17岁）。在这阶段自我意识的进一步发展，使艺术敏感性更加明显。譬如，开始对抽象的东西表现出有意识的兴趣，能够运用任何媒介材料等。[25]虽然洛温菲尔德和布里顿的研究具有一定的权威性和现实性，然而他们着眼的主要还是儿童的一般情况，至于不同的文化种族背景会带来什么样的具体影响，尚不在考虑之列。因而，对艺术认知的阶段研究的深化仍是后来者的一大任务。

5. 人本主义美术心理学

人本主义心理学（Humanistic Psychology）是20世纪60年代兴起的

---

25 George Pappas ed. *Concepts in Art and Education: Anthology of Current Issues*, New York, 1970, pp. 341-344.

一种心理学流派。它是由A.马斯洛（见图1-17）、罗洛•梅、卡尔•罗杰斯等建立起来的具有广泛基础的心理学。它不像弗洛伊德的精神分析那样探求人的意识的隐蔽之处，也不像行为主义的心理学那样注重刺激与反应的模式，而是倾向于人的“高级意识心理”，从而耀眼地成为心理学的第三种力量，即精神分析与行为主义心理学之外的第三种声音。读一读罗杰斯关于人类心理世界美好前景的描述就能理解人本主义心理学的鲜明倾向了。他这样写道：“这个新世界将是更人性的，也将是更人道的。它将探索并发展人心与精神的甘美和潜能。它将制作更完善更完整的个体。它将成为一个更尊重个人的世界，它将更珍惜最宝贵的资源。它将成为一个更自然的世界，一个对自然更爱护更尊重的世界。它将发展一种更具人性的科学，一种奠基在新观念上的而又不太僵硬的科学。新世界的科技将以增进人类和自然的和谐为目的，而不是助长对它们的剥削。由于个人感受到自己有权、有能、有自由，新世界将得到创造性的解放。”[26]

不过，在某种意义上说，人本主义心理学也是一种开放的心理学，它对其他心理学流派的吸收仍然是相当明显的。1933年纳粹上台之后，德国几

图1-17 马斯洛

26 转引自李绍昆：《美国的心理学界》，商务印书馆，2000 年，第 76 页。

乎所有重要的知识分子均逃离出去，其中不少的心理学家就到了人本主义心理学之父——马斯洛工作的纽约。因而，当时的纽约有幸获得“心理学世界的中心”的称誉。这给马斯洛提供了极为特殊的借鉴机会。他曾经接触过格式塔心理学家考夫卡（Kurt Kaffka）、苛勒（W.Köhler）、韦特海默（Max Wertheimer），精神分析学家阿德勒（Alfred Adler）、弗洛姆（Erich Fromm）、霍妮（Karen Horney），以及神经学家戈尔茨坦（Kurt Goldstein）等。当然，阿德勒对马斯洛的影响最为显著。此外，马斯洛还广泛地接受了人类学的影响。

马斯洛酷爱音乐和美术等，认定审美是人类人格的一个重要特点。譬如，他曾由衷地写道：“音乐，在我内心深处是毫不犹豫地被接受的，因为对我来讲，它是最高的艺术，是我生存的缘由之一。它甚至同爱，这一生命中最重要的目的相提并论……在音乐中，我找到了最基本的根基……音乐充满了我的生活，它是我生存的缘由之一。在人生旅途中，我们努力拼搏，它是大自然赐予我们的最重要的一份礼物。由于自然是超越理性的，所以音乐也是超越理性的，它不受人类逻辑规则的制约。”[27]而且，马斯洛还强调过：“我们关于审美的需要、冲动、愉悦、创造性，以及所有与审美有关的体验，很少能够通过实证进行把握。但是，审美的体验是如此强烈，审美的渴望是如此迫不及待，使得我们不可避免地想要设置一些概念来指称这些主观事物。为了解释这些强烈的体验，建立理论是很重要的。对于我们的审美需要，只有一事我们切不可做，那就是置之不理……审美问题是一个尚未解决的问题，一个当今的心理学界应该攻克的问题。”[28]在威斯康星大学读书时，马斯洛曾经打算以对音

---

27 ［美］爱德华·霍夫曼：《做人的权利——马斯洛传》，许金声译，改革出版社，1998 年，第 27 页。

28 ［美］爱德华·霍夫曼：《洞察未来：A.H. 马斯洛未发表过的文章》，许金声译，改革出版社，1998 年，第 127-128 页。

乐心理学的研究作为自己的硕士学位论文，但没有被校方接受。他们认为，这个课题虽然新颖，但毫无“科学性”可言。尽管在以后的工作中，马斯洛很少对美学进行深入研究，但他一直认为审美问题是值得认真对待的课题。1950年1月，他写了短文《我们的审美需要》，当时没有发表，也属一些零星的感受之列，也许是为自己在以后进行更全面的分析奠定一种基础。

确实，在人本主义心理学，特别是在马斯洛的论述中，专门或直接涉及艺术与审美的文本并不算多。但是，人本主义心理学无疑在诸多方面给美术心理学提供了独特的启示。以下，就其荦荦大端作一概括。

（1）需要层次理论

要了解人的内在动机，需要无疑是一个重要的侧面。马斯洛充分意识到了需要在人的内心世界中的地位，因而颇为全面地勾画了人的需要的构成和层次性特点。在马斯洛看来，人的需要可分为七个层次，犹如一座金字塔。它们由低级到高级分别为：生理需要、安全需要、归属与爱的需要、尊重需要、认识需要、审美需要以及自我实现需要。自我实现的需要被看作是人的最高需要。[29]

生理需要作为维持个体生存和种族发展的需要，是人类最原始，也是最基本的需要。作为一种缺失性需要，它可以引起匮乏性动机，例如，对于衣、食、住、休息和性等的需要，一旦得到满足，紧张消除，兴奋降低，就失去了动机。这种需要在人类的一切需要中是最需优先加以满足的需要。

安全需要指的是，人希望有稳定的职业，有生活的保障，喜欢处在安全、有秩序、可以预测的环境中，并愿意选择熟悉和已知的工作。这种需要得到满足，人们就会产生安全感，否则便会引起威胁感和恐惧感。

归属与爱的需要是指，人希望归属于某一团体，成为其中的一员；希望有知心朋友，和同事保持友好的关系；渴望得到爱并把爱给予别人。爱与性有

---

29 这里，也可将认识需要与审美需要归入自我实现需要。

密切的联系，但并不等同。性行为不仅为生理上的需要所决定，而且还受其他的需要，特别是爱的需要所支配。

尊重需要指的是希望尊重别人，也希望得到别人尊重的一种需要。这种需要是和人们渴望富有实力、成就、名誉、声望，获得独立与自由相联系的。这种需要的满足，会使人产生信心，感受到自己存在的价值，并满怀工作的热情，否则便会产生自卑感，使人丧失对自己的信心。

认识需要是人们渴望了解外在与内在世界的要求。这一需要几乎是没有限度的求知过程，因为生而有限，而知识无涯。作为超越了生存满足的要求，它出诸内心，因而持久而又强烈。

审美需要指的是人对于美的事物的观照、品位与享受的需要。这种需要融入了所有的健康人的人格之中，只是不像其他需要那样能轻易地诉诸言词的描述。不过，心跳加快、屏息凝气、全神贯注、舒坦畅快以及激动颤抖等均是这一需要实现时的具体感受。

自我实现需要乃是一种实现个人的理想、抱负、充分发挥自己的潜能，希望完成和自己能力相称的工作，越来越成为自己所期望的人物的需要。各人的自我实现的需要是不同的，有人想成为科学家，有人想成为作家，有人想成为电影或体育明星。只有实现最高的理想，他们才会感到最大的快乐。

马斯洛认为，这七个层次的需要，只有较低层次的需要基本得到满足时，较高层次的需要才会发生。也就是说，人在满足高一层次需要之前，至少必须先部分地满足低一层次的需要。例如，只有生理需要基本获得满足时，安全的需要才会产生；只有生理和安全的需要基本获得满足时，归属和爱的需要才会产生；而自我实现需要则要在前六种需要基本获得满足以后才会出现。总之，每一时刻最占优势的需要支配着一个人的意识，成为组织他行为的核心力量，已经满足了的需要，就不再是行为的积极推动力。

移之以论艺术家的需要：首先，看一看生理需要和安全需要。确实，人们只有满足了生存的需求之后，才能从事艺术活动。巴尔扎克在债务重重的压迫中挥笔不停，以超乎常人的毅力拼命写作；梵·高若是没有弟弟提奥的随时接济，很难在饥寒交迫中创作出精神深刻的杰作；同样，毕沙罗时不时要为了一家人的糊口而不断作画，甚至常常以低得令人不敢相信的价格在夏日炎炎的巴黎街头绝望地兜售。当然，艺术家不是酒足饭饱之后才进行创作的，但是，生存的基本需要或部分的满足却极为重要。同时，艺术的创作也使艺术家获得了心情的宁静，仿佛停止写作或画画就是一种最大的失落与痛苦，尽管从艺术中所获取的生存条件并不总是能尽如人意，即使是杰出的艺术家也不例外。其次，是归属与爱的需要。一方面，艺术家像常人一样有这一需要；但是，更为重要的是，归属感与爱是艺术家建立其博大的情感世界的支柱。艺术家的归属感既是具体而微的，又可以推及开去，包括国家、民族等，从而获得非凡、特殊的意味。同样，爱也是如此。作为一种不能被剥夺的体验，爱是艺术家的传达中最重要的元素。没有爱的渴望（或者爱的剥夺）的体验，艺术作品的动人力量就无从谈起。再次，是尊重需要。艺术家所从事的是特殊的职业，其劳动成果并不仅仅是为了满足最基本的生存需要，同时也是为了精神上的满足：创造力的确证、普遍的认可以及艺术生命的未来延伸等等，这些均是艺术家更为在乎的东西。在文艺复兴时期的意大利，艺术家获得什么人的赞助并不只是一个金钱数额的问题，更是一个荣誉的问题。同样，能否进入法兰西学院、能否入选沙龙展等，也是当时的法国艺术家们所在乎的问题。中国西晋的陆机曾断言："丹青之兴，比《雅》《颂》之述作，美大业之馨香。"[30]唐代张彦远则称"夫画者，成教化，助人伦，穷神变，测幽微，与六籍同功，四时并运，发于天然，非由述作"，[31]更是将绘画的意义推崇到了无以复加的地步。第四，是认识需要。应当说，艺术本身

30 转引自［唐］张彦远《历代名画记》，吴孟复、郭因主编：《中国画论》，安徽美术出版社，卷一，第 80 页。

31 ［唐］张彦远《历代名画记》，吴孟复、郭因主编：《中国画论》，卷一，第 79 页。

是一种特殊的认识成果。艺术家固然以历险类作品、成长体小说、写实的美术、叙事的舞蹈等作品让人领略丰富的认识意蕴，同时，在抒情类的艺术中，人们也同样可以淋漓尽致地感受到具有特定时代、地域和个性特点的曼妙、深刻或回肠荡气的意绪。艺术家之所以要实现认识的需要，当然还有特别的缘由。对他来说，认识与其说是外在的要求，还不如说是内在的冲动。而且，正是这种出自内心的认识欲，使得艺术家的眼光尤为特殊：总是别有情致，而且意犹未尽。第五，是审美需要。无疑，人不能缺失这样的需要，而艺术家更是如此。马斯洛曾经写道："在某些人身上，确有真正基本的审美需求。丑会使他们致病（以特殊的方式），身临美的事物会使他们痊愈。他们积极地热望着，只有美才能满足他们的热望。"[32]对艺术家来说，这种需要就更不是随境遇而改变的了。这样的需要几乎就是他的某种天性的成分，甚至构成了他生活的一部分。也就是说，审美已经非常内在化了。安格尔80多岁依然在激情洋溢地作画，透纳和莫奈在后期视力欠佳的状态下画出非凡的杰作，托尔斯泰到了晚年仍然笔耕不辍……这些伟大的人物，多少令人有点感慨。最后，是自我实现需要。在一篇当时没有发表的提纲里，马斯洛指出："我们越来越清楚地看到，人的身上有无限的潜在能力。如果适当地运用它们，人的生活就会变得像幻想中的天堂一样美好。从有潜能的意义上，人是宇宙中最令人惊异的现象，是最具有创造性、最精巧的生物。多少年以来，哲学家们一直在寻求真、善、美，论述它们的力量。现在我们知道，寻求它们的最佳地方就在人们自己身上。"[33]虽然自我实现也是所有的人的一种需要，但是，它的实现却常常又是有限度，甚至遭遇极大障碍的。因为，不仅是外

32 ［美］马斯洛：《动机与人格》，许金声译，华夏出版社，1987年，第59页。

33 ［美］爱德华·霍夫曼：《做人的权利——马斯洛传》，许金声译，改革出版社，1998年，第184–185页。

在的条件，而且还由于所谓约拿情结（Jonah complex）[34]的影响，自我实现在现实中变得不是那么的一帆风顺。然而，艺术家却在这一点上与常人拉开了距离。一位作曲家必须作曲，一位画家必须绘画，一位诗人必须写诗，否则他始终都无法安静下来。一个人必须能够成为什么，他就必须成为什么，他一定要忠实于自己的本性——这正是艺术家实现其自我的真实情形。

当然，马斯洛在需要层次论中片面地强调了个人内在价值的实现，忽视了社会理想对人的积极性作用。同时，马斯洛又把人的需要看作是自然禀赋的。[35]此外，我们也应该注意，马斯洛所论是人的意识的“顶楼”（即高级的意识心理），而对潜意识探讨的匮乏又使得这种论述显得不甚完整。再者，他似乎没有顾及某些需要实现中的受挫也可能激起艺术家创造的动机。

（2）自我实现理论

马斯洛的“自我实现”理论与戈尔茨坦有关，后者用“自我实现”这种说法来描述每个有机体（包括人类）实现自己潜能的内在需求。例如，他对脑损伤病人的研究表明，当大脑某一部分受伤后，另一部分可能接替它发生作用，从而维持理想的总体功能水平。用类似的方式，戈尔茨坦表明，我们每一个人都具有满足自己生物学天性的潜在冲动。在此，他举了一个例子，一位艺术家在创作过程中经历的是那种强烈的甚至是痛苦的冲动。马斯洛后来在构造他自己的人类动机和人格理论时，采用了“自我实现”的说法，却改变了它原来的含义。对此，戈尔茨坦极为不悦。[36]

---

34 约拿情结：一种由《圣经》人物约拿而得名的情绪状况，它反映了一种“对自身伟大之处的恐惧”，并导致我们不敢做自己擅长的事，甚至逃避发掘自己的潜力。在日常生活中，约拿情结可能表现为缺少上进心，或称“假愚”。

35 参见荆其诚主编：《简明心理学百科全书》，湖南教育出版社，1991年，第593–594页；《心理学百科全书》，浙江教育出版社，1995年，第1卷，第138–140页。

36 ［美］爱德华·霍夫曼：《做人的权利——马斯洛传》，许金声译，改革出版社，1998年，第125–126页。

所谓自我实现，是指人的一种自我发挥和自我完善的欲望，也就是一种使自己的潜能得以实现的倾向。尽管马斯洛想把自我实现限制在什么范围内并不明显，但是，他却做出了他自豪地称之为心理学领域里最重大的贡献。他觉得，弗洛伊德主义者和新弗洛伊德主义者已经精确地描述了当我们的低级需求受到阻挠和挫折时会发生什么情况，因而他认为没必要针对神经病和精神病更详细地积累资料，半个多世纪以来，精神病学和变态心理学一直在研究这些内容，而他对这方面的内容兴趣不大。他更愿意探索未知的心理学领域，研究“最佳人性”的挑战对他极有吸引力，于是，他开始集中注意力探讨自我实现的问题。

马斯洛认为，自我实现的过程就是人发现发展真实的自我，发展现有的或潜在的能力。自我实现的人是人类的典范，是社会上最有价值的人，他们具有以下特征：1）接受自己、他人和自然的能力；2）建立深厚、融洽的人与人之间的关系；3）洞察现实，保持知觉与现实的和谐关系；4）以问题为中心而不是以自我为中心；5）鉴赏的不断更新；6）自主性；7）创造性；8）民主型的性格结构；9）高峰体验；10）返璞归真；11）不受文化和环境的束缚；12）同情和爱的情感；13）善意的幽默感；14）辨别善与恶、手段与目的的能力；15）超然独立、离群独处的需要。马斯洛认为，人类具有真、善、美、正义、欢乐等内在本性，具有共同的价值观和道德标准，达到人的自我实现关键在于改善人的“自知”或自我意识，使人认识到自我的内在潜能或价值，人本主义心理学家就是要促进人的自我实现。[37]

马斯洛坚信：“生活的真正成就来自我们自己的高级需要的满足，特别是自我实现的需要”；“高级需要的满足能引起更加合意的主观效果，即更深刻的幸福感、宁静感，以及内心生活的丰富感……”“那些生活在自我实现水

37　参见荆其诚主编：《简明心理学百科全书》，湖南教育出版社，1991 年，第 138 页。

平上的人们，事实上也是最博爱，并在人性上是发展最完全的人们”。[38]

尽管马斯洛并不反对将艺术家归为自我实现者的行列，但是，他不承认诸如拜伦、梵·高和瓦格纳这样杰出的艺术家是真正意义上的“自我实现者”。[39]因而，他的衡量标准是苛严的，推崇的是所谓十全十美的完人。这就使得他有关自我实现的论述不免显得过于偏狭了。

有不少艺术家依然可以吻合马斯洛的自我实现者的特征，譬如接受自己、他人和自然的能力，建立深厚、融洽的人与人之间的关系，洞察现实，鉴赏的不断更新，自主性，创造性，高峰体验，返璞归真，不受文化和环境的束缚，同情和爱的情感，善意的幽默感，辨别善与恶、手段与目的的能力，超然独立、离群独处的需要等，但是，马斯洛所列举的有些特征却未必都是艺术家的秉性。例如，艺术家可能是一种自我感极为强烈和敏感的人，并且在创作中渲染这一点；艺术家能够洞察现实，但是未必保持知觉与现实的和谐关系。恰恰相反，他们的知觉有时就是与现实不相和谐，甚至有时是与现实的格格不入感导致了艺术的冲动。而且，马斯洛显然没有把艺术家的痛苦放到应有的位置上。所以，马斯洛的自我实现的特征实际上尚未更加深入地进入艺术家的内心世界的奥秘。

（3）高峰体验理论

马斯洛的“高峰体验”说其实与韦特海默有关。1935年，韦特海默写了一篇题为《伦理学理论的一些问题》的文章，其中提到，生活中的某些时刻，我们会感到被唤醒，并突然意识到自身最好、最有价值的品质，就好像它们已经失落了或者长期被忘却了……这就是25年后马斯洛所称的“高峰

---

38 参见［美］爱德华·霍夫曼：《做人的权利——马斯洛传》，许金声译，改革出版社，1998年，第201页。

39 参见［美］弗兰克·戈布尔：《第三思潮：马斯洛心理学》，吕明，陈红雯译，上海译文出版社，1987年，第26页。

体验”的先声。[40]

高峰体验是马斯洛自我实现论中的重要概念，指人在进入自我实现和自我超越状态时可能感受到的一种欢乐至极的体验。马斯洛曾列举能产生高峰体验的情境和时刻有：1）爱情；2）审美感受，特别是古典音乐欣赏；3）创造激情和灵感；4）领悟真理；5）顺产，母爱；6）与大自然的交融，如在原始森林中、海滩下、丛山中；7）体育比赛，翩翩起舞时，等等。高峰体验是自我完善过程中的一种自我奖赏，类似宗教皈依时刻的神秘体验。尽管它产生时的刺激因素各不相同，主观体验却彼此相似。它的特征是瞬间产生，转眼即逝，因而往往逃过人们的注意，使人们弄不清它的性质，但这样的时刻到来时能产生强大的冲击波，使人摆脱一切怀疑、恐惧、压抑、紧张和怯懦。这种体验多发生在自我实现者身上。根据马斯洛的抽样调查报告，这些特征包括暂时的时空混乱感、惊奇和敬畏感、巨大的幸福感、在宇宙的壮美面前一时而又完全的无所畏惧与不设防的感觉等等。人们还普遍提到，一些完全相反的事物，如善与恶、自由意志与宿命等都在一瞬间被超越了：一切事物都得到了辉煌的统一。马斯洛还指出，高峰体验的经历，常会留下深远的影响，对人有脱胎换骨的作用。“尽管生活通常是单调、平凡、痛苦、别扭、不令人满意的，但只要看到美、真理和生活的意义确实存在，一般来说人就会更容易感到活着是有价值的。”也许是由于忘记了威廉·詹姆士在这方面的启发性工作，马斯洛说这种体验“在人类历史上有过大量的记载，但是据我所知，还从来没有引起过心理学家和精神病学家的注意”。的确，用当时的标准来看，马斯洛有关高峰体验的论述起码是离经叛道的。它没有采用任何实验技术或统计方法，仅仅陈述了他对一种超越的、异乎寻常的心理状态的分析。当然，在以前的科学文献中，从来没有关于这种状态的定义。从马斯洛早期

---

40 [美]爱德华·霍夫曼：《做人的权利——马斯洛传》，许金声译，改革出版社，1998年，第108-109页。

关于自我实现的论文可知，他意识到这种探索是尝试性的，是富有生命力的“勘察工作”。这种高峰体验到底在什么程度上反映了对世界的感知，而不是像弗洛伊德所认为的那样仅仅是幼稚的幻想呢？马斯洛是这样回答这个问题的：“如果自我实现者能够并且确实比其他人更有效、更全面、更客观地感知现实，那么我们就有可能把他们当作研究对象。由于他们更敏感、感知力更强，我们就有可能得到关于现实真相的更好的报告……就像金丝雀被用来探测矿井中的气体，因为它比其他生物更敏感。”[41]

确实，在艺术创造与接受中，人们不难感受到一种短暂的狂喜、入迷、出神、极大的幸福感和愉快，或者所谓“诗意的狂喧”（rhapsodic communication）。在这种短暂的时刻里，人们能感受到敬畏、崇拜和奇妙的心情，体验到“此时此地”以及真实而统一地存在的感觉，同时也体会到超越与神圣。无论是灵感或直觉的状态还是心心相印的意会，是不唤自来的神来之笔还是完成的喜悦等，均是确凿无疑的高峰体验。

不过，马斯洛不仅描述了关于高峰体验的诸种普遍特征，而且还把它们与精神的完全健康联系在一起。换一句话说，他把高峰体验提高到了一种前所未有的高度上加以认识。在他看来，“一个内心矛盾重重、精神处于混乱状态的人很可能因为达不到高峰体验而失去理智。心绪烦乱的人不会有高峰体验，只有情感健康的人才会有高峰体验。实际上，一个人的情感越是健康，他就越有可能产生高峰体验。同样，我们经历的高峰体验越多，精神世界就越是健康”，“没有高潮，人类怎么能够得到休息与拥有平和的心境？怎么能享受真正的具有存在性价值的娱乐(play)？没有高潮以及各种形式的高峰体验来提供一种完成感，我们就会总是感到自己处在游移不定的中间状态。我们总是在努力，总是在坚持，永远没有满足的时候。在这种状态下，我们永远只

---

41 参见［美］爱德华·霍夫曼：《洞察未来》，改革出版社，1998 年，第 298 页。

是‘手段’，而不是‘目的’。无论做什么事情，我们都如同一直在山腰攀登，永远达不到顶峰，得不到休息。事实上，任何真正的满足都带有一种微妙的终极体验，容许人们停下攀登的脚步。有时候，这种终极体验非常尖锐与强烈。但是，真正的完满感、真正的终极状态——真正的无以复加的终极体验，完美的高潮，这才算得上是真正的高峰体验。完全的高峰体验不仅对精神上，而且对身体上都会产生重要影响。它是一种完全的释放，全部的耗尽，彻底的满足”。[42]

可以说，将高峰体验强调到这样的地步，实际上也暗含了对艺术的一种特别的肯定，尽管马斯洛无意进一步区分艺术的高峰体验与非艺术的高峰体验究竟有怎样的差别。

此外，马斯洛还涉及了高原体验（Plateau-experience），虽然这一概念倒并非他的原创。所谓高原体验，指的是对感受到的敬畏与神奇做出平静的、稳重的积极反应，是一种平和而又持续的欢乐心境；与高峰体验相比，它没有那么强烈的感情色彩。相反，它更多地含有理性与认知的成分，也更多地是出于意志的行为。例如，一个母亲静静地坐着，照看她的小宝宝在地上玩耍。[43] 其实，艺术活动中有不少的体验状态恰恰是与此相吻合的，未必均体现为高峰体验。

（4）存在性世界的描述

马斯洛在阐释自我实现的哲学含义时，是将它同人类的终极价值与存在价值联系在一起的。他说：“似乎有一种人类的终极价值，一个全人类努力争

---

42 《高峰体验对于健康的意义》，[美]爱德华·霍夫曼：《洞察未来》，改革出版社，1998年版。

43 See Tom S. Cleary and Sam I. Shapiro, The Plateau Experience and The Post-mortem Life: Abraham H. Maslow's Unfinished Theory, *The Journal of Transpersonal Psychology*, 1995, Vol. 27, No. 1.

取的远大目标，不同的作者给它取了不同的名字，如自我实现、自我完善、整合、精神健康、个性化、自主性、创造性、生产性；但他们都一致同意，这些意味着充分实现个人的所有潜力，也就是他能够彻底成为一个真正的人，充分实现他的一切可能性。”[44]在马斯洛看来，人类的终极价值就是自我实现，这是全人类都在努力争取的远大目标。它的内涵包括存在价值的一切表现，如“真、美、完整、合二为一（对立面得到统一，仇人化为挚友）、生气勃勃，与众不同、完善、必要、完成、正义、秩序、纯朴，丰富、轻松、诙谐、自我满足等等”。[45]自我实现者将这些价值融入自身，使他成为一个真正的人。

同时，马斯洛认为，在超越性体验的时刻，人们直接了解了人类的最高美德与理想。他把它们称为“存在性价值”，例如美、正义和完善等。相反，在日常生活中占统治地位的则是一些次要的“匮乏性价值”，如恐惧、怀疑等。他同时也推断，心理健康的人更容易经历心醉神迷的神秘体验。

马斯洛曾经这样描述他所理解的“存在性世界”：

1）通过有意识地进入存在性世界，可以走出匮乏性世界。去参观艺术展，参观博物馆，观赏美丽或者庄严的树木，去图书馆读书，到山上或海边去陶冶情操。

2）默默地体会那些值得赞赏、值得热爱和尊敬的人，感受和思考他们的美德。

3）进入奥林匹斯山的清新空气，进入纯哲学、纯数学和其他自然科学领域。

4）努力缩小注意的范围，全神贯注地陶醉于一些微小的世界，例如，蚂蚁或地上的昆虫。细细地观察花朵或地上的叶片、沙粒和尘埃。专心致志地

---

44 引自［美］弗兰克·戈布尔：《第三思潮·马斯洛心理学》，上海译文出版社，1987 年版，第 100 页。

45 引自［美］弗兰克·戈布尔：《第三思潮·马斯洛心理学》，第 102 页。

观察而不受外界干扰。

5）用艺术家或摄影师的眼光来观察物体的本质。例如，用镜框将它镶起来以把它和周围的环境分开，把它与你的先入之见、预想以及关于它应该怎么样的种种观点分开。把物体放大了看，眯着眼看以观察它的大概轮廓。或者从另一个异常的角度来观察，如把它颠倒过来看一看，或观察镜子里它反射形成的影子。也可以将它放入特殊的背景中，用特殊形式来摆放它。或透过不同颜色的滤光镜来看它，长时间地盯着它，同时特别地进行自由联想，任意发挥。

6）长时间地与婴儿或儿童待在一起。他们比其他人更接近存在性世界。有时候，当你与一些动物，如小猫、小狗、猴子或猩猩待在一起时，你也能感受到存在性世界。

7）站在历史学家的高度对自己的生活进行反思，一百年、一千年后它会是什么样的呢？

8）从别的动物的角度来对自己的生活进行思考，如自己在一只蚂蚁眼中会是什么样子的呢？

9）假设你只能再活一年了，你会怎样对待你的生活呢？

10）思考一下，你的生活在一个远方的人看来是怎么样的，例如，一个远在非洲的小山村里的人，他是怎样看的。

11）当你看到一个熟人或熟悉的情况时，假设你是第一次见到，用一种新鲜的眼光去看。

12）当看到同样的熟人或熟悉的情况时，换一种方式，假设这是最后一次见到了。

13）以伟大的睿智的哲人的眼光来看问题，如以苏格拉底、斯宾诺莎、伏尔泰的眼光来看问题。

14）试着与历史上的伟人交流，同他们交谈或给他们写信。例如，与贝多芬、苏格拉底、威廉•詹姆士、伊曼纽尔•康德或阿尔弗雷德•怀特海等交流，而不是只与你生活中的人交流。[46]

在上述的胪列中，艺术无疑占据了重要的地位。当然，马斯洛也意识到，“自我实现的人，即那些达到高度成熟、健康、自我完善的人，能够给予我们如此多的教益，以致他们有时看上去就像是另一种人。但是，对人性发展能够达到的最高境界，对人性发展的终极可能以及人类抱负水平探寻是一项棘手而曲折的任务……”[47]

确实，对于存在性价值的提升与实现，艺术的作用其实是有限的、间接的，因为存在性价值更是艺术以外的重大问题。

第三节 美术心理学的研究方法

爱因斯坦曾经有过一个著名的公式：A=X+Y+Z，其中 A 表示成功，X 代表艰苦的努力，Y 表示正确的方法，最后的 Z 指少说空话。正因为方法和成功关系非常密切，对前者的重要性就始终不可掉以轻心。在这一意义上说，方法论的探讨不可能是外在的和多余的。

列宁曾经极其精辟地指出：“在社会现象方面，没有比胡乱抽出一些个别事实和玩弄实例更普遍更站不住脚的方法了……如果从事实的全部总和、从事实联系去掌握事实，那么，事实不仅是‘胜于雄辩的东西’，而且是证据确凿的东西。如果不是从全部总和，不是从联系中去掌握事实，而是片

46 参见［美］爱德华·霍夫曼：《洞察未来：A.H. 马斯洛未发表过的文章》，许金声译，改革出版社，1998 年，第 146-147 页。

47 参见［美］爱德华·霍夫曼：《洞察未来：A.H.马斯洛未发表过的文章》，许金声译，第298页。

断的和随便挑出来的，那么事实就只能是一种儿戏，或者甚至连儿戏都不如。”[48]然而，我们怎样才能保证对美术活动的心理规律从感性认识向理性认识跃迁的过程始终顺利而正确地进行？关键恰恰就在这里。要使每一种跃迁都不出大的差错，就必须面对这样的难题本身。然而，有关美术活动的经验事实及其材料从来就是无穷多的。对于一个研究者或爱好者来说，把它们全部收集起来几乎是不可能的事情。阿兰•佩雷菲特曾有过一个很耐人寻味的例子：“有位青年考古学家，脑袋里想写一篇论文，讨论荷马时代的兵器学。文献资料越搜集越多，浩如烟海。他觉得明智的办法是缩小范围，只研究头盔，但范围还是太大，于是再限为冠缨。最后他风趣地说：‘今后谁要谈荷马时代希腊战士的冠缨，就非得用我的论文不可’。”[49]这种严格限定和缩小研究对象，从而限定收集材料范围的方法，固然有其使材料准确精细的好处，但是，问题在于，仅仅研究冠缨就能反映古代希腊的兵器学吗？显然，如果美术心理学也采取这种对研究对象进行一次次分割缩小的方法，那么，美术活动的内在和广泛的本质联系就可能被割裂得面目全非。正像不把天上的物体和地球上的物体作为一个整体就不能使“苹果下落”成为万有引力定律产生的契机一样，把美术当作象牙塔中的纯净存在，无视它与整个人类的社会、文化等的血缘联系，也不可能真正揭示美术的奥义所在。这里的关键尤在于综合一系列有效的手段和方法，以便一步步地排除认识环节上的偏差。因而，我们为了达到对美术活动的较为全面而深刻的联系，就不应该以牺牲研究对象的完整性作为代价，而是要在对这种完整性的现实把握中去经历从经验材料到理论认识的一次次循环，从而从片面走向全面，从错误走向正确……这样，我们也就不会把具体的方法搞弄成笨拙的工具，而

48 《列宁全集》，人民出版社，1958 年，第 23 卷，279 页。

49 ［法］阿兰·佩雷菲特：《官僚主义的弊害》，孟鞠如，李直，吕彤邻译，商务印书馆，1981 年，第 422 页。

是让一切有意义的方法的背后都透出一种生气勃勃的探索精神。这就是说，方法不仅仅是探索者的工具，而且更像是培根所说的，是大自然点起的一盏明灯，人类用它驱赶错误、无知和偏见等所拢成的黑暗。有了它，我们才能把自己的创造和发现有效地积存和扩大，使自己具备改正错误、走向真理的内在动力。

但是，把方法看作是一种“比外在合目的性的有限目的更高的东西”，[50]并不意味着要对每一种方法都顶礼膜拜，而恰恰是要分辨具体方法的有效作用范围。波普尔在其1953年的一次讲演中说过很耐人寻味的话：科学经常出错，而伪科学只能偶尔碰到真理。[51]这主要就是因为科学的东西总是可以证伪的，而伪科学却根本做不到；科学总会发现错在何处，而伪科学则根本缺乏这种“试错”机制。对于美术心理学研究方法的讨论也应有如是观。

美术心理学的研究方法涉及的面很广泛，我们不妨把它们分为若干级位，即元理论层、交叉层和具体实证层。

首先是元理论层。这是一种悬置最高但影响也最为深广的方法层。作为方法中的最高级位，它要求交叉层以及具体实证层的方法与它保持协同并且能够越来越具体地体现它。对于美术心理学来说，它的元理论的最高体现便是既作为一种世界观又作为一种方法论的哲学。马克思主义的辩证唯物主义和历史唯物主义虽然并不直接替代性地介入美术心理学，但是它的普遍指导意义仍然无所不在。马克思在他著名的《关于费尔巴哈的提纲》中就开始论及以往一切唯物主义的主要缺点了。这些主要缺点是：对对象、对现实只是从客体的或者直观的形式去理解，而不是把它们当作人的感性活动，不是从主体方面去理解。但是，马克思并不把属于人的内心的事物看作是纯粹内心

50 《列宁全集》，人民出版社，1990 年，第 55 卷，第 159 页。

51 Karl Raimund Popper. *Conjectures and Refutations: The Growth of Scientific Knowledge*, London: Rutledge, 2004, p. 44.

的东西，他曾指出："意识一开始就是社会的产物"，[52]它是人们所参与的并通过人们的头脑、人们的感觉器官和运动器官所实现的那种特殊关系即社会关系的产物，因而不是在刺激物（作用于人脑的事物）的影响下人脑某种神秘的放射"意识之光"的能力的表现。马克思主义的理论不仅仅承认意识是现实的反映，而且强调了从现实到意识、从意识到现实的转换契机的重要意义。马克思主义向来认为，人的能动的感性活动、人的实践是由客观存在到主观意识的唯一中介；仅仅承认主观意识是客观存在的反映，不但是空洞的，而且也可能引出机械唯物主义。[53]譬如，在美术界流行的"下生活"观念中，就有一种相当简单化的潜台词：生活是美术创作的万全仓库，到生活中去就能探囊取物般地出作品。这在某种程度上，恰恰是看低了艺术家心理活动的特殊性，因为正像瑞士心理学家皮亚杰在其《发生心理学问题》（1956年）中讨论马克思的理论意义时所说的那样："我们只有作用于对象并改变它时，我们才认知对象。"换一句话说，只有当美术家和生活处在一种相互渗透和促进的状态时，生活才能进入艺术，否则前者总是外在的、芜杂的；与之相反，如果把现实生活看作美术创作的佐料，或者甚至是可有可无，以为内心所能衍生的就是美术作品中珍若拱璧的内容，"天才"和"悟性"可以代替对现实的观察和体认，那也是相当悖理的。同时，列宁曾经深刻地说过："……谁不预先解决一般问题而着手解决特殊问题，谁就将不可避免地、不知不觉地处处'碰到'这些一般问题。"[54]同样，当我们接受各种学术背景不同的国外美术心理学理论时，也必然需要一种哲学的批评眼光。同时，美术心理学作为相当年轻的学科，尚有许多方面是近乎空白的地带，这也要求哲学的介入。从确定研究的逻辑起点，提出宏观的假设，直到展望未来的研

---

52 《马克思恩格斯选集》，人民出版社，1995 年，第 1 卷，第 81 页。

53 参见《列宁〈哲学笔记〉》，人民出版社，1973年。

54 转引自[苏]П.А.拉契科夫：《科学学》，科学出版社，1984年，第64页。

究前景等，哲学无疑具有无可推诿的使命，而且，哲学的更为广义的作用，正如爱因斯坦所说的那样，是一种“在最普遍和最广泛的形式中对知识的追求”。[55]但是，尽管像哲学那样的元理论层是美术心理学不可或缺的一个方法层面，这却并不意味哲学的驻留永远是天然合理的。对于一种日益走向成熟和独立的学科来说，分化总是它的必经之路，就好像充满辩证法色彩的物理学实际上要求远离于哲学的形态一样，美术心理学也应该从哲学的笼罩下走出来，这已经是历史的走向，也是未来的趋势。

交叉层次上的方法正是推进这一趋势的重要一环。美术心理学作为一门成长中的美术学和心理学的交叉学科，来自心理学和来自美术学理论的方法无疑是更为贴近自身的内里。但是，交叉层次的方法并不仅限于上述两种方法，还应该包括社会学、文化学、历史学、人类学和比较学等。这种层次上的方法，其意义就在于既不是元理论擅长之处，也非具体实证层方法可以信步的地方。例如，考察作为“方块崇拜”的曼陀罗图画，如果不从文化和历史的角度出发，就不能阐明它的象征意义，更遑论它的起源；而缺乏对20世纪现代派美术的基本了解，也不可能懂得约瑟夫·艾伯斯《遥远》（1958年）一画中该图案的特定抽象意义。同样，如果要阐释丢勒的《入睡的林中仙女》（年代不详，维也纳美术史博物馆）而不知晓拟古典的铭文“水仙女憩地”（Huius nympha Loci）的来龙去脉，那么也就不会没有令人遗憾的释义空白了。[56]但是，应该进一步申明的是，虽然美术心理学无可非议地要立足在交叉层次的方法上，它本身却并不是各种学科方法无条件的汇聚场所。正如在“历史的美术”和“美术的历史”之间有相当的差异一样，美术心理学若要对美术活动的心理

---

55 参见《爱因斯坦文集》，商务印书馆，1977年，第1卷，第519页。

56 See Otto Kurz, Huius Nympha Loci, A Pseudo-Classical Inscription and a Drawing by Dürer. *Journal of the Warburg and Courtauld Institutes*, Vol. 16, No. 3/4, 1953, pp. 171-177.

奥秘的揭示有所贡献，那么，它对其他学科方法的吸取和融合就始终要以自己的研究旨归为轴心，否则，它不但可能无助于美术活动的心理学阐释，而且也可能因为面目不清而最终导致自身的消解。由于在具体的研究中，心理学的方法始终是处在充当主角的地位上，因此须大略地解释一下有关方法的构成和意义。先谈其中的一般性方法。它的主要任务是关注如何把心理学（尤其是当代的成果）应用到美术活动的心理的描述上。这是一个不小的话题，幸好阿恩海姆、帕诺夫斯基、克里斯（Kris）和贡布里希等在这方面皆有典范性的成功例子。在一般性的方法中还包括了心理学所注重的比较和跨文化研究的倾向。不同的自然观、时空观和艺术效果（以至最高的理想境界）的讲求，都有可能通过心理学的透照而追溯到真正的渊源。虽然，跻身于比较和跨文化的视野中，不算是美术心理学的专利，但是我们如果要解释梵•高为什么对日本木刻中的桥、海中的山崖、鸢尾属植物和淋浴时的大幅度动态等表现出非同寻常的兴趣，那么，心理学的维度就可能显示出无可否认的优越性。对于中国传统的阴阳八卦图，我们自己可能已处在“熟知非真知”的不自觉状态，而阿恩海姆却从格式塔心理学出发阐发了一个西方学者的深义理解。[57]诸如此类的例子似乎是难以穷举的。

美术心理学中处在最低级位的方法是具体实证性质的。这是一种和对象的关系最为直接或者可以说是从研究对象自身上生长出来的方法。在此大略要提到的是以下几种。1.实验法。这种借助特定技术手段对相应的条件加以控制，并且对反应结果加以重复性确证的方法，如前所述，在实验派的美术心理学中起到过相当积极的作用。它对于人们认识艺术体验的依靠条件（比如美国学者高德斯丁对所谓的“美欲”的物质条件“内啡”的测试）、了解艺术趣味所表现的

---

57 See Rudolf Arnheim, Perceptual analysis of a symbol of interaction. *Toward A Psychology of Art: Collected Essays*, Berkeley, CA: University of California Press, 1966.

偏爱和选择等，都有相当的意义。但是，从实验研究中得出的诸种结论，由于来自受控条件下的状态，因而其普适性是比较有限的。如果要通过实验的方法确定某种空间形式、色彩、线条的绝对或者普遍的愉悦性，那并不十分困难。但是，要把信奉“无法之法为至法”的美术家的作品直接作为实验的对象，仍然是相当困难和相当遥远的事情。事实上，只要我们对西方的费希纳以来的实验美术心理学文献作一下走马观花式的浏览，就可以看到，一方面，研究的细致和可信程度已经达到了相当惊人的水平，另一方面，它的现实的不足也是显而易见的，比如大量的研究并没有达到自下而上的水平，往往只下不上多于自下而上，换一句话说，不少研究结果不能进一步地提升到美术理论的高度并得到认真的审视，而是流于细碎琐屑，在艺术活动或艺术品前缺乏普适和概括的意义。更为偏狭的是，实验研究还有一种为控制条件而牺牲充分考虑社会历史因素的潜在危险。囿于实验室为心理学而心理学的做法，不少研究很难适应于解释复杂多变的美术心理现象。当然，这里尚有心理学家和美术理论家相互之间进一步沟通的历史问题。2.问卷法。这一方法的性质实际上并不是单纯的问与答的问题，而起码涉及被问者的内省、问卷的动机和倾向性以及所运用的统计手段等。由于问卷法比较便捷明快，而且涉及的被试面非常广，因而在实际研究中有相当的现实意义。托马斯·门罗曾经把问卷法看作是一种重要性远远超过了实验法的方法。不过，问卷法虽然可以凭借涉及面广、数量大而取胜，但是却不太容易获得对个体性的东西的深入洞察。3.个体心理学法。它把美术的创作者和接受者当作一个可以和其他个体进行相互比较的对象，不仅直接考察具体的美术作品同艺术家个性或人格的对应和矛盾的联系，也剖析审美享受与其他个体因素的关联。在个体心理学方法中，尤其值得注意的是精神病学的方法，它把研究的兴趣投入个别而特殊的人。饶有意味的是，精神病学的方法得到重视的部分原因是，某些对艺术家不无敌意的人想证明艺术家确实是一帮精神病患者。但是，真实的情形并不完全如此，而且精神病学的方法与其说是要人们了解某些艺术家的病理症状，还不如说是要从一个相当特殊的角度凸显艺术家在创作中的某些非常态的人格特征以及由此带来的效果，同时也要分析超常的艺术才能（尤其是艺术感受性）的起因以及艺术作品的非凡效果的形成，等等。不过，这种方法所引导的分析和描述，特别要注意避免单一的溯因论和粗暴的庸俗论。当然，处在具体实证层次上的方法远不止以上三种，比如还有发生法、模型法和图表法等等，这里均不一一论及了。

毫无疑问，不同级位的方法既有区别，又有联系。它们各有不同的功能圈，不能互相替代，而只能在特定的层次充分发挥其应有的作用。与此同时，在开展美术心理学的研究中，各种层次上的方法均有其适得其所的意义，因而又可以构成互补的关系。在这里，首先，任何方法的运用应该顾及和相关研究对象的亲和性。两者之间应该有内在的适应，不应以单一的方法去框定一切对象，而更宜以对象的性质与特点来决定方法的取舍或配合。换一句话说，“探讨的方式要随着对象改变”“当对象欢笑的时候，探讨难道应当严肃吗？当对象悲痛的时候，探讨难道应当谦逊吗？”[58]因而，在某种意义上说，方法是否契合美术活动的本性，并不只是一个选择或转换的技术性立场，而更是一种能否深入研究对象的内部规定性的问题。其次，在方法论上，我们还须考虑到研究主体和研究方法的适应性问题，因为方法无疑总是牵连着研究对象和研究者这两翼。贝弗里奇在其《科学研究的艺术》一书中就曾经说过：“当满载丰富知识的头脑思考问题时，相应的知识就成为思考的焦点。这些知识如果对于所思考的问题已经足够，那就可能得出解决的方法。但是如果这知识不够，而在从事研究工作时往往如此，那么已有的知识就使头脑更难想象出新颖的独创的见解。”[59]因此，方法本身是否能直接达到研究对象的内里，还要看研究主体的知识结构，看他是不是能够一开始就驾轻就熟地把方法用得恰到好处。同时，也应该看

---

58 《马克思恩格斯全集》，人民出版社，1956 年，第 1 卷，第 8-9 页。

59 W. I. B. Bveridge. *The Art of Scientific Investigation*, New York: W. W. Norton & Company, Inc, 1959, pp. 2-3.

到，并不是知识越丰富就意味着越有驾驭和综合各种方法的潜力。比如，像阿恩海姆这样博学的心理学家恐怕很难对精神分析的一系列方法表示充满热情的兴趣，因为他从根本上对这一心理学派持相当严厉的批评态度，尤其是在其早期的研究中。不过，更令人深思的是那种因为思想的保守从而拒绝思考并运用新方法的倾向。总而言之，方法只有当它和特定研究主体的知识修养达到最理想的组合时，才有可能发挥出最大的潜力。最后，任何学科的方法本身并不保证研究对象的学科性质始终不变，也就是说，当研究者运用一定的方法（如心理学的某一方法）研究美术现象时，最后的结论未必就是属于美术心理学的。就像美术史可能会成为一般历史学的一部分而不是美术学的组成部分一样，有关美术现象的心理学研究也有可能成为心理学的附庸或佐证，而不是相反。因此，无论是运用和综合哪一级位的方法，研究主体的心中始终要有确定的研究目标，即凸现或阐述美术活动的心理规律。

综上所述，不断深化对美术心理学研究对象、研究主体和研究目标的认识，是掌握和运用特定方法的重要前提。只有这样，美术心理学的研究才会像阿拉丁神灯那样烛照艺术的心理深义，并且有可能使崭新的、妙不可言的方法应运而生。艺术常新，美术心理学要贴近这一永恒的变化，就应该时时反省方法的本态和未来的发展。

第四节 美术心理学的研究意义

据说，在德尔菲古老的阿波罗神殿上曾经铭刻过这样的神谕："认识自我"。回望漫长的历史之旅，人类似乎从很早的时候起就不曾怀疑过对于自身的观照的价值，而且这种观照也从来没有停止过。灵魂作为一种充满最深奥之谜的所在，永远是诱人神往的。也许，正是由于这一原因，当思想巨人卡尔•马克思在论证人的本质力量时，就把在艺术活动中的感性能力（比如欣赏形式美的眼睛，聆听音乐的耳朵等）作为重要的佐证，因为艺术也无疑是最具体而又深入地拨动人类心灵之弦的形式。在这种意义上，美术心理学研究的每一步伐都应和着人类学的声音。所以，马克斯•J.菲里德兰极其自信地写道：“艺术是心灵之事，所以任何一项科学性的艺术研究必然属于心理学的范畴。它也可能涉及其他领域，但是属于心理学范畴则是永远不会更改的。”[60]当然，肩负如此神圣使命的美术心理学，其前途也永远是关山重重的，因为心灵是比任何事物都更为深邃而又博大的领域，在对每一个胜景饱览之余将总是充满艰苦异常的跋涉。然而，这种过程本身就是意义非凡的。我们并不奢望在某一天会结束对于艺术心理的探究，获得所谓澄澈、整全的“顿悟”，而恰恰是期望伟大的艺术包容人类更为丰富的内心过程。

确实，再也找不到比艺术更使人痴迷的存在了，它永恒不衰的历程本身就是一个明证。而对于不朽的视觉艺术的惊叹本身，实际上又何等强劲地冲击着思维的尊严，刺激着人们深究这种对象内在联系的本性的欲望。达•芬奇这位大师曾经奉献过无与伦比的视觉瑰宝，但是仍然情不自禁地在他的论画遗稿中写下这样的感触：“谁能相信在这么小的空间里能够容纳整个宇宙间的形象呢？伟哉造化的作用！凭借怎样的才智才能进人这自然的真谛？凭借怎样的辩才，才能阐明如此伟大的奇迹呢？啊，确难寻觅……轮廓、色彩、线条，以及宇宙间每一部分的一切现象都在此处集于一点。啊，何等神奇的一点！”[61]这所谓“神奇的一点”，指的正是人的视知觉。人的世界作为感知到的世界已经足够有声有色，而视觉艺术则借助于人在整个感觉系统占据绝

---

60 Max J. Friedlander. *On Art and Connoisseurship*. London, 1945, p. 145.

61 J. P. Richter ed. *Selections from Notebooks of Leonardo da Vinci*, Oxford University Press, 1952，转引自吴甲丰：《论西方写实绘画》，文化艺术出版社，1989年，第1页。

对优势的视觉，显然更加敏感和集中地联系着人们的内心反应。美术之所以能够屡屡在变化和动荡的转折时期充当文化主角，正是和其视觉的先在定性有关。因而，美术心理学不仅仅是要表明对美术活动过程的特殊理解，而且指涉美术活动的文化性质的心理意义。这就是说，美术心理学理所当然的充当对美术活动微观细察和宏观展示的角色。

无论是美术的创作还是美术的接受，都无法离开心理学的眼光。每个人的感受和创造永远是难舍难分的心理过程。对于身为艺术家的人来说，如果创造是第一天职，那么感受则是艺术生命的第一动力。然而，如何从感受走向艺术的创造，其间有许多“欲辩已忘言”的微妙环节。也许，就艺术感受而言，艺术家的相关知识多未必意味着创造力的必然提升，但是要铸造一种绝非权宜的艺术悟性，进入“无法之法”的化境，美术心理学所提供的力量却是相当可观的。在很多情况下，如果缺乏心理学的眼光，那些处在创造的临界发挥点之前的艺术感觉，就很可能沦为“黑暗的感觉”。粗糙而又得不到点拨的艺术感觉，对于真正的艺术的诞生，毕竟是遥远的，甚至还是外在的东西。至于现代的艺术家，在艺术的多元化发展已经达到了个人的亲验和一般智慧几乎难以追踪和全面观照的水平时，其心理学的洞察就富有格外特殊的意义。它不仅仅是自信和自我超越的必要尺度，而且也是一种激励艺术突破的动力。尽管视觉所看到的东西，都是某个个体的思想（有意识的和无意识的）寻找的结果，然而平庸的眼光恰恰是因为内心的平庸。黑格尔老人曾经这样说过：“真正的艺术家不知道自己在做什么，这是一个错误的想法。”[62]艺术悟性的跃迁和非凡作品的诞生，从来不是什么偶然的机遇和神授的启示所带来的结果。因此，要自觉地从各个方面充实艺术主体自身的灵魂，这强调到什么程度都不会过分。对于美术接受而言，所谓的二度创造并不是由天生的直

62 ［德］黑格尔：《美学》，朱光潜译，商务印书馆，1979 年，第 1 卷，第 359 页。

觉力量所带来的必然结果。尽可能地多一点自觉性，绝不会是多余的。一个接受者如果对美术作品的感受规律和艺术家的心理类型有所了解，对自身和处于一定社会心理氛围的受众的关系有所意识，那就有可能提升他的艺术趣味和理解力。这一点对于从事艺术品的鉴定、收藏和保管工作的人来说也有同样的意义。虽然，我们对于意味深长而又以其奥妙苦恼着我们的美术，至今也还没有找到像汉斯立克在《论音乐的美》一书中所说的那种“直达事物中心的路”，但让我们永远不会气馁的是，美术心理学的发展实绩正是在铺设这“直达事物中心的路”的明证。即使有巨大的困难横亘眼前，也无法遏制人窥探艺术中犹如北极光一样奇妙的意识之光的强烈动机。烛照和推进美术活动的使命正是美术心理学研究者们所义不容辞的。

再说得远一点，无论是专业的美术理论家、批评家，还是乐此不疲的美术爱好者们，如果其理论素养或艺术修养中恰恰断缺美术心理学方面的必要常识，那么这些常识会越来越明显地成为一种必须弥补的缺憾。对于特定的美术活动的描述或观感，仅仅只有来自外在于艺术的社会、政治和经济等方面的掌握，显然是不够的，也是欠深入的。应该清除的一种错觉是，美术心理学只为内在的对象而设。其实，它不仅仅要把人们的感受和思考的重心移到美术活动的内在方面,同时也要在这一基础上阐明外在的因素如何通过内化，最终成为艺术不可分离的组成部分。因此，它有可能比其他的阐释更接近美术活动的本性，从而也更富说服力量。托马斯•门罗就曾经这样描述艺术心理学的非凡而又独特的意义：“外行不管多么聪明，不管读了多少书，都可能会不知不觉地陷入胡思乱想，会错误地表达他的看法。所以，相对说来，缺乏科学心理学的指导是一件不幸的事情。”[63] 而且，它也可以驱赶在艺术家耳

63 Thomas Monroe. The Psychology of Art: Past, Present, Future, *Journal of Aesthetics and Art Criticism*, Vol. 21, No. 3, Spring, 1963.

旁嗡嗡作响的、充满虚幻诱惑的时髦话，使之变得无足轻重。

最后，美术心理学对于相应的艺术教育具有更为直接的现实意义。在这里，我们无须回溯心理学的观念是如何深刻地影响了教育的发展。或许，记住这样一个比方就够有益的了，即艺术教育乃是美术心理学的潜在实验领域。这不仅仅意味着，美术院校、博物馆、美术画廊、画室以及一切教授美术的场所，都为美术心理学的理论尝试和验证提供了最具体化的背景，而且也表明了，美术心理学要有助于萌生新的教育意识和观念。虽然，美术教育的施行从遥远的古代就已开始，但是，究竟遵循哪一种心理原则（比如是偏重直觉还是偏重理性）从来都是充满着探索的可能性。而且，美术教育在广义上的重要性究竟是首先为了让受教育者得到某些艺术性的操作技巧，还是走向审美心理结构的引导性塑造，仍是一个值得探讨的课题。在美术教育还没有发展到我们心目中的理想状态时，美术心理学的推进作用应该是不言自明的。马克思曾经充满激情地预言，在未来的理想社会（即共产主义社会），每个人都将是艺术家，也即充满创造热情而又高度自由的人。这一无比美好的设想实现的起点当然不会无声无息、不呼自来地展示在我们的脚下，理论上的寻索和实践上的努力仍然是必不可少的。在一些比较晦暗的地方投下行路所需的光线（不管是多么微弱），正是美术心理学有所贡献也比较能做出贡献的所在。

也许，一一罗列美术心理学的研究意义不仅会是乏味的，而且也无多大的必要。对于这样一个处于成长中的、尚属年轻的学科来说，它现实的生机本身便是一种意味深长的事情。我们无须一一坐实它的种种研究优势，就不难体会到，当它处在一种前沿性的探索状态时，前面的障碍越是巨大无比，它未来的突破也就越有可能显得格外的辉煌夺目。因此，我们与其在眼下把美术心理学的研究意义说得已经四通八达、无处不到，还不如以充分的理智留下点空地，让它未来的成绩自行填补。

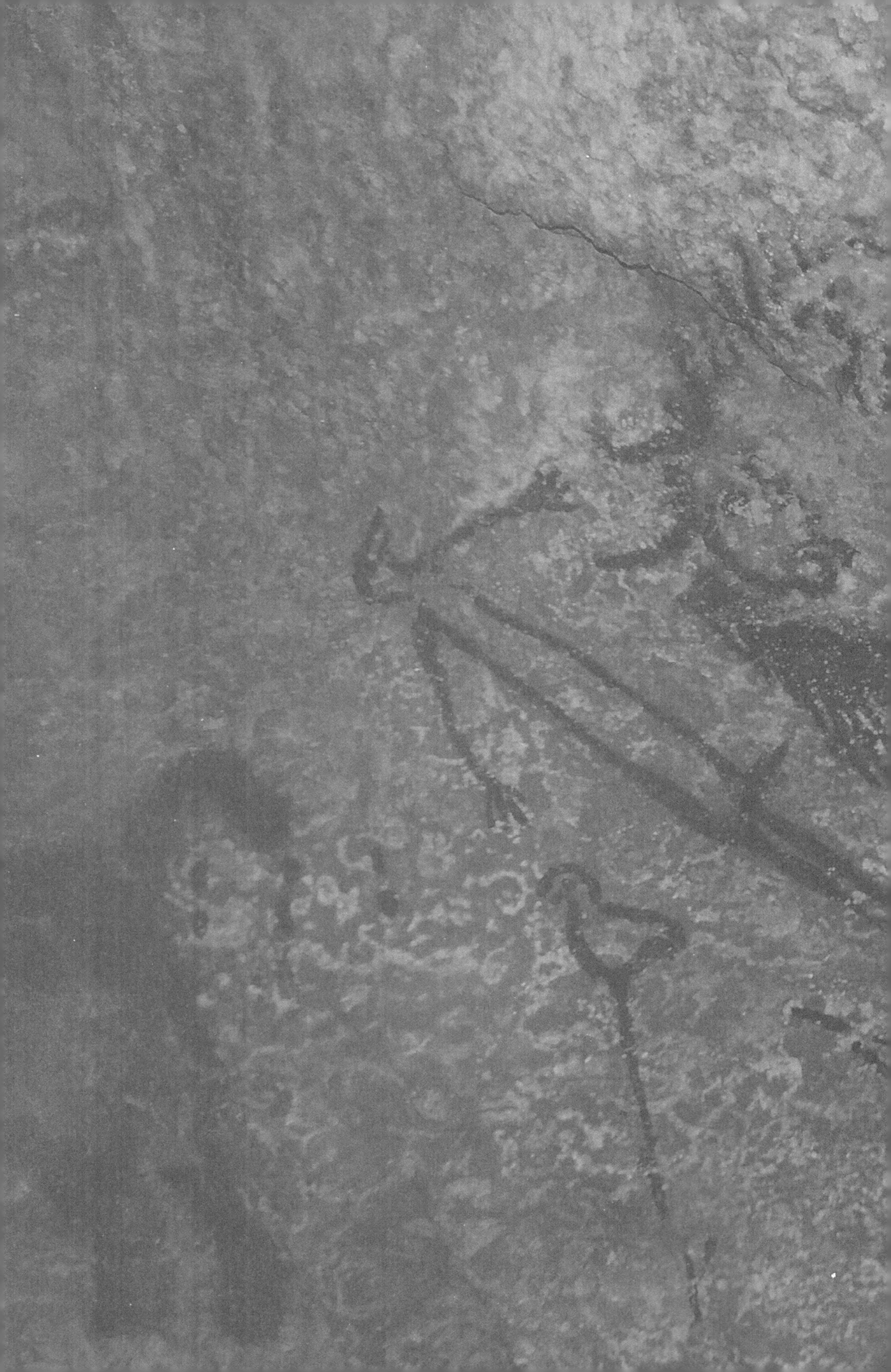

第二章

美术心理学的当代进展及其前景

美术心理学发展到20世纪的下半叶，越来越像是古罗马守卫门户的两面神（Janus），他的一面注视着一百多年以来美术心理学所开拓的迷人而广袤的疆域，似乎对未来的发展空间欣然投以青睐；但是，他的另一面却又时时流露出迷惘和沮丧，好像在告诫来人：美术心理学同时也是一个荆棘丛生、坦途难见的领域，任何显著的进展既可能是一种未知状态的消失，同时也极可能是新的、更大的难题的呈现和展开。在这里，乐观的预想与其说是一种必要的自信力量，还不如说是无知的幼稚。真正的自信或眼光也许只能来自对美术心理学当代进展的必要了解和客观评价。无疑，当我们的眼光巡视着美术心理学的前沿阵地时，我们感受到了美术心理学在迈向未来进程中的内在律动。

应该承认，现代形态的美术心理学从它萌生之时起，就直接地受惠于科学和科学心理学的当代发展。从美术心理学的鼻祖费希纳开始，美术心理学就奠定了一个相当坚实的科学基础。但是，十分令人遗憾的是，这种和当代发展的科学以及科学心理学保持相当密切联系的倾向并没有顺理成章地成为一种坚定难易的学科传统。追究起来，原因或许是多方面的。对于现代心理学家来说，它的不足——正如阿恩海姆所针砭过的那样——仍在于他们涉及艺术时所关注的主要问题往往是“怎样在画布上重现阳光的明媚，什么样的长方形比例是受大多数人喜爱的，或者特定的乐音所产生的联想是什么，等等”。[1]哈佛的另一位艺术心理学家H.加德纳则更为尖锐地指出：几十年以前“心理学对于那些感兴趣于心灵的完整而有创造性的作用的人来说，似乎还是一种颇为遥远和枯燥的

1 Rudolf Arnheim, *Toward a Psychology of Art*, Berkeley: University of California Press, 1966, pp. 338-339.

区域。这中间夹杂了三种令人生畏的专门化。学术心理学的特点就是运用专业的实验设备研究视错觉的知觉，或一长串没有意义的音节的记忆。这类研究方法很少同处在思维时的人有着明显的关联。”其次，从研究老鼠和鸽子起家的行为派心理学根本上就否认人的内心丰富多变的生活的存在，思维、幻想和欲望等在他们的研究视野中是没有意义的。最后，精神分析心理学不仅其方法是颇多争议的，而且对人的本质的理解也有空泛之处，更为严重的是，它对思维和理智几乎避而不谈。[2]尽管学术心理学的研究目标及方法仍然见诸当代的实验美术心理学，然而，毕竟已不是美术的中心难题的解决途径。不过，这还只是问题的一个方面。另一方面，阿恩海姆又很尖锐地指出：“在过去的几十年中，心理学家对构成艺术语言的知觉过程发掘颇多。然而，至今这些发现并不为艺术家、艺术教育家和艺术理论家所熟知……那些可以追溯到19世纪赫姆霍尔兹（Helmholtz）时期的陈旧理论仍然被看作是正确的理论。目前可以而且也应该从视觉方面加以解释的绘画再现的某些问题也依旧被视为理性的诸种呈示，把儿童所画的老栗树看成是所知而非所见，就是一个明证。”[3]不幸的是，阿恩海姆所言及的脱节现象，即便在今天也还是有迹可寻的，尽管程度已有所不同。

值得深思的事实是，促成当代心理学和艺术研究之间深刻联姻的却是并不遵循费希纳的科学和实证传统的弗洛伊德。毫无疑义，弗洛伊德极大地改变了心理学家对艺术女神的冷淡态度，因为，还没有一个心理学家如此热情、如此广泛、如此深入地讨论过艺术心理问题。从艺术创造的动力形成到艺术作品的升华成形，从现实原则对于愉快原则的超越到

---

2 Howard Gardner, *Art, Mind & Brain: A Cognitive Approach to Creativity*, New York: Basic Books, 1983, p. 3.

3 Rudolf Arnheim, *Toward a Psychology of Art*, pp. 338-339.

艺术形式对艺术内容的转移、伪装，从梦的特征到作品的深度阐释，等等，弗洛伊德几乎侵入了艺术理论中每一个神圣而又古老的命题中。尽管弗洛伊德对于当代艺术心理学的人文倾向起到了不可低估的推进作用，使人们在注视艺术主体深层意识内容的同时,感受了艺术冲动的真正所在。因而，可以毫不含糊地说，弗洛伊德为艺术家的纵向心迹的剖示提供了独特的利器。

但是，与此同时，除了众所诟病的生物社会学的偏颇外，弗洛伊德的艺术观也是成问题的。美国的艺术心理学家艾伦·H.斯皮茨曾经指出过：“弗洛伊德虽然对于艺术倾以热情，但是他的艺术趣味既有限又保守……他的文化偏爱深深地扎根在19世纪之中。”[4]而且，即使是选择讨论的艺术作品也无一不是我向性思考的对象。正是这一点使弗洛伊德的艺术心理学在主观、偏颇的外表上又增加了保守的色彩。尽管如此，由于弗洛伊德几乎影响了20世纪以来的所有人文学科，当代的美术心理学同样也相对地疏离了科学的实证和实验的研究倾向。这一情形持续了相当长的时期。应该承认，深层心理学后来的发展是相当缓慢的，这似乎与它出现时的巨大影响形成了不小反差。以原型理论为例，20世纪70年代的学者J. 沃尔夫（Wolfe）、大卫·弗赖克（D. Freke）、E. 兰霍恩（E. Langhorne）和戈登（Donald Gordon）等人对J.波洛克早期作品的研究就似乎颇逊一筹。但是，从20世纪60年代开始，当弗洛伊德的“飓风”渐趋平和时，精神分析几乎笼罩一切的情况有了明显的变化。虽然，每一微小的进展仍然极其困难，但是它从一种过分强大的影响的阴影下走出来，毕竟提供了获得一种新的学科视野、一种和当代心理学的发展紧相呼应的协同意识的充分可能性。

---

4 Ellen H. Spitz, *Art and Psyche*, Yale University Press, 1985, p. 26.

第一节
实验美术心理学的当代课题

虽然和美术心理学的每一种分支研究一样，实验美术心理学的每一个成果同时也会是人们抱憾的一种目标；不过，类似的感受与其说是一种现实的要求，还不如说是一种理想的期待。因而，像数学家博克霍夫（George David Birkhoff）那样研究一种可以衡量对象的审美程度的经验公式，仍然不失为美术心理学努力的一个方面。博克霍夫曾给出了这样的公式：M=O/C。其中M指审美的程度，O是有序性，指对象易于认知并使人感到快适的程度。有序性隐含在对象之中，是令人产生情趣享受的和谐因素。C则指复杂性，它是主体在感知对象时所产生的努力程度。其中，有序性越大，复杂性越小，那么，审美的程度也就越高。应该说，这一公式并没有因为例外的存在（如密集了大量纹饰和几何形细节的威尼斯后期的哥特式和巴洛克艺术品）而完全失去它的效度，它仍对一定范围内的美术活动具有涵盖意义。

当代的实验美术心理学事实上已经开始重视人们的这些疑虑：存在于审美过程中的标准从根本上说是植入了人的心灵还是仅仅来自自然。不过，这种进展虽然在实验心理学的圈子里已是石破天惊的了，而移入人文学科的美术心理学的眼光下却仍显得太微乎其微。这种由学科历史所造成的差异看来是需要经过相当长的时期才能逐步消除的。

在实验美术心理学的当代发展中，知觉心理学家吉布森（James Jerome Gibson，1904—1979）无疑是最响亮的名字之一。吉布森力图研究的是一种与传统观念迥然不同的有关人知觉世界的过程。《对可视世界的知觉》（1950年）比较了二维和三维世界的知觉差别；十几年之后，吉布森又在《作为知觉系统的诸感受》中进一步深化了对知觉的研究；他的最后一部专著《视知觉的生态学研究》（1979年）尤其可贵地强调了研究在真实世界中活动的人的视觉的重要意义，这同实验心理学一向习惯于研究实验室里处在人为的、信息量受到限制的条件下人的视觉的做法构成了鲜明对比。[5]其中，对空间知觉的生态或环境方面的研究，不仅广为心理学家所接受，而且亦使美术理论家、美术史家（特别是贡布里希）受益不少。吉布森虽然并不曾展开过对视觉艺术的直接研究，但他对个体知觉和群体知觉相互转换的过程的研究，却启发人们思考个人的艺术风格（或样式）如何转化为社会性的、普遍的风格（或样式）。吉布森认为，人的第一手经验来自直接的知觉活动，而第二手经验则来自间接性的知觉活动，即来自另一个体的知觉活动。后一种经验的主要媒介是语言，但视觉艺术也充当了相当重要的角色。以再现性视觉艺术为例，由于受众可以从中直接地体会美术家本人的知觉，受众的知觉因而也会渐渐地接受美术家知觉的影响，包括对美术作品的知觉以及与作品的再现内容相对应的现实的知觉。由于个体的知觉可以这样和他人的知觉融汇统一起来，最终就会形成一种群体的知觉。不仅受众中的个体如此，艺术家本人也可能接受他人的知觉影响。在这种意义上说，视觉艺术的个人风格、样式与其说是通过模仿还不如说是通过知觉的移植从而达到一种共相状态。可以想象，非再现性的视觉艺术也会产生类似的知觉转换，只要回想一下西方前卫艺术中的远东或非洲原始风格就不难理解了。

---

5 See Leonard Zusne, *Biographical Dictionary of Psychology*, Westport: Greenwood Press, 1984, pp. 156-157.

比吉布森更为直接地研究了艺术问题的实验心理学家，是英国（后移居加拿大）的行为主义心理学家贝里尼（Daniel E.Berlyne，1924—1976）。20世纪60年代，贝里尼提出了所谓“唤醒理论”（又称“规范与审美愉悦的关系理论”）。根据唤醒理论，审美愉悦是由于这两种唤醒而得到的：一是“渐进性”唤醒：它使情感达到适当程度，其过程是紧张情绪的适度递增；二是“亢奋性”唤醒：情感超过可意的程度而剧烈上升，然后在“唤醒”下退时获得一种解除的愉快。与此相应，艺术中有三种特征可以和唤醒有关。这三种特征是：1.心理物理特征，包括光亮度、饱和度、大小、响度和色调等等；2.生态学特征，它与那有助于或有害于生存的诸种经验联系在一起，如饮食、战争、性和死亡等，再现性的艺术尤其突出了这方面的特征；3.影响唤醒的最重要方式是通过形式特征的“相对易变性”而实现的。这种形式特征所具备的“相对易变性”包括奇异（如要素的新奇），惊讶或者期待的受挫，复杂（如要素的错杂、无规律、不对称等）。所谓“相对”，特指审美接受主体对样式（pattern）中的奇异、惊讶和复杂等加以确认时所作的对照或比较。在某种意义上说，形式的相对易变性是美术心理学所关注的中心问题之一，因为，任何艺术家对形式的经营都要或多或少地顾及两种唤醒方式。第一种渐进性唤醒是依靠人熟悉的、有规则的样式（如高度匀称的样式）而达到的，但是它的注意时间相对较短。因而，在这种情况下，需要佐以第二种亢奋性的唤醒。第二种唤醒由于介入了高度奇异、令人惊诧或复杂的样式，既有可能维持、延长审美主体注意时间，但又因为这些样式可能不能使人很快适应而诱发出不确定感。因而，在这两种唤醒方式之间，艺术家需要足够聪明地找到一种最佳的交合点。

吉布森和贝里尼都是颇有成就的专业心理学家，但是，他们很少在他们的实验研究中充分采用艺术品的实例。这一状况仍然是一个当下无法解决的困难所致。对于相对性、唤醒和快乐值之间的双重关系的考察，贝里尼只是利用一些可测量的单位所组成的结构形式（如圆点、三角形和线条等）。这样的做法是颇为理智的，也是可以理解的。虽然贝里尼只是在确证与简单刺激有关时才考虑应用艺术品作为对象，但是，他的有关测试研究仍然显示出有一定可信度的普适意义。20世纪70年代以来，贝里尼着重研究的是内在动机以及美学心理的实验方法论。他在1971年出版的《美学和心理生理学》，是当代最孚名望的艺术心理学著作之一。出版于1974年的《新实验美学的诸种研究》，是贝里尼编集的最后一本著作，其中收有他自己的七篇实验研究论文。毫无疑问，贝里尼对当代实验美术心理学的诸多贡献，还有待进一步的讨论和分析。

显而易见，实验美术心理学主要是专业心理学家才能涉足的领域。因而，他们和在非美术领域中从事心理学研究的同行一样，似乎从来不怎么理会美术理论家更关心的宏观性课题，因为他们不能不首先考虑到研究的可行性，以及至关重要的可信度和效度。虽然，美术理论家和实验美术心理学家大有隔行如隔山的遗憾，但是，前者只要理解了后者研究的限制性条件，就能够充分地感受到可靠的启示。同样，从事实验研究的美术心理学家也当然有接受美术理论家影响的必要性。不过，对于大多数的实验美术心理学家来说，对心理学的考虑往往高于对美术本身的思考，这种情形似乎不很容易改变。

在美术心理学的疆域中具有最充分的形而下特色的研究总是非实验心理研究莫属。其研究的严谨和细致的程度自有令人心折之处。这里不妨提到美国麻省的几位心理学家在1988年时所做的一项研究，这是该年8月在英国阿伯丁召开的一次国际心理学研讨会上提交的论文，[6]题为《美术、数学和理工科专业的视觉——空间能力：性别、家庭偏手性和空间经验的影响》，作者是波士顿学院的M.贝思·凯西、艾伦·温诺、玛丽·布拉贝克和凯特·苏列文。根据该研究，从事视觉艺术的学生表现出出色的视觉记忆，但视觉空间化的能力却逊于数学和理工科专业的学生；其次，视觉艺术专业中的女性总是寥寥无几。除了社会压力的作用

6 承蒙作者之一艾伦·温诺（Ellen Winner）赠送笔者打印稿，据她称该文将收入K. Gilhody编的《思维研讨全文集》（纽约Wiley出版社），本文提到的其他国际会议论文均由温诺教授提供，谨志谢忱。

(Eccles，1986)之外，另有什么内在的心理原因呢？该研究证明，由于女性在空间技能方面的先天性与家族的偏手性(handedness)直接有关，这就划定了她们的特殊空间经验，而这反过来又可能刺激原先的先天因素。最后，虽然无论是有意的还是无意的视觉记忆可能都与智商(IQ)没有很直接的相关联系，但是，视觉艺术专业的学生在空间视觉化(spatial visualization)方面却令人意外地没有显示出特殊的优势。这一结果和赫姆灵(Hermelin)与奥康纳(O' Conner)在1986年证明的结果有一致性，即艺术型的儿童在空间推理问题上并没有表现出优势。

总之，在实验美术心理学这一令人略感新奇和依然陌生的研究圈中，虽然对美术活动至关重要的情感、动机和人格方面均未或暂无可能充分涉及，但是它的前进步态还是明显可辨的。H.加德纳在《艺术心理学的诸种挑战》[7]一文对偏于实证研究的艺术心理学提出的颇有前途的研究路线，似有相当的参考价值。加德纳指出几点。1.虽然心理学家至今仍对艺术大师的技巧状态感到难以入手，但是，转而研究那些作为艺术中有意义建树的前提性条件的技巧，却既有可能，也不无意义。而且，至今为止仍被人忽略的两种研究途径是完全有助于澄清艺术大师的技巧心理的。其一是发展心理学的研究，它要探明的是各种艺术能力的萌发及其特定的发展；其二是神经心理学的研究，它是在个体性的个案研究中发现诸如此类的艺术能力和发展是如何受阻或毁坏的。2.尚可以分别地对各种艺术形式所运用的特殊媒介和符号系统加以研究，因为正是艺术形式中所采用的特定符号系统制约着不同的认知和知觉过程的功能。由此入手，或许可以获得有关艺术作品结构的更为内在的心理奥秘。3.与艺术活动相关的潜在的主体性经验有不断深入研究的价值。在此，有两种研究模态可能被证明为恰切的思路：一是通过艺术作品的形态分析，凸现那些超越不同源因(sources)而展示的性征；二是对有机体的生成学的研究，其中，那些能够引起强烈反应的外围特征，可以借

---

7 See *Scientific Aesthetics*, the 1st issue of 1976, pp. 19-33.

助一定的技术手段得到相当详尽的阐述，这种由外向内的推进终将有助于揭示更为内在的机制。4.尽管艺术心理学旨在阐明艺术经验本身的鲜明特征，然而这并不意味着只有那种单刀直入的眼光和方法方能有效地达到预定的目标。相反，研究者仍可在审明艺术和非艺术（如科学）的行为、思维模式的关联性质的过程中，获得有关艺术的独特洞见。在此，加德纳表达了一种很有分寸的乐观态度。实验的艺术心理学虽然仍会稳健地走向未来，但是，似乎不太可能诞生一种石破天惊的结论，它的每一进展组成的过程总是要呈现为渐进的、链式的结构。

第二节
跨学科的美术认知发展的探索

也许美术心理学本身就是交叉学科的产物的缘故，跨学科的观念和方法时时裨益于它。但是，相对而言，当代研究中的跨学科局面不但更加自觉，而且已是一种群体的协同了。这一类倾向的突出例子当推美国哈佛大学主持的“零点计划”（Project Zero）的研究。1966年，哈佛大学的哲学教授纳尔逊·古德曼（Nelson Goodman）创立和主持了由哲学家、发展心理学家、认知心理学家、神经病学家、数学家、教育学家以及艺术理论家等人组成的以艺术心理学为研究主旨的特别研究小组，他们的研究至今仍在延续并有越来越广泛的影响。所谓的“零点”，既是指艺术教育所不能回避的起点，又是指通常观念中对艺术的创造和理解本身及其发展的所知程度。在研究小组成立的初期，主要的合作研究课题有艺术符号运用的心理性质、艺术的解法以及训练艺术技能的基本心理手段等等。从20世纪70年代开始，他们着重用力的方向仍然是人类的符号认知能力及其发展。被试主要有四类：正常的儿童、正常的成人、专业艺术家和脑受伤的成人。目前主持“零点计划”的是H.加德纳和大卫·普金斯（David Perkins）教授两人。据最近的研究文献看，最有成绩的研究结果大多与发展心理学有关，譬如儿童作为艺术家、儿童的艺术概念，早期艺术符号（或象征）的个体差异，脑损伤后对绘画、作曲的具体影响，隐喻的运用，绘画学习的黄金年龄（如5—7岁），等等。这些研究一般都兼顾了科学的、实证的方法和人文的、社会学的方法，所以，并不像偏重于科学的、实证的研究结果那样往往令人敬而远之。值得一提的是，有关学习绘画的黄金年龄的结论是和特异儿童艺术能力的个案研究联系在一起的。加德纳教授曾很深入地研究过英国小女孩娜蒂亚（Nadia）的绘画天才，这个具备明显孤独症倾向的孩子，用左手画得一手极其出色的素描，她的画既能像照相机似的纤毫毕现，又有相当突出的个人笔触。她的素描水平甚至远远超过了毕加索早期同一年龄时所作的素描。原因惊人的简单：娜蒂亚言语发展得比较晚。一旦开始能掌握语言时（9岁），其绘画水平就大大下降。显然是正常的言语活动能力的上升影响了视觉的操作能力。这一特殊的案例启发了加德纳，他进而对更多正常儿童的素描水平进行调查，结果发现这原来是一种共相性的现象，儿童在这一阶段素描能力的发展往往有可能和言语能力的发展构成干扰或矛盾。因而，从事艺术教育的人所面临的挑战就是，如何协调两者的影响关系，并且有效地巩固两者的发展速度。[8]

在“零点计划”的研究中，特别引人注目的是有关儿童审美心理发展的阶段描述。如果说皮亚杰的认知发展的阶段理论还由于自身研究对象的限定而只对美术的能力发展有间接参照意义的话，那么，“零点计划”中的具体研究由于以大量的实例为背景就显得具有相当高的参考价值，与20世纪60年代的同类研究相比，也具有更充分的说服力。这里要提及的是丹尼·伍尔夫（Dennie Walf）1987年在荷兰召开的“艺术教育和基础教育国际会议”上提交的论文：

---

8 See H. Gardner, *Art, Mind & Brain: A Cognitive Approach to Creativity*. New York: Basic Books, 1984, Part II.

《图像、系统和艺术选择：儿童在创造、知觉和反思视觉艺术过程中的发展性变化》。在这篇重要论文中，作者提出了审美认知的三大阶段学说。第一阶段（4—7岁）：理解绘画符号阶段。幼年时的孩子对于感觉、惯例以及期望的贮存都偏向实用的目的。2—5岁随着对母语中的数字以及音乐掌握能力的提高，他们就逐步地趋向于人所专用的符号。此时，他们有可能成为地道的图像读者，与图像制作也发生较深刻的关系。这就意味着他们开始理悟图像再现的要求与力量了。调查表明，在美国儿童中有不少特例，如个别3岁的儿童就能很明白地区分一些“图像”和“图案”。第二阶段（8—12岁）：理解视觉系统阶段。对于这一年龄阶段的儿童来说，熟悉那种特定文化所规定的一定范围的视觉语言或系统是相当关键的，因为达到这一步必须是他们对一般符号组织的理解为基础。换一句话说，对于特定视觉语言理解力的培养有赖于一种文化性的情境（context）。10—12岁的儿童已有了区分审美性和非审美性图像的判断力以及复制能力，虽然这种能力本身还是粗浅的。如这一年龄段的儿童有一种把审美性的图像看作是色彩斑驳、细节繁多的图像的倾向。值得注意的是，当儿童能够从不同方面确认图像中对象的功能时，也就是说，出现一定的视觉思维时，如果佐以一定的鼓励与帮助，儿童就会开始理解图像既是一种能指，也是一种形式。第三阶段（13—18岁）：理解艺术性选择的阶段。随着年龄的增长，生理上的变化使他们对独立和个性开始敏感起来。尤其是抽象思维能力的发展，明显地有助于他们的审美思维，如想象的新颖和细腻程度。对于视觉经验来说，这种审美思维有助于理解和欣赏表现的选择（options of rendition）。对选择强有力的形式表达感受或观念表现出足够的兴趣，是这一阶段青少年的主要特点，他们已尝试用象征表现和平、自由、羡慕和邪恶等，从而对色彩、形式、构图、肌理和惯例性图像等也倾以极大的注意。只有少数有艺术天分的学生会超出这一水平。根据上述阶段描述和分析，伍尔夫认为，长期的具有连续性特点的审美教育是相当重要的，但是在美国存在的审美教育短期化行为或低资助的做法势必会降低这种正常的审美能力的发展水平。

与伍尔夫的研究相对应的是H.加德纳在《儿童对艺术的知觉》一文中提出的五阶段学说。第一阶段（0—2岁）：婴儿知觉期。婴儿在这一时期的主要任务是认识他人和一些几何形的物体，也就是发展最初的知觉力。一般说来，这一时期的儿童缺乏和艺术品直接交往的机会。即使他们的周围有艺术品也无法建立相应的知觉联系，因为对艺术作品整体特征的掌握远远超出了他们的内在能力。但是，他们最初的知觉发展也有着一致性的表现，如注意光源、趋向明暗对比强烈的东西，甚至会流露出对有组织的形式（如方格图案的棋盘）的偏爱。这种萌芽状态的、对非组织性或分离性形式的认知和排斥，对以后的审美发展无疑是有意义的。第二阶段（2—7岁）：符号认知期。在这一时期里，儿童开始在一定文化背景上掌握图像、手势、声音、数形式和语言等多种符号的意义。但是，由于相应知识的不足，他们对艺术作品的审美特征，一般而言不太能够把握。实验证明，他们只能以再现物的类型对绘画加以归类，而不能从风格方面或绘画的方式上辨明艺术的类型特点。与前一时期不同，他们已能区分色彩或线条的“响亮”“安宁”等表现性。因而，在精心设计的环境（如简化）或条件下，学前儿童可以获得某种程度的审美能力。但是，一旦设计的条件解除，这种能力往往很快就会下降。第三阶段（7—9岁）：写实高峰期。在这一阶段，儿童十分拘泥地遵循写实原则和惯例，并以此判定艺术品的高低优劣，如摄影高于绘画，因而也就很难接受美术家对不存在的事物的描绘。这是背离规则和惯例的必要阶段。第四阶段（9—13岁）：写实终结和审美感受萌芽期。由于对既定文化的进一步了解和适应，他们不再死守各种规则，而是学会了合理地背离规则的灵活性，开始注意形式技巧及其表现性，对绘画的风格因素开始敏感起来，会喜欢几个不同风格的美术家，甚至对非再现性的绘画特征也有敏感性。相应的摹仿已能程度不同地考虑线条、色彩调和、背景设置、明暗对比和透视等因素。儿童相信训练的重要性，对特定效果表现出十分迫切的心情。第五阶段（13—20岁）：审美参与的危机期。非常有意思的是，处在这一时期的青少年会因为批评能力的上升而不再“创作”，并对别人的创作努力漠然处之。如果说一个8岁的孩子对艺术只有一种优劣评判标准的话，那么，一个18岁的人却可能处在无可非议的相对两极化的标准中，即偏信所谓“趣味”的不可争议性，从而有可能忽视艺术中特定的价值标准的存在。对于这一阶段的人来说，拒绝两可的相对主义可能是把握艺术评论标准的最先准则。加德纳的阶段论尽管仍然是粗线条的，讨论的也主要是西方文化条件下的一般审美发展，但是他对审美的和非审美的知觉者的界分表现了特别的眼光，前者能超越作品的题材（如果确有题材的话），注意作品显示的风格、表现性程度以及结构的组织性（包括和谐、均衡和艺术品的其他特性），而且，大致凸现了审美能力发展的三大倾向，即从具象到抽象、从题材到形式、从形式刺激到形式的表现。这些都有助于消除有关艺术或审美认知能力发展的重重神秘色彩。

就目前的研究进展看，超学科的研究虽然结合了实验、统计的手段，但仍然带有一般人文研究的特点。应该说，在艺术心理学的疑难课题上，研究结果或相关结论上的不一致性现象是不足为奇的。当年，列维-斯特劳斯曾经强调，儿童的心灵运作基本上和成人的无异，而乔姆斯基却假设语言能力的先行结构，皮亚杰则坚持区分处在不同发展水平上的个体思维质的规定性。诸如此类的理论差异实际上都对相应的超学科研究提供了不同的启发。因而，与其奢望理论和研究的纯净和趋同，不如期待其丰富和具有多种阐释可能的深刻。在现阶段水平上，超学科的研究还远未达到令人满意的程度，学科与学科之间的沟通和交叉仍属初步阶段。但是，这也意味着，在超学科的探索上仍有大有作为的前途。

第三节
走向未来的美术心理学

虽然美术心理学在今天也还属于不成熟的学科之一，但无可否认的是，由于美术是人类整体经验（特别是情感）的领域，美术心理学的驰骋天地仍然是无可限量的。在这种意义上说，无论是科学的、实验的方法，还是人文的、社会的方法，都是不可偏废的。

事实上，自弗洛伊德以来，艺术心理学中的人文、社会的倾向不但已经存在，而且研究实绩也是不能低估的。仅就精神分析学派而言，其就衍生了分析心理学的荣格学派、个体心理学派的阿德勒。晚近的还有德国的纽曼（Erich Neumann），他进一步扩充了荣格的原型假说，并且描述了美术史的意识类型变化；奥地利的克里斯（Ernst Kris，他是弗洛伊德的弟子之一）原为维也纳大学的美术史家，后改行成了精神分析专家。他比前人更深入细致地研究了作为个体的艺术家，如著名论文《中世纪一个患有精神病的艺术家》，成功地探讨了精神病史和艺术作品之间的密切联系。他的论文集《艺术的精神分析探索》集中反映了他约二十年致力于艺术心理分析的成果。此外，他和美术史家贡布里希合作的对漫画创作的研究，也不失为把美术史观和精神分析相结合的成功例子。值得一提的是，以精神分析和结构主义为主要学术背景的英国学者N. 布列逊曾在各种文章中提及社会学方法对美术心理学研究的不可或缺的意义。他甚至大胆地批评了贡布里希在《艺术和错觉》中的有关“图式和修正”的概念。正像另一位学者卡罗琳·怀尔德（Carolyn Wild）在评论布列逊的新书时所说那样，画家的图式和修正并不是画家个人和受众之间的纯心理活动，它具有社会性的形成性质，艺术总是一种符号化的社会组织体系的产物。[9]尽管社会学的方法和艺术心理学本身的耦合一直是一个复杂而又微妙的问题，但前者的重要性却是无可怀疑的，每当美术心理学不自觉地滑向过于自足或纯净的心理主义的状态时，就尤其需要一种来自社会学的深刻眼光。所以，这一点与其说是对社会学的怀旧，还不如说是对美术心理学进一步发展的展望。当代的美术心理学家如果充分自觉地去凸现研究对象的全部复杂意味，那么，又何尝不可能在心理学本身所留出的问题空间中找到自己的光荣位置呢？

---

9 See *The British Journal of Aesthetics*, Autumn, 1989.

虽然当代的心理学家（比如美国的克雷奇、克拉奇菲尔德和利维森等）还是遗憾地认为，心理学对艺术心理学中的一些基本命题，诸如欣赏性情绪、幽默感等，仍然会表现出某种程度的无能为力，但是这也并不意味着心理学的当代进展将同艺术心理学新的思考视野的拓展丝毫无关。举例来说，我们可以在当代心理学的文献中感受到，近几十年以来有关神经系统的研究已经远远超出了传统的神经生理学的范畴，尤其是脑电波的探测研究正使人的部分心理过程的译解成为现实。1981年荣膺诺贝尔奖的加州理工学院的心理生物学家斯佩里（Roger Wolcott Sperry）对裂脑人左右大脑两半球信息处理过程的研究揭示了许多新奇的心理现象，他证明了人脑左右半球的功能具有高度专门化的特点，其中，对右半球也具有许多高级功能的证明，极大地修正了一个世纪以来关于优势半球的概念。不过，最近的研究进展又表明，越来越多的心理学家与其说愿意强调大脑两半球分工的差异性，还不如说是更倾向于注意它们之间的协同作用了。譬如，芝加哥大学的大脑生理学家莱比就在其研究中指出，左右侧大脑都在进行一定的相互作用，大脑左右半球一直维持着交流和联系，脑干是联系左右半球的桥梁。加州大学的神经生理学家玛佐塔则运用正电子断面层X照相术（PET）进行研究，指出一种活动涉及稍微有点复杂的问题的话，大脑的所有部位都会参与其中。[10]因此，把艺术的心理过程，如所谓的“形象思维”仅仅归属于右半球的主观的、综合的、创造的作用，显然是不怎么可靠的结论。换一句话说，我们要期待的不是一种貌似确凿的、不变的结论，而更应该是一种能容纳未来的研究果实的理论。

在当代心理学中，认知心理学的惊人成果使其几乎一跃成为当代心理学的主要角色。它所揭示的认知的崭新图景也可能会为美术心理学的发展背景增添一种奇异的色彩。以知觉研究为例，认知心理学的路子是相当有说服力的。举例来说，如果被试看屏幕上投射的一个字母E。当投射时间很短时（设

10　参见《文汇报》，1990年4月1日，第3版。

定为毫秒ms），被试者就不会看到什么。这就表明知觉不是瞬间性的。投射时间再延长（设定5毫秒ms），被试者就会看到某些东西，但仍然不知道是什么。这表明知觉虽已产生，但是没有辨别力，如果投射时间递增到足以能让被试看出这个字母不是O或Q，但又看不出是E还是F或K，那么，这意味着被试产生了部分的辨别力。如此，我们就可以确定完全的辨别，部分的辨别或是刚刚看出有东西所需要的时间。所有这一切无不趋向下列的结论：知觉是累积性的，即使在特定的阶段内也是如此。[11]一般的知觉已经如此，美术的知觉一定会更加丰富多彩，也就是说，一定包含着更多的（暂时不能分析的）内部状态的信息。这无疑是相当有诱惑力的未来课题。

总而言之，美术心理学尚有相当的发展潜力，其中各种不同的学科方法不仅仍有不可替代的意义，而且在渐趋互补中产生更为深广的研究视野。但是，这种发展进程就像美术心理学以往的历史一样，是相当艰难的，而且一种新的结论与其说是特定研究的句号，还不如说是更深层问题的问号。在这里，我们仍应该心仪但丁在《神曲》中所推崇的一种知识境界，这同时也是美术心理学的发展境界：

我们的知识不能有饱足的时候。
像萌芽一般，
在一个真理足下又生出一个疑问。
真理与疑问互为滋养，
自然一步一步地把我们推向绝顶。

尽管我们相信美术心理学的金苹果将愈来愈迷人，但是，我们也不是《旧约》中的先知。因此，美术心理学的未来模式只能由时间去塑造和决定。

---

11 参见[美]P.H.林赛、D.A.诺曼：《人的信息加工——心理学概念》，中文前言，科学出版社，1987年。

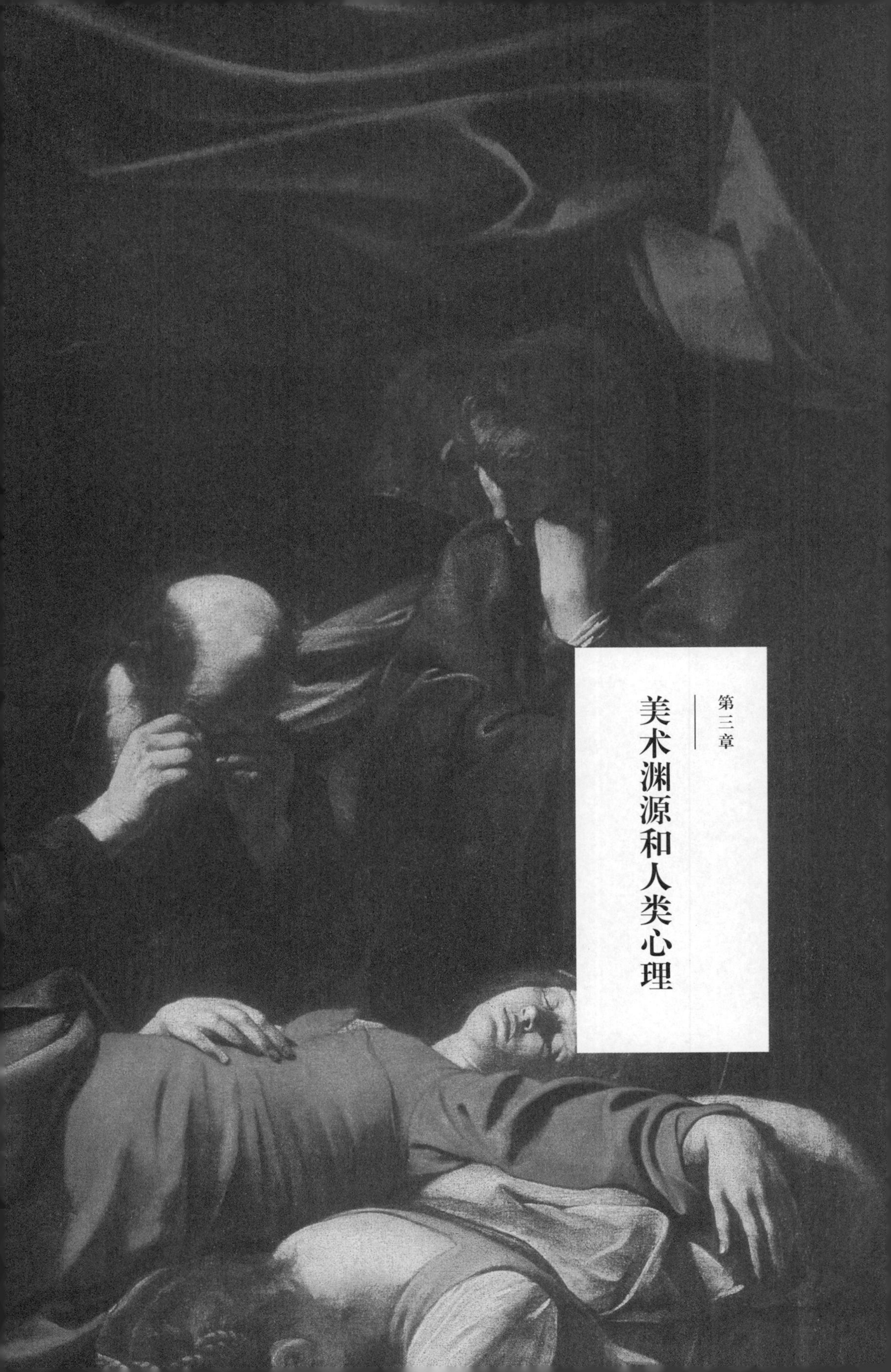

第三章

美术渊源和人类心理

自从19世纪末达尔文的进化论取得深远的影响以来，有关艺术的发生学和人类的起源问题一样，逐渐成为一种令人瞩目的显学。这是一种类似于寻找所谓“正在失去的环节”（missing link）的艰难备至而又无比迷人的伟大工程。法国学者巴赞曾在其《美术简史》中写道：“若想正确地认识人类最古老的精神表现方式，必须从原始艺术创作的最初冲动中寻根溯源。”但是，最大的困难却总是那再也无法回转的岁月。时间的消逝和遗忘总是给晚来者留下一种神秘的迷惘。西方学者H.威廉·房龙就曾说过，有关艺术的渊源问题，“在一百多年以前写起这个问题也许是非常容易的，但在今天也许是最难的，因为在一百多年以前，艺术史几乎就像圣经的年表一样简单”。[1]其实，把我们的生命推回到比一百多年前更早的年代，也几乎是无济于事的，因为有关艺术的渊源似乎还要伸向更加遥远和古老的岁月。贡布里希在他的《艺术与错觉》一书中就曾认为，像拉斯科克斯洞穴中的艺术作品也算不上是洞穴艺术肇始时的作品，远在它们之前，已经有了数以千年计的创造形象的历史。道理是显然的：绘画艺术如果处在草创阶段，就不太可能是这么完美迷人的，在此之前理应还有一段不怎么完美的发展阶段，尽管这阶段还是处在人类思想的圈外。因此，探究美术的渊源与其设身处地亲验过去时间中的一切，还不如从时间赐予人类的甲光片羽中思考“正在失去的环节”的可能情形。这一切无疑要求考古学、宗教学、人类学和艺术史等众多学科的齐心协力。美术心理学尽管还不能充分而又直接地介入这一宏大而艰巨的探索事业，然而，它似乎也在寻找着自己的求证道路和话语，要以其特

1 Hendrik Willem van Loon, *The Arts*, New York: Simon and Schuster, 1939, p. 14.

有的触角感应艺术原初的和内在的搏动。它一方面是思索原始艺术的创造者们可能是在一种什么样的心理状态下创造出那些即使在今天看来也不乏审美意味的作品，或者是更为大胆地从较为晚近的美术活动中体认和梳理一切与人类祖先的集体无意识相贯通的东西，从而了解美术最初时的内在心理共性以及具有恒久魅力的原因；另一方面，则是通过对儿童创造的作品和创造的心理发展过程的研究，类比地探测艺术的童年阶段的诸种心理特征。或许，还应该这样添增我们的自信：时间固然是难以逾越的思想樊篱，然而，正像柏格森在《创造进化论》中所说的那样，“时间的延续意味着发明，就意味着形式的创造，就意味着一切新鲜事物连续不断的产生……”也就是说，随着时间的延伸，我们的不懈努力将会产生诸种新的方法，从而有可能更加接近于美术渊源的本态，而不是相反。

第一节

原始艺术的心理学掠影

这是一种十分可能的情境：人们与其要驻足停留在一座来历十分明确的现代纪念碑面前，还不如说更会被一尊出土的、披满时间锈蚀的破残雕像所吸引。我们对原始艺术所涉心理状态的描述就很像是对时间的碎片所作的一种多少有点力不从心的连缀，但是，不管多么零碎和不成系统，每一点真正的启示如果都和真理联结在一起，还有什么比这更加美妙的呢？

据说，法国拉斯科克斯洞穴艺术是这样被发现的：有一天，靠近多尔多涅（Dordogne）城的一群少年出于偶然，穿越了这个像《天方夜谭》里所说的宝库。这个谜一样、完全出乎预料的宝库发出了世界上最遥远的节日里那种令人震耳欲聋的回声。所有这一切都是从隐蔽得极好的地方找到的，洞穴中绚丽的绘画看上去几乎就像昨天所画下的那样，它布局分散，散发出一种荒芜的生活气息……是那么遥远又是那么接近于我们的血统。呈现在我们面前的是一些活生生的、有血有肉的东西……当然，也有些是荒谬的东西，而这正是所有史前艺术的特征……在这里，所谓的“荒谬的东西”当然首先是指那些洞穴中发现的怪异形象，因为它们似人似兽，非人非兽。然而，这“荒谬的东西”也深刻地表征着原始艺术的创造者们所特有的心理状态。根据学者们的估测，原始人之所以把自己的形象隐匿在动物的面具背后，大概是因为羞于描绘自己，而害羞恰恰又是自我意识的一种流露。

不过，尽管那些基于考古发现的情况对我们现代人探究原始艺术具有最为重要的意义，但是，这方面的发现毕竟是相当有限的和片段的。无疑，被列宁认定与原始人有类比意义的儿童艺术心理有着举足轻重的参照意义。[2]这一点似乎也不断地得到现代心理学的佐证。阿恩海姆恰如其分地说过："儿童作品中所出现的某些形式，与原始艺术和技术不太熟练的某些成年人的作品中的某些形式，都有相类似的地方。从心理学的角度看，艺术形式在某一文化当中的发展过程，很有可能是一个从某些相同的简单形状开始，然后又逐渐向复杂的形状进行过渡的过程"，当然，"原始艺术中所出现的某些风格，是不能用缺乏技术或尚欠成熟的概括能力来加以解释的""因此，一定还会存在着某些别的原因，要找出这些原因，我们只能去研究原始社会中艺术的职能以及原始人对自然现象所持的基本概念"。[3]

这种现象是饶有意味的：洞穴壁画中的一些动物形象的身上有被长矛或棍棒戳刺或打击过的痕迹。贡布里希在《艺术的故事》中提到，原始部落的长老阻止艺术家画他们的牛群，因为这些牛一旦进入艺术家的画稿，它们就随之而去，不复存在了。在北美，曼丹人（Mandans）认定画和画的对象是同一的，是具有生命的东西，"我知道这个人把我们的许多野牛放进他的书里去了……从那时起，我们再也没有野牛吃了"。[4]由此，我们可以推测，原始人可能在相当长的历史阶段中相信表象或图像是具有客观性质的。这种异常强烈的心理幻觉能力一方面和巫术活动联系在一起，另一方面也使原始人从表象的逼真外观上得到了真实的世界本身。这种幻觉与现实、主观与客观相互交织的混沌状态正是原始艺术的创造背后所倚的一种特殊心理状态。它虽然

2　参见《列宁全集》，人民出版社，1988 年，第 38 卷，第 399 页。

3　［美］阿恩海姆：《艺术与视知觉》，滕守尧、朱疆源译，中国社会科学出版社，1984 年，第 177–178 页。

4　［法］列维－布留尔：《原始思维》，丁由译，商务印书馆，1981 年，第 38 页。

是自我意识的一种朦胧和不发达的表征，但它的神秘的气息背后却不无和审美意识相通的因素，因为审美的愉快无非是一种有意识的（即有控制的）现实与非现实之间的奇妙的融汇。我们今天面对塞尚的静物画作，从中看到的不仅仅是色彩和线条，还有各种各样的静物，原因无非就在于我们启用了想象去穿越色彩和线条的物质构成，在精神上完成对描绘对象的再现。但是，如果我们认为原始艺术的创造者们也从一开始就步入了对于客观对象的精神驾驭阶段，就未必有多少根据了。依照列维-布留尔的名著《原始思维》中的考察，在很多情况下，与其说原始人是撇开他认识中的主观成分使整个内心被客观世界所占据，从而注重客观甚于主观，还不如说他们会把我们看来是纯粹主观性的事物，看作是最具备客观实在性的东西。这似乎和儿童的艺术心理有相当的类似性。我们不能不承认在很多方面成人的心理幻觉能力远在儿童之下。像原始人一样，儿童的一笔一画都具有神奇无比的魔力，时或是天空中自由飞翔的小鸟，时或又可以是大地上的一根小草，我向世界和外在世界、现实和幻觉、过去和将来、梦中和醒时等在儿童幼年时期是如此混杂地交织在一起，以至于儿童倾向于依据一幅绘画在多大程度上发挥了自己的创造性而做出相应的解释，图画的实际内容对于图画的理解反而多少显得次要了。这是一种何等奇特而又令人醉心的意识状态。正由于意识的混沌，有时就不一定是客观的事物主宰强大的主观倾向。在占卜式的预言或纯粹的臆测中衍生出来的神秘意义，甚至可以使一定的客观现实蒙上浓烈的假想色彩。在和艺术渊源紧紧联系在一起的原始图腾中，就充满了这样的实际例子。动、植物或者天象变为某个原始部落的祖先的化身，这不能不需要思维和感觉、假想和现实间的融通和穿越。英国人类学家爱德华·泰勒在名作《原始文化》第四章中就曾写道：“野蛮人的世界观就是给一切现象凭空加上无所不在的人格化的神灵的任性作用……古代野蛮人让这些幻象塞满自己的住宅、周围的环境、广大的地面和天空。”[5]交感巫术（sympathetic

5 Edward Burnett Tylor. *Religion in Primitive Culture*. New York: Harper, 1958, p. 5.

magic）正是与此有关的。对于古代的野蛮人来说，特定的动物、植物、星辰和河流等，都并不仅仅是我们习惯上认定的客观存在物，它们的神秘的意义远远超过了依凭感官所能感知的那些实在属性的意义。在这一点上说，原始人是用和我们一样的感官去感知外在世界的，但是在这种感知的背后却隐藏着不同的意识导向。我们据此可以推测的是，当原始人在岩壁上选中一块地方来画点什么的时候，如果他意欲把岩画本身和岩画边缘以外的岩壁部分有所区分的话，那么他们就向我们观念中的审美和艺术大大地跃进了一步，并且很快就可能施力于创造岩画内的幻想空间魅力。在原始人的古老绘画中，我们看到的就是那种现实空间和幻想并存的状态。不过，正如一些西方学者所论证的那样，原始人的岩画可能已经是相当了不起的意识之果，因为非常现实的问题是：如何把三维的客观事物或者现实与幻想掺半的对象转换成平面的、二维的图像？一种合乎情理的推测是，在原始岩画之前就已存在的可能是仍然保持着三维空间形式的雕塑。这一点在后来的黑格尔和沃尔夫林的艺术理论中都是非常重要的论题。

同原始人的混沌意识相关联的是那种和视觉艺术的关系更加直接的隐喻思维。所谓隐喻，就是通过类比联想用一种事物来“替代”另一种事物。这种过程在心理学上称为非熟知物向熟知物的同化。因而，隐喻思维的基本条件往往就是思维主体既有的表象贮存，这种贮存既是他以往的认识产物，也是现时思维的一种格局。因而，对于原始人来说，视觉的所见化为“思维”的一种出发点就特别饶有意味，只有这样他们才有可能充分地弥补抽象的、分析思维的不足。这一点在儿童的心理发展中也可以很方便地找到相似的例子。儿童心理学家指出，新生儿除了本能性地吮吸与抓握之类的动作以外，并不知道别的什么。婴儿之所以吮吸手指，起初也只是偶尔乱动碰到了自己的嘴唇而已。这种偶然的触碰经过一定量的重复并建立某种因果链之后，婴儿才会主动地尝试吮吸自己的手指。这种转化具有极其重要的意味，因为婴儿可能把自己的手作为身体的一部分加以认知，并且会发展成以自己身体动作的模仿来表示对外在世界的认识。譬如，瑞士心理学家皮亚杰曾记述过这样饶有意味的心理事实：“一个小女孩曾在假期里询问她的父亲关于他所见到过的在一所村庄旧教堂塔尖上悬挂着的许多钟的有关机械方面的问题，她现在笔直地站在父亲桌旁，犹如一支枪的通条一般，并发出震耳欲聋的声音。她父亲对她说：‘你知道吗？你是在吵闹我！你有没有看到我正在工作啊！’小女孩答道：‘不要跟我讲，我是一所教堂。’”[6]很可能原始的人也是像儿童那样经历过那种“万物皆备于我”的表象思维过程的。当然，随后的发展使得人在外在对象中寻找到与自己身体活动的相似点之后，不再需要通过身体的直接模仿就可以把这种模仿内化为一种心理的表象，通过内心的运作而进行表象的加工。此时，名副其实的隐喻思维就应运而生了。在原始人那里，正是隐喻思维这种随着认知的发展而发展的思维，运用已经内化了的心理表象，把自己生命状态和整个大自然联系起来，从而把疏异的非我性存在同化到自我的感觉中，成为亲切而又神秘的东西。所以，天际的日月星辰、广袤的森林、淙淙作响的流水、幽深的洞穴以及一切可视的具体之物，在原始人的眼中，都可能被赋予某种特定的隐喻功能，相互之间萌生奇特而又微妙的关系。所以，列维-布留尔认为：“对原始人来说，纯物理（按我们给这个词所赋予的那种意义而言）的现象是没有的。流着的水、吹着的风、下着的雨，任何自然现象、声音、颜色，从来就不像被我们感知的那样被他们感知着，也就是不被感知成与其他在前在后的运动处于一定关系中的或多或少复杂的运动。”[7]因此，烙印在大脑中的表象成了原始人思维的重要而又基本的材料，它和我们所理解的“概念”几乎是对等的。譬如，黑色这一概念是由乌鸦来代表，而圆形则由月亮来表示。稍微抽象一点的时间概念就要另外想象出一种实际的活动，以这一活动来表示特定的时间的长度，等等。由于总是依凭对具体的实在对象的感知、记忆、判断等同化陌生的现象，原始人在他们的实践中练就了对形象的高

6 ［瑞士］皮亚杰、海尔德：《儿童心理学》，吴福元译，商务印书馆，1980年，第47页。
7 ［法］列维－布留尔：《原始思维》，丁由译，商务印书馆，1981年，第34-35页。

度敏感和记忆。由此，我们才多少有点理悟，为什么原始人至少一万年以前就在阿尔塔米拉洞、拉斯科克斯洞的岩壁上展示了如此夺人心魄的具象再现能力。在一些当代少见的原始部落中也仍可找到往昔的那种超凡的能力。不过，正如马克思和恩格斯在著名的《德意志意识形态》中所说的那样，“原始思维局限于最近的、感觉所及的环境，即人们能够思索的仅是他们直接感受到的东西和现象。”[8]也就是说，原始人的表象的所及范围毕竟限制了他们隐喻思维的广度和深度。在早期的语言中，类似儿童的我向性倾向的例子比比皆是。维柯在《新科学》中就列述过，在一切语种中，大部分涉及无生命的事物的表达方式都通过以己度物的方式而获得了生命的实质：“例如‘首’（头）来表达顶或开始，用‘额’或‘肩’来表达一座山的部位，针或土豆都可以有‘眼’，杯或壶都可以有‘嘴’，耙、锯或梳都可以有‘齿’，任何空隙或洞都可以叫作‘口’，麦穗的‘须’，鞋的‘舌’，河的‘咽喉’，地的‘颈’，海的‘手臂’，钟的‘指针’叫作‘手’，‘心’代表中心，船帆的‘腹部’，‘脚’代表终点或底，果实的‘肉’，岩石或矿的‘脉’，葡萄的‘血’代表酒，天或海‘微笑’，风吹、波浪‘呜咽’，物体在重压下‘呻吟’……”“这一切事例都是那条公理的后果：人在无知中就把他自己当作权衡世间一切事物的标准，在上述事例中人把自己变成整个世界了。”[9]尽管在现代人的意识中，类似的隐喻仍然积淀在具体的思维过程里，但是，现代人却发展了一种不拘泥于所熟知的表象系统的感知能力，并且在此基础上达到了抽象思维的水平。当然，我们并不能超历史地要求原始人也具有一种与隐喻思维相对称的抽象思维。[10]事实上，正像原始艺术本身已表明的那样，隐喻思维的果实所洋溢的类似童年情趣的意味，同样也是现代人所无法重现的。与此同时，我们也无法想象，如果人类没有从很早时就有如此发达的具象意识，现代人的视觉艺

8　参见《马克思恩格斯选集》，人民出版社，1972 年，第一卷，第 35 页。

9　［意］维柯：《新科学》，朱光潜译，人民文学出版社，1986 年，第 180-181 页。

术该是从一个什么样的起点获得自己的丰采。文明前进的脚步把一些旧的隐喻物踢进了历史的博物馆，但是，艺术却无限留恋着隐喻思维本身，当代西方学者J. 坎贝尔在《千面英雄》（*The Hero with a Thousand Faces*）一书中通过分析大量的实例来证明古代的人们由于生活在神话的意识状态中，因而是完整与和谐的，而现代人却因为失去了那种意识状态，因而饱受分裂之苦。于是，回归古代就成了一种必然的结论。但是，所谓的回归毕竟是殊无可能的事情，席勒式的回归素朴的理想只能体现在艺术的大地之上。在这一意义上看，原始艺术的心理基础——隐喻思维在根本上就和现代艺术的心理基础相去不远了，尽管两者的性质并不相同。

由于原始人的很多艺术性劳作是在连现代人也无法想象的困难条件下进行的，他们所留下的巨大岩画和雕刻就更为直接地表明了他们的本质力量。在这一点上说，原始艺术的物质形态本身也是意义非凡的。尽管我们总是可以泛泛地称，原始艺术是多种功利交杂的产物，然而，促使这种艺术诞生的欲望、动机毕竟是奇特而又伟大的，它们所展现的心理世界也不能不说是博大而又深奥的。

毋须赘言，心理学的巨人即使站在原始艺术跟前，也无法亲验和复现原始人的那种神秘和强大的心态。那么，人们除了从相当零碎的考古片段和儿童心理的间接参证中料想当年原始艺术创造和接受者的真实心境之外，要了解美术活动的原始和最基本的心理因素，还有没有任何别的可能呢？譬如，可不可以在晚近的美术活动中听到原始心态的搏动声，从特有的图像中找到一贯古今的心理话语？这正是原型理论所要竭力自圆其说的课题。

10　这里无意说原始人都无任何抽象思维的痕迹，而只是说明隐喻思维是如此普遍而强大，以至于抽象思维根本不占主要的地位。

第二节
美术原型的心理学假说

虽然原型概念总是和荣格的名字联系在一起，但是即使荣格本人也承认，原型并不是他首先想到的。这一名词早在圣·奥古斯丁时期就已出现了，甚至和柏拉图的“理念”也不无相通之处。另外，早在18世纪时，维柯也阐述过“想象的类概念”这一超乎个人的意识现象。但是，维柯这一概念的影响却是微不足道的，对当时18世纪法国、英国和德国的艺术理论都不曾有所触动。荣格的心理原型理论的迷人之处或许就体现在他第一次以资深而有影响的心理学家的身份瞄准了艺术中一个最难以言诠的问题：集体的无意识如何通过原始意象（原型）成为艺术创造的动力以及艺术永恒魅力的组成因子。

如前所及，荣格对于原型的界定一直采取了诗性的态度，因而有着相当的不确定性。不过，他又始终是善于提出奇妙而令人深思的问题的。他曾写道：“我可以在世界上的所有部分提出更多的图画，人们将会惊奇地看到这些象征是如何受基本法则的支配，这些法则和我们个人曼陀罗相同。从这一事实来看，这里所展示的全部曼陀罗图案都是新的、不受影响的产物。我们将会驱使做出这样一个结论：在每一个个人身上肯定存在着一种超意识的倾向，它能在任何时间、任何地点制造出相同或十分相近的种种象征。这一倾向通常不是个人意识的所有物，我称它为集体无意识，而且作为其象征性产物的基础，我假定了原型意象即原型的存在”。[11]不过，曼陀罗图案毕竟只是

11 See *Collected Works of C.G.Jung*, London, 1968, Vol. IX, p.384；有关曼陀罗的论述还可以参见荣格写的篇幅最小的书《金花之秘》(The Secret of the Golden Flower, London, 1938)。虽然曼陀罗可以在古埃及、美洲印第安人仪式中的沙画以及罗德西亚的旧石器时代的“日轮”中找到，但最令人惊奇的曼陀罗是由精神病人所画，最美妙的曼陀罗则是西藏佛教中的那一种。

一个小小的例证而已。对于整个视觉艺术来说，也并非只有波洛克的《图腾1号》、毕加索的《人身牛首》和伯尔逊的《半人半鱼的海神》等这样的作品，才接近和映现了初民般的心力冲动。原型应当具有更加普遍的意义。在《心理类型》这部重要著作中，荣格就极其肯定地做了进一步的解释："原初意象具有某种超越于观念的清晰的巨大优势，这就是它的生命力。它是一种自身充满活力的有机体，'被赋予了增殖的能力'。原初意象是一种内在固有的心理能量的组织，一个根深蒂固的系统，它不仅能对能量过程做出表现，而且具有使其运作的能力。它显示出亘古以来能量过程如何依循不变的线路运作，同时又借助于理解或对情境的心理把握，即时地允许永不停息地对它的重复，以便生命能延伸至未来。"[12]或许，要使人们相信这一点并不是太困难，即在一切伟大的视觉艺术中都隐潜着具有人类学意义的无意识心理能量，从而能够使艺术本身仿佛诉在说古老的心曲，仿佛把过去、现在和将来的生命神秘地统一在一起了。不过，荣格的原型假说又确实是太晦涩、太含混了，而且在他那里那种作为一贯古今的艺术审美生命依托的原型，也多多少少是笼统而抽象的，它一会儿被说成是一种先天性质的塑造能力或形式组织力，因而并无具体的内容，就如晶体和母液那样：晶体溶解在母液之中虽然会一点也看不见，但其本身的结晶构造却是先决的，并不受母液的影响，至多只会引起形状的大小变化而已；一会儿又被解释为某些具体的意象，它们的象征、隐喻等形式代表原型本身，等等。当然，不必苛求荣格把原型问题一下子透明化，因为问题的难度是显而易见的。但是，当他把原型和抽象的形式加以并置的时候，原型本身的历史性和文化性的丰富内涵却被无形地践踏了。我们无法想象，E.纽曼如此痴迷的大母神（Great Mother）在亨利•摩尔的雕塑中所达到的表现性，仅仅是来自一种遗传意义上的亲切感。身处在

---

12 ［瑞士］荣格：《心理类型》，吴康译，上海三联书店，2009年，第379页。

异质文化中的人，为什么至多只能领略到与美术家同文化的人所能领受的直接印象，而不能像后者那样能进一步在直接印象的基础上体认到特别的精神意味。对于这样的问题荣格可能是无力回答的。

不过，荣格的贡献已经够引人注目的了。第一，他是第一个极力高扬集体无意识在人类心理中的地位的人。个体性意识之所以在集体无意识之下，就是因为前者比起集体无意识这一汪洋大海，不过是一层表面的浪花而已，并不像集体无意识那样影响甚至改变我们整个的生活、历史和世界。第二，他大胆区分了个人无意识和集体无意识，把两者沟通的可能性寄托在原型之上。无论是神怪还是人，是状态还是过程，总是在历史性道路上反复呈现为一种形象。在创造性幻想得到自由表现的地方，如艺术创作中，总会有它独特的身影。由于原型赋予人类祖先的无数典型经验以形式，因而在无以计数的同类经验中留下心理的痕迹。这和弗洛伊德的思路正好相反。弗洛伊德不仅是一个心理的决定论者，而且对集体无意识从来不曾有太多的好感。尽管他在后期的著作中也谈论到，原始人自觉遵循的仪式禁忌也是现代人所同样遵守的。然而，默认集体无意识的存在却并没有促使弗洛伊德把这种存在放到心理学的合适位置上。相反，他认定返祖式的心理现象正是病态性的现象。因而，不难想象，荣格要把精神分析传统中作为性决定论范畴的病态艺术心理学现象扳正为一种与艺术活动的主体根源相关的深度因素，是何其困难。其次，荣格的原型假说一旦涉及具体的实证分析，那种可厌的先验论的气息就大大地减少了。他对夏加尔作品的分析就不无新意。在精神分析派心理学家看来，夏加尔作品中反复出现的鱼的形象须从画家的个人生活史角度予以解释，然而，荣格却认为，鱼是转世的象征，因为在《旧约全书》及《新约全书》中都可以找到相似的根据，这是从古代延伸到现代的重要象征。事实上，荣格的后半生精力几乎都倾注在现实和艺术中的原型的概括和识别上，诸如出生原型、再生原型、死亡原型、力量原型、巫术原型、英雄原型、儿童原型、恶作剧精灵原型、上帝原型、许多的自然原型（包括树林原型、太阳原型、月亮原型、风水火原型）以及动物原型、圆圈原型、武器原型，等等。此外，长期保持对考古学和人类学的浓郁兴趣也极大地帮助了荣格。例如，他发现过某些蕴含于原始艺术中的图像在许多不同的文明民族、野蛮部落乃至儿童身上反复地呈现出来，那种常常以花朵、十字以及车轮等图形所构成的图案就是突出的一例。但是，为什么远在旧石器时代的罗德西亚的岩画上也有一种在一圆圈内加上十字的抽象图案呢？荣格的猜测不能不说是富有启示性的：曼陀罗在每一种文化中几乎都有其影子，不但基督教的教堂内可以找见这种图案，就是在西藏的寺院里也可以遇见它。这种所谓的太阳轮既然是产生在车轮还未曾发明的年代，也就不可能是任何外部世界的直接经验，而毋宁是某种内心经验的象征。正如成年人的梦反映了他的童年经验的片段一样，在那些共同的原始表象背后也必定有其赖以产生的心理基础，即人类共同的深层体验。

在荣格看来，原型起初时总是一些具体可感的图像，因而，能够被人们的意识所觉察和接受。但是，当原始的意象在典型的情境下进一步不断地重复，从而最终深深地铭刻在人的心理结构之中时，它就进入了一种重要的转化阶段，即不再是充满内容的意象形式，而是作为一种没有“内容”的形式成为某种类型的知觉和行为的可能性。[13]换一句话说，原型不再等于人生或艺术所经历的事件所留下的记忆表象，而是为人提供了一个没有确定内容的知觉和行为的模式。在这种意义上，所谓原型就既可以是具象的，也可以是抽象的，同时，还有深层和表层的区别。深层，是指一种无意识的心理能量，由于没有确定的外在形态，因而也就不能时时被人意识到，不过，它是一种相对稳定的“综合”，通过辐射方向影响甚至决定表层的外化形态；而表层，作为相应的深层的外显形态，往往较多变体，但是，不管表层由于受容

---

13 See *Collected Works of C. G. Jung*, Vol. IX, Part I.

性而有多少变体，深层作为内核的意义是比较稳定的和主要的。英国学者赫伯特·里德就曾指出，美术中的原型“只有保持秘密的完整时，才有极大的效力。它们来自无意识，而向无意识诉说”。[14]就如艺术中的英雄原型，既可以是赫拉克勒斯、大卫、阿波罗、拉奥孔，也可以是不能被感知所直接根据的内在品性，如力量、威严、勇敢和大胆等，它们又都是所有人类心中所钟情的集体无意识，是完全一致地体现于形态不一、变化万千的英雄原型的。再如，艺术中的母亲原型之所以能独立地形成，同人类寻求保护和得到养育的集体无意识有着一定的内在联系，这样，母亲原型就更具有普遍的力量。不过，由于母亲这种预先形成的心象在不同的婴儿和母亲之间的现实关系中存在，就逐渐呈现为不同的确定性形象，与此同时也就产生了变体。但是，尽管如此，它们还是具有一定的定向。荣格就母亲原型所列举的具体形象几乎是五花八门的，有人间的母亲、大母神（Great Mother）、女神阿佛洛狄忒、赫卡忒、希波吕忒、赫拉直至圣母玛利亚；还有乐园、天堂、圣耶路撒冷；教堂、城市或乡村、大地、树林和海洋；象征丰饶的羊角、花园、犁过的田野，或者洞穴、泉水、深井、洗礼用的圣水盘、玫瑰和莲花状容器直至一切子宫状的物器；最后还有奶牛和野兔等温柔的动物，等等。在荣格的列举中也有一些似乎扯得过远，如巫师、情妇等，但应该说，在繁复多样的变体中，有一种共同指向还是明确的，那就是，它们几乎都意味或象征着养育、保持、帮助、献身和肥沃、丰饶等，而这些不能不说是人类有关母亲的集体无意识内容。正是这种深层的东西成了母亲原型在艺术中能够变成永恒、感人至深的主题的一个重要原因。问题在于，我们如何理解那些频频出现于视觉艺术中的“古老模式”是怎样作为文化及其象征的事物而越代地“遗传”下来的。它是不是首先流淌在我们的血液中，在我们的体质中留下特有的印记？这无疑是个

14 ［英］赫伯特·里德：《现代绘画简史》，上海人民美术出版社，1979 年，第 90 页。

非常巨大的难题。如同恩格斯所说过的那样，人这一独特的生命体，虽然是通过那种“获得性遗传”“把经验的主体从个体扩大到类；每一个体都必须去经验，这不再是必要的了”，[15]但是，与此同时，恩格斯也确实已经点破，这种“获得性遗传”或“积累起来的遗传”是同“经验的结果”相关联的。换一句话说，人的生命体之所以能够获得和沟通遥远年代的祖先的经验，乃是由于经验本身处于现实的社会和文化的流动之中。因此，可以推测，在当代和前代人的意识之间存在着极其复杂的生理——心理之链。不过，至少到目前为止，现代科学也还没有确证，非生物性的经验可以通过生物机制本身得以自然遗传。在这一点上，我们始终要以审慎的态度消化和发展原型假说。这绝不是多余之虞。

在发生学意义上，分析心理学的猜测是这样的：人类曾经经历过一个原始的、宇宙的和前心理的阶段。在这一阶段中，外在的存在（比如自然界的现象）往往就是无意识心理内容的象征性表现。但是，真正的转折点在哪里呢？也许，正如马克思曾说过的那样，心理的发展只有到了这一天才是意义非凡的：“从这一时候意识才能真实地这样想象：它是某种和现存实践的意识不同的东西；它不用想象某种真实的东西而能够真实地想象某种东西。”[16]由此，我们也就不难颖悟，为什么充满幻想（甚至巫术效果）的岩画和雕刻会如此合宜地成为原始人较早选择的艺术形态。尽管原始艺术还是现实与幻想相混糅的存在，但它确实已经开始了走向审美形态的步伐。而且，其中的天真幻想由于不是个体性的某种心绪随心所欲的宣泄或扩张，而是凸显着情感趋于社会化的原始人的集体信仰，因而，可能会成为如E.弗洛姆所相信的那种在人自身中相传的信息，一种使人能够在对待内在事件像对待外在事件一样

15　参见《马克思恩格斯全集》，人民出版社，1971年，第20卷，第610页。

16　《马克思恩格斯选集》，人民出版社，1972年，第1卷，第36页。

的“秘密语言”。如果说，人类原始艺术的这最内在的东西，像一只无形之手无声无息地触及其后的文化诸形式，那么，原型的“移位”就不是绝无可能的了。那些曾经激起原始人的兴趣，现在又使现代人受到感动的、近乎永恒的持续性原型心理，只有经历了文化的递送才是现实的。但是，文化的递送依然没有泯灭原型中的无意识性质。因而，视觉艺术的接受有可能成为如此神奇的体验：尽管我们对艺术的原型表现是陌生的，然而，一看到它们，内心便有一种东西跳将出来，仿佛是一种来自血缘的呼喊告诉我们，我们是一直认识它们的。这是一种奇异的、不容分析的震撼，一种希冀：恐惧和情绪的潜流，一种长期沉睡而又永远令人亲近的体验。[17]正是在这一奇妙的时刻里，自性仿佛已经不复存在，每一个“我”都像人类似的感受和激动。然而，进一步的问题是：这种达到心理学高峰体验（peak experience）[18]的原型心理，是不是在任何社会和文化的情境中都有普遍实现的可能呢？或者，这种可能是否也使艺术的文化个性必然地消融在普遍性的感受之中呢？

这就涉及艺术活动中的原型心理的文化界限。尽管原型的表层是深层的人类化东西所辐射和外化的，然而这并不一定意味着变体的表层可以直接回到深层本身，也就是说，辐射和外化的过程如果受到一定的文化与心理的情境制约，就使主体对整个原型的把握变得多样化了。打比方说，为古代和现代艺术所孜孜以求的原型，其深层犹如一种“密码”，而任何“破译”都不可脱离被文化所规定的“借喻基点”。我们不妨看看美术作品中这种不断重复而得到深刻寓意的图像。柏树在传统的图画艺术中之所以有不衰的生命元气，就因为它已不再仅仅是一个现实的物象，它的深义无疑是经霜不凋的外态之下被赋予的抗争和不屈的人格象征。但是，在古希腊和罗马的艺术中，它却是阴

17 M.Bodkin. *Archetypal Pattern in Poetry*, Oxford: Oxford University Press, 1934, p. 2.

18 这种体验是难以用语言形容的无比欢欣，出神入迷以及思绪翻滚的时刻。

间的树、坟场的树，是悼亡的标志，是愁苦、死亡的象征。鳄鱼在西方和远东的视觉艺术中几乎没有什么特殊的审美价值，但是古埃及却视之为神祇的化身。虎崇拜是中国传统艺术中一个相当突出的方面，但是，对于拉美印第安人来说，虎是不祥的、死的先兆。至于有关龙的动物原型，就更是显示了文化的内在品性。我们不妨作一简单的比较。根据西方学者的归纳，与龙相关的蛇的象征意义，有如下指向：

1. 神性：这是由于它自食其身的原因，尽管万物都源自上帝，然而它们都再次溶入神性之中；

2. 永恒：这是第一项的必然，它口含其尾而形成周而复始式的圆环；

3. 复原：因为据说它有一种年老时“犹如天使”一般还童的能力；

4. 守护之精灵：在古希腊和罗马的祭坛上时或可以看到它的形体，雅典的雅典娜神殿里，据传由雅典英雄厄里克托尼俄斯（Erichthonius）之灵赋予生命的蛇被称为“神殿的守护精灵”；

5. 智性：西语中有“像蛇一样聪明，像鸽子一样无害”的说法，摩西在《旧约》中也赞赏过它的精明；

6. 阴险：这是与第 5 项相关的，《创世记》说：“如今大地上再也没有比蛇更阴险的动物了”；

7. 魔鬼：在《创世记》里它是一个诱惑者的形象，它在早期绘画中时或置于圣母玛利亚的脚下，这是针对于堕落后的夏娃所作的诺言……[19]

然而，究竟是什么原因使蛇邪恶一面的品质得到西方文化的进一步酝酿以致迅速膨胀呢？姑且看看英国艺术心理学家 G. 威尔逊的分析：

推究龙作为人类的天然敌人以及英雄的抗争对象的缘起是饶有兴味的，有关在受害者

19 *Brewer's Dictionary of Phrase and Fable*, London, 1975, p. 982.

身上口吐火焰的庞大而又凶猛的这种蜥蜴类概念当然是先于恐龙化石的发现……

除去蛇与鳄鱼，现在的爬行动物对人已不构成特别巨大的威胁了。可是，正如卡尔·萨根在《伊甸之龙》(1977年)所论证的那样，龙的神话可能象征一种对爬行动物的残存的本能性恐惧，这种恐惧始于进化史上哺乳动物与庞大的爬行动物争夺世界权力之时，虽然我们哺乳动物获胜了，恐龙现在也已绝迹，但是，人们似乎对爬行动物仍然保留着一种特别强烈的厌恶——这是同我们对虎、狮和狼的感受不相称的，后者在近期历史上对我们具有更致命的威胁，我们甚至还对这些动物驯顺了的小型变体(如猫与狗)视如宠物，倍加爱护，然而很少有人会移情于爬行动物，不管它们是多么小巧而且无害于人。

至于龙的喷烟吐火，我们更可深长思之，而且可以这么说，进化中的哺乳动物的第二个主要的原始灾难可能一直就是大山和森林之火。火一置于龙口(其最险要区)就使我们产生极度交织的史前恐惧。人们对领悟“大山之口”(mouth of the volcano)以及“欲望之火”(crater of stomach)等的隐喻用法就表明了我们会轻易地产生如此的联想。[20]

确实，审视古希腊、罗马的艺术，龙时常是被描绘成喷烟吐火、十分凶残的鳄鱼类陆生动物，直至现代，龙也是一种与人相对立的凶暴、恶毒的庞然大物。

这与华夏文化中的龙原型形成了深刻的暌离。在中国的上古传说里，神、神人与英雄几乎都是人首蛇身，女娲伏羲如此，《山海经》和其他典籍中的神人(如共工、共工之臣)也不例外，出现得较晚的开天辟地的盘古也依然如此。当然，也有过“豕身人面”“人首马身”和“鸟身人面”等的神相，但是“人首蛇身”却是最为突出的。《山海经·北山经》中记：“凡北山经之首，自单狐之山至于隄山，凡二十五山，五千四百九十里，其神皆人面蛇身”“凡北次二

20 Glenn Wilson, Significance of the Dragon Archetype, *The Psychology of Performing Arts*, New York: St. Martin's, 1985.

经之首，自管涔之山至于敦题之山，凡十七山，五千六百九十里，其神皆蛇身人面”，等等。在《中山经》里则出现了“龙身人面”的神。当然，龙蛇神相是心造之象，而它们的意义恰恰在于表明了“真实地想象某种东西”的氏族或部落及部落联盟的共同意识指向。假若只算有文物可考的历史，龙的原型在我们祖先心灵中的驻留和延续也已然有数千年的漫长岁月。从远古直到文明时代，龙原型的生命力量在如此长久的时空里的存在确实是不可思议的！归根到底，这一切与原型生存和发展的社会文化有关，或者更确切地说，是与一个民族的心灵历程有关。

因而，在社会文化的背景上把握原型接受的主体根源，是理解原型生命力的重要方面。就龙的原型的具体形态而言，西方和东方的差异并不相去十万八千里，而且它们都给人一种威慑力和不安的感官刺激。这自然同龙作为特定动物的变异现象有直接的关系。无论是作为恐龙类的爬行动物的代表，还是神相、氏族与部落的图腾，龙都是一种力的“格式塔”。但是，这不意味着，不同文化下的人被龙的“格式塔”所引起的感官反应是悉无差异的。为分析的便利，我们不妨把龙原型所引起的反应大致划分为以下三个层次：感官反应、心理反应和集体无意识反应。

首先，讨论感官反应。如果说西方人对于龙原型的同类反应落实在他们对龙的巨大威胁而产生的不适、恐惧和厌恶之感，那么东方人却重在由于龙的特异力量所带来的兴奋和壮美的痛感。显然，前者是走向负面性的反应，而后者则是趋于正面性的反应。在这里，可以见出我们与荣格的分歧。照荣格的说法，人对蛇或龙的恐惧反应并不需要有与这类动物的真实遭遇作为条件，尽管这种遭遇可能会强化或者再次证实人们的先天倾向；而人们之所以能够继承对蛇或龙的恐惧的先天倾向，乃是由于人的祖先经历过无数代人的这种恐惧。随着时间的推移，这类恐惧的先天倾向便逐渐地铭刻在人脑之中了。[21]

21　参见［美］霍尔、诺德贝：《荣格心理学入门》，冯川译，三联书店，1987年，第42页。

但是，问题的症结在于先天倾向是一种共同性的可能趋向，那么何以解释东西方人对龙原型的不同感官反应呢？事实上，作为个人的存在，当他一降临于世就处在特殊的文化情境中了。正像很多研究所表明的那样，人在哺乳的时候就开始受到传统的影响。因而，人的感官反应也不是绝对地具有超越社会时空的普遍性。虽然人的感官都依凭共同的生理基础，但是文化的无所不在和至深影响又使它们变得我的是我的，你的是你的。尽管在某些方面，感官反应总有相似的倾向，但是，与此同时，人又是在某些地方像他们所处的社会中的人一样做出反应,也在某一地方不像处于其他社会中的人那样做出反应。而且，即使是相同的生理唤起状态，也因为认知因素的不同而产生更深刻的差异。

其次，涉及心理反应层次。对此，我们仍注重于刺激和反应之间的复杂变量。现代心理学的研究表明，任何的感觉、知觉和情绪都同主体的经验结构有关。苏联著名心理学家鲁利亚曾经把三类生活环境和思想意识不同的人作为他的被试者，从中发现这三类人即使是对视错觉也有不相重复的反应，“甚至对颜色和形状变换的知觉，也成为一个直接印象与复杂的抽象范畴相联系的过程”。他还注意到，习惯于读竖行字的远东人发展了一种与很习惯于读横行字的西方人不同的对空间关系的感觉。[22]感觉如斯，其他形式的心理过程中的文化差异程度也就不难想象了。比较起来，由于龙的原型的特殊形态以及由此产生的对人生理上的影响，它在东西方人的心理中引发起类似崇高或壮美的感受，但是，严格地说，差异才是更为根本的东西。如果说，西方人在龙的原型中所激起的感受里包含了一种抗争、征服、战胜和超越对象的冲动和欲望的话，那么，中国人在龙的原型中所引起的反应中则寓有一种借助、依存、崇高和确证对象的意向与心念（endocept）。换言之，前者所体现的是主客体之间截然分明的对立，而后者则是企图认同于对象的期望和

22　参见[美]I. 克莱恩：《对人类精神的马克思主义探索》，《国外社会科学》，1984 年，第 5 期。

寄托，更倾向于休戚与共甚至相依为命的同一。但是，要了解这种心理感受的差异还必须深潜到社会或集体无意识的反应层次。

关于集体的无意识感，荣格的具体界定尽管不尽完美，但是，他的高明在于凸显了这种意识的深刻作用，因为，他不像别的精神分析学者（如弗洛姆）那样把集体无意识看作是由社会不允许其成员拥有的思想和情感所组成。就原型而言，荣格认为，它们之所以具有强大的审美（乃至于宗教的）感召力，就在于它们是与“同一类型的无数经验的心理残迹”即集体无意识深深地扭结在一起。正是由于“每一个原始意象中都有着人类精神和人类命运的一块碎片，都有着我们祖先的历史上重复了无数次的欢乐和悲哀的残余”“它就像心里一道深深开凿过的河床”，当原型（原始意象）出现时，“生命之流就可以在这条河床中突然奔涌成一条大江，而不是像先前那样只是在宽阔然而清浅的河流中向前慢慢流淌”。[23]在这里，我们如果确认集体无意识是历史地生成和发展的，那么，它的业已直觉化、自动化的意义就决定着主体心理的反应方向和深度。在龙原型接受的过程中，西方人可能激起的感受中之所以含有一种抗争、征服、战胜和超越对象的冲动和欲求，不能不与他们远古祖先求生存时对恐龙动物的巨大威胁所带来的恐惧有关，也同由此生发的集体无意识在文化中的延伸分不开。而中国人对龙原型的期望、膜拜、依存甚至亲近的无意识倾向，则很可能同龙作为与云相对应的象征有关。它常常使人不自禁地和男性、威严和强大等深层的东西联系起来，同时，它也可能作为远古华夏氏族、部落不断战胜和融合其他氏族、部落的漫长历史过程（也即蛇图腾渐渐吞合其他图腾而向龙图腾演进的过程）有内在关联。因此，我们与其津津乐道于原型心理的共同性和普遍性，不如深入追究其后藏匿的深刻的文化差异。

---

23 *Collected Works of C. G. Jung*, Princeton University Press, 1966, Vol. XV, p. 81.

当然，对原型的反应是浑然一体或瞬间的直觉化的心理活动，因而实际上主体往往就像“为了一个听见却看不见的歌者的绝妙好音而颠倒的人，觉得心旷神怡，深受感动，但是却不知道快感何来，何以如此”。[24]确实，集体无意识是原型反应中最为深刻的渊薮，或许，原型在视觉艺术中就是这样表现自己的价值的，即从一个角度看一切都似乎是崭新和独特的，然而从另一个角度切入却又总是存在的事物的一种重现。赫伯特·里德曾经这样看毕加索：“它的确表明，毕加索已经越过了描绘个人形象的立体派和新古典主义的风格，而进入幻想领域，把形象描绘成原型的或种属类的形象。这种形象的表现仍然是极端个人的——线条和色彩仍然是人本身的记号。但是这种符号却是从心灵深处迸射出来的，这种心灵深处就是卡·古·荣格所谓的集体无意识，其集体性保证了它们的效果。”[25]从这种意义上说，美术中的原型就成为一种联结个人和人类，联结过去、现在和将来的有效方式，它不但和时代的、特定社会文化的无意识结合在一起，而且同时也呼应着遥远的母体，使现代人能够“思接千载”地在无意识过程中感受到人类祖先同样感受过的深层心理。这完全是一种精神的“寻根”，它在根本上和那种寻求“正在失去的环节”的工程具有同样的人类学旨趣，但却更富有艺术的审美的意味。也许，人类总是要这样不断“躬身自问”下去的。

24　[英]雪莱语，刘若端编：《19世纪英国诗人论诗》，人民文学出版社，1984年，第127页。

25　[英]赫伯特·里德：《现代绘画简史》，上海人民美术出版社，1979年，第89页。

第三节
原型心理与艺术生命

在《古代社会》中，人类学家摩尔根谈到了这样一种深刻的事实："人类的经验差不多都是采取了类似的路径而进行的；在相同的情况中人类的需要基本上是相同的，由于所有人类种族的脑的机能是相同的，所以人类精神活动原则也是相同的。"同样，当接受者以理解的姿态寻找"借喻基点"时，他们也就开始接受原型深层的"密码"了。主体对于异质文化氛围中的原型接受的可能性就存在于人类经验的普遍性；龙原型的接受是多少有点极端的例子，它只是"放大"了主体根源的深层差异，使人们可以了解原型意义的现实化过程实际上是很复杂的主体参与过程。也许，在原型世界上，更多的是可以普遍地接受的对象，尽管具体展开的心理过程有诸多微妙的差别。以上帝原型为例，与所有其他的原型一样，它最初也源起于集体无意识。这个原型一旦出现，接受者的感觉、体验和判断就不知不觉地会出现相应的善恶倾向，希望邪恶的人将要下地狱，而无辜、清白的人能够走进永恒的天堂，如此等等。不同文化环境中的接受反应都大体如此。不能不承认，不少原型的生命力是强盛的，它们依然微笑地走向今天与将来，光彩照人，魅力永新。

这种近乎"永恒的持续性"令人想起康德的"共通感"、黑格尔的"人类的一些普遍旨趣"。无疑，人类作为一个整体所具有的共同生理反应机制在最基本的意义上为原型的普遍接受提供了可能，但是如果再进一步把所谓的"共通感"和"人类的一些普遍旨趣"看作是先验决定的现象，就又无异于把问题交还给问题本身而已。其实，原型本身的魅力或生命力只能在社会生活和文化传承的综合延续中得到。这种延续的逻辑力量并不只是时间的自然运进，而更是实质性的活动、文化和精神等的积累、更迭和跃迁。其中的阶段性对应于连续性，兴衰和变化对应着相对的稳定。列宁在《关于民族问题的批评意见》一文中的论断指示了"共通感"的一个现实方面："每个民族的文化里面，都有一些哪怕是还不太发达的民主主义和社会主义的文化成分，因为每个民族里面都有劳动群众和被剥削群众，他们的生活条件必然会产生民主主义的和社会主义的思想体系。”[26] 其实，在阶级社会的范畴之外，也同样存在着社会生活和文化传承的无可否认的延伸和共通现象。尤其是伟大的艺术，宛如永远生存和永远向前发展的现象一样，不会在死神遇见它们的地方停滞不前，而是在社会意识中继续发展。任何时代、任何人都不可能把一切感受说尽道完。在这里，无疑是共同的社会生活和文化传承选择、塑造了特定的原型并为之提供了特殊的支点。事实上，艺术涉及的某一种“情绪”或原型确实不一定就具有永恒的品质。原型从来不是一种以自身为依据的抽象存在，它总是不可避免地经受历史的、文化的和审美的筛选、汰涤或弘扬。

因而，确切地说，不可能笼统地存在着永恒的原型，而只可能有永恒存在着的具体的原型。在特定的社会文化中，原型从深层到表层都可能经历十分深刻的变异，在非神话的时代里这种情形就更是如此了。大致看来，这首先与宗教观念及其表象的历史性演变有关。由于原型往往天然地和神话联系在一起，它与宗教的关系也成为必然，在某种意义上神话即是信仰的故事，一种广义的宗教。我们可用母亲原型作一例证。约公元前6年，未婚先孕的圣母玛利亚生下了后来成为基督教创始人的耶稣，因而在早期宗教艺术中，她无一例外地被蒙上了神圣超俗的光环。然而，神化了的玛利亚形象到了十五六世纪却产生了质的转变。照理说，宗教依然是当时欧洲人重要的生活组成部分，但是即使如此，人们也已开始在观念上倾向于接受更近乎人性、人情的圣母形象。在达·芬奇笔下，《岩间圣母》（见图3-1）虽然依然有相当浓重的理想化色彩，但她已不再是板滞的正面像，也不是幻觉中的某种精灵，

26　《列宁全集》，人民出版社，1958 年，第 20 卷，第 6 页。

图 3-1 达·芬奇《岩间圣母》，1483—1486年，布上油画，199×122厘米，巴黎卢浮宫博物馆。

图 3-2 拉斐尔《西斯廷圣母》，1512年，布上油画，265×196厘米，德累斯顿古代大师美术馆。

而是明显地透露了“普通人”的亲切气息；在拉斐尔那儿，圣母则是一种更加现实化的血肉之躯，因而更亲切、更优美。基督教的神意与对古典美的呼应天然地糅合在一起，产生了更加具有人间情意的圣母形象：她已根本不是中世纪冷漠、威严的“女王”，而是温柔的母性的典范，宛如来自生活中的贤妻良母。在《西斯廷圣母》（见图3-2）中，玛利亚怀抱着圣婴，冉冉地从云中走来。然而，她温柔的双眸中迷惘和略带忧伤的神色，身上普普通通的装束，健康而丰美的体态以及赤裸的双足等，都足以使人确信她应该是人间的一位慈母。而且，她怀里的圣婴似乎就是为了献给多难、不平的人间，所以赫尔岑有所深悟地想象道：“圣母像是在说：‘请你们抱去吧，他不是我的。’但同时又把他紧贴在怀里，好像如果可能，她就带着他逃到一个遥远的地方去，用自己的奶来喂养这个并非‘救世主’，而是自己儿子的普通婴儿。”[27]其实，赫尔岑体悟的已是一种浸渗悲剧感的深层含义，它同宗教的神性以及敬畏又有多少相同之处呢？几十年之后，圣母形象在意大利画家卡拉瓦乔那儿又经历了一次观念的变异。在他笔下，圣母已无什么人工的理想色彩了。《圣母之死》（见图3-3）被教堂拒收，即是因为画家把“我主的母亲”画得过于粗俗化了；到了荷兰画家伦勃朗的笔下，圣母形象上的宗教意味已几乎洗尽。用马克思的话来说，画家是按照荷兰农妇的形象去画圣母。确实，在《圣家族》（见图3-4）中，人们看到的几乎就是纯朴、善良的穷苦人的普通生活场景：纯美的少妇身着粗布长袍，双膝垫着深色厚布，脚搁着暖炉，手上捧着书——是催眠的歌谣，还是宗教圣书，似乎已经不重要了——她掀起睡篮上的布幔，甜蜜地看着熟睡中的“圣婴”……整个画面流溢着令人迷醉的母子间的温情和幸福。可以肯定的是，母亲原型在圣母玛利亚这一图像上的具体衍变，并不能仅仅归因于艺术创作相关的技术性进步，而更是一种由于宗教

27　转引自迟柯：《西方美术史话》，中国青年出版社，1980 年，第 91 页。

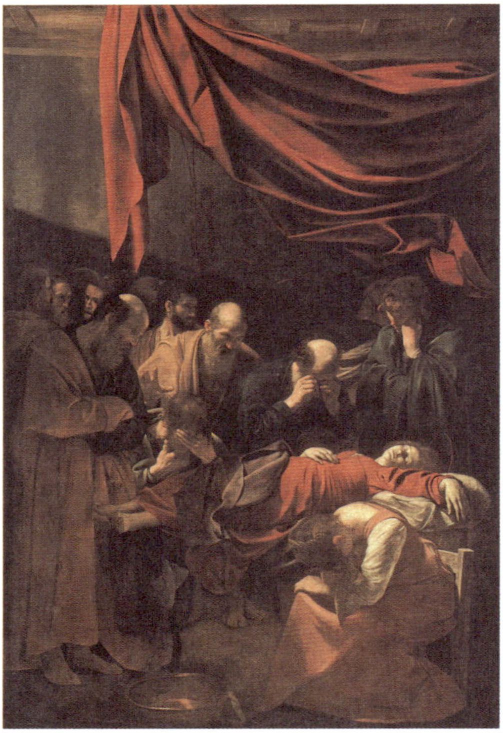

图 3-3 卡拉瓦乔《圣母之死》，约1606年，布上油画，369×245厘米，巴黎卢浮宫博物馆。

图 3-4 伦勃朗《圣家族》，1645年，布上油画，117×91厘米，圣彼得堡艾尔米塔什博物馆。

观念变化所牵动的原型存在条件的变化导致的必然结果。当然，我们无意在这里断定，就我们所知的与宗教观念仍有直接联系的所有原型，都遵循着从宗教性到非宗教性的演变逻辑，而只是说明原型的非恒定性，它的表层形态和深层含义都有可能因特定意识形态的影响而有相应的调整、充实、扩展或是转换等等。

其次，时代发展所造就的特定社会心理也在悄悄地影响原型的意义。按照丹纳的思路，社会心理是艺术活动的重要条件之一。美学家也指出：没有一批群众——一批历史条件所形成的特定的群众，艺术活动就变得有点难以想象了。一部美学史如果能够证明什么的话，那就是，一组特殊的象征是不可能使任何时代、任何地方的一切欣赏者都感到满足的。[28]同样，原型也是如此。虽然，由于漫长传统的引导，有关原型的心理反应总是具有特殊的指向，一方面，“传统对现在经验起着如此大的支配作用，以至于人们离开传统去想象就根本不能产生什么崭新的东西”。[29]但是，另一方面，社会心理所调制或影响的特定主体的内心需要又是时代的、社会的、文化的。西方学者阿尼拉·雅费曾经在现代主义视觉艺术中竭力寻找圆形和矩形的原型意象（其中，圆形暗示或标志着宇宙性的整体、自我和心灵，而矩形则是人世、大地、物质和现实），但是却很少能发现两者的具体结合，即便偶尔发现也只是一些随机的、松散的遇合。由此，雅费推测，这种原始象征的组合在20世纪美术中的缺失恰恰体现了整个人类状态的一种内在现实，即人的心灵失去了大地的根基，面临分崩离析的严重威胁。至于现代艺术中比比皆是的“上帝死了”的典型意绪或形象，恰恰是对传统观念中上帝全知全能的一种反拨。对于原型的逆反处理来说．它并不一定是无的放矢。在心理学意义上，原型的

28 参见［美］乔治·布鲁斯东：《从小说到电影》，高骏千译，中国电影出版社，1981 年，第 33–34 页。

29 参见［美］E. 奥斯特赖克：《评〈传统〉》，《国外社会科学》，1984 年，第 2 期。

逆用或转换所造成的非同一般的震惊力，其实仍与对原来的原型的参照难分难解，没有后者也就没有逆用或转换的任何心理意义。与此同时，经历过逆用或转换的原型仍是无法泯灭的，它会倔强地生存在人们的集体无意识之中。譬如，杜尚给达•芬奇的《蒙娜丽莎》添上几笔胡须这一行为之所以还值得在美术史册上提上一笔，就是因为这是对一个伟大原型成功表现出的极端反动。但是，达•芬奇的《蒙娜丽莎》还是异彩四溢的杰作。如果说，原型在较早期时往往是集体无意识的一种简化了的概括，那么，在历史的发展过程中，由于复杂的社会心理的牵制和推动，原型与原型的连接、组合、交叉等就愈来愈司空见惯、不足为奇了。在近现代的美术中，纯粹的英雄或魔鬼似乎大大减少，倒是两者的迭合大有上升的苗头。这种现象离开了社会心理中有关英雄和魔鬼的感受是很难解释的。

再次，异质文化的接触、“移位”等也与原型的变化和新的形态的形成有很明显的联系。在两种或者两种以上的文化交汇、碰撞中，主体一方面可能以固有的心理倾向予以应对，另一方面又不能不渐渐地松动自身的审视标准而进入一种新的应变状态中。已有学者指出，龙的原型在汉晋和唐宋时期都曾有过渐变的迹象，而这和那些时期中各种文化的活跃有直接的关系。以魏晋南北朝及有唐而论，这些时期，正是外来文化影响最纷繁多姿的历史阶段，佛教的传入和播扬，在根本上成了中国艺术精神的有机组成部分，龙的原型也不可避免地受到了诸如“飞天”“佛顶”“佛狮”和“摩尼珠”等的渗入。

当然，作为一种深义的心理事实，原型承纳（或拒绝）文化的影响，是颇复杂的问题。上述三种描述至多是表明了，没有特定文化所支承的原型不仅是虚幻的，而且没有延伸到未来的生命元气。

最后，还有一个很自然的问题：现代人的意识是否足以应付一切外在和内在的事件呢？在心理学家看来，这是一个最不宜给予肯定回答的问题。E.纽曼曾很深入地分析了现代社会中生活的个体在无意识层次上与原型的必然联系。他选定分析的仍是母亲原型：“即使是在正常的男性化的发展过程中，‘大母神’（Great Mother）原型的能量也绝不容忽视，在危机时期，它的魅力是十分丰富的……以往的依恋永远也不会被完全‘根除’。”[30]确实，每一个人在无意识中对母亲原型的持有和发展大多是一往情深式的，尽管时代、种族和社会文化等都赋予这种原型以特异的色彩。美术家对于各种母题式的无意识内容的迷恋、渴求，为受众滋养最可珍视的人性，无疑有非凡的永恒意义。在这种意义上说，原型的魅力并无终止之时。

30 Erich Neuman, *Creative Man: Five Essays*, Princeton University Press, 1919, p. 139.

第四章

美术的心理功能

科林伍德曾经很肯定地说："社会之所以需要艺术家，是因为没有哪个社会完全了解自己的内心；并且社会由于没有对自己内心的这种认识，它就会在这一点上欺骗自己，而对于这一点的无知意味着死亡。"[1]但是，这种从内在的方面对艺术功能的肯定，却是来之非易。以柏拉图的《理想国》为例，画家恰恰是一种反面的样本。柏拉图写道："我们现在理应抓住诗人，把他和画家摆在一个队伍里，因为他有两点类似画家：第一点是他的作品对于真理没有多大价值；其次，他逢迎人性中低劣的部分。"画家之所以要被逐出理想国，也就是因为他们"种下恶因，逢迎人心的无理性的部分（这是不能判别大小，以为同一事物时而大，时而小的那一部分），并且制造出一些和真理相隔甚远的影像。"[2]到了中世纪，美术甚至还曾被视为使"自我"远离上帝的孽障，原因在于它使主体只对视觉对象产生强烈的激情。圣•奥古斯丁在其《忏悔录》一书中，就断定诉诸视觉形式的美术，只是世俗的和谐而已，它是上帝所造的万物中的低级之美。人若是为视觉形式的轮廓、色彩等所迷惑，就意味着是离开非肉体的实质，也即离开真理。因此，唯有艺术成为人与上帝相契相应的工具时，它才有存在的权利。即使是十八九世纪的辩证法大师黑格尔，对美术的心理功能的贡献也是颇有保留的。在他那里，雕塑、绘画等虽然也是"绝对理念"的自我认识方式，从而使人在同"纯美"的交往中得到心灵的愉悦，但是由于它们还没有完全脱离物质性媒介（比如雕塑所诉诸的石头、金属或木头等材料，绘画所必需的颜料、画布等）的羁绊，因而与更为观念化的诗相比，就略逊一筹了。这样，美术就不得不被列为

---

1 [英]罗宾·乔治·科林伍德：《艺术原理》，王至元、陈华中译，中国社会科学出版社，1985年，第343页。

2 See Plato, *Republic*. translated by C.D.C. Reeve, Indianapolis and Cambridge: Hackett Publishing Company, Inc., 2004, pp. 309-310.

一种认识最高的、绝对理念的低级形式，最终都将被宗教与哲学取而代之。在这里，信奉历史决定论的黑格尔无异于描绘了美术悲剧性的终极局面。

饶有意味的是，笼罩着朴素唯物论气息的东方美学却更倾向于升扬美术的内在功用。譬如，5世纪时印度的迦梨陀婆就把艺术的功用归列为（1）唤起神的赏识，（2）创造从周围世界和人们生活中攫取的形象，（3）使人得到诸多高尚的愉悦，（4）作为产生普遍享受、幸福以及一切美的根源。至于唐代张彦远把绘画的意义推崇到“与六籍同功”[3]的高度，宋代邓椿的所谓“画者文之极也”[4]等，都显然是和黑格尔大异其趣了。

随着美术功用的分化和突出，以及美术学本身认识的拓宽，关于美术为什么存在的研究差不多也达到了汗牛充栋的地步了。不过，美术心理学与其要从中撷取一些现成的认识果实，还不如坚持从自己的独特视角和话语出发，凸现美术最具内在性质的功能意义。所以，当我们的眼前掠过有关美术功能的认识说、预言说、交流说、愉悦说、感化说、教育说、启蒙说、补偿说、社会改造说等的影子时，我们却仍在考虑如何从美术活动的内在联系中去寻求一种心理学意义上的整体理解，从而不至于陷入单纯的理论罗列或现象的无休无止的连缀，同时又与美术理论中对美术功用的一般讨论拉开应有的距离。正是基于这种想法，我们不能不首先要从系统的观念出发，把握美术内在功用的域限。就美术活动所能涉及的作用联系起来看，它显然要包括这四个基本方面：（1）美术与社会现实，（2）美术与人的存在，（3）美术与文化，（4）美术与美术。第一种联系所

3　［唐］张彦远：《历代名画记·叙画之源流》，俞剑华编著：《中国古代画论论类编》（修订本，上），人民美术出版社，1998 年，第 27 页。

4　［宋］邓椿：《画继·杂说·论远》，俞剑华编著：《中国古代画论论类编》（修订本，上），人民美术出版社，1998 年，第 75 页。

表明的是美术创作的客观渊源以及美术作品认知的心理基础。因而，我们可以通过认知心理所经历的内部言语活动过程解析美术的认知功能。第二种联系内蕴了主体对美术的特殊需求，这是一种与社会对美术活动所提出的不尽相同的要求。由此，我们可以进入对美术的体认功能的分析。第三种联系使人们看到美术在文化背景上所体现的特定意义，其最有感召力的代表或许非集体性质的仪式功能莫属。第四种联系包含着美术内在于其自身的影响作用，其中“图像仓库”是一个显而易见却又未得到心理学剖示的重要功能。上述四种功能当然不是美术功能的全貌，甚至也不是全部的心理功能。但是，应该相信的是，对于一个系统中的主要或重要的心理功用的深入其内的描述，完全有可能使人们获得一种比较全面的深刻印象。

第一节
“文本”功能

考察“文本”(text)的原意就不难发现，它最初时其实并不只指语意(verbal meaning)的篇章，而是还与组织、结构、肌理等因素交织在一起。虽然“文本”不是新词，但是只要稍稍具备对整个现代人文学科发展背景的了解，就一定会意识到“文本”概念确实是相当耀眼的。法国学者保罗·利科尔(Paul Ricoeur)在1965年出版的《论释义》一书中甚至断言：“语言的问题和文本释义的问题已经变为当代思想的十字路口。”这就是说，当代学术不可能不涉及文本的问题。当然，文本并不只是和语言文字有关。我们很容易发现，像狄尔泰、伽达默尔等释义学学者都曾频频地在语言学的范围之外泛化地使用“文本”的概念，使它几乎成了一种在任何时空条件下都无所不在的能指系统。这一思想潮流也确实不能不在美术学的圈子里激起思想的涟漪，比如著名的“瓦尔堡学院研究丛书”就收入过符号论哲学的专著，这在以往是不能想象的，因而颇为耐人寻味。在今天，所谓“美术文本”已经成了相当顺耳的术语了。

尽管“美术文本”绝对不是一种以语意见长的表达系统，像马格里特《语言惯用法》一画中的“Ceci n'est pas une pipe”(这不是烟斗)和杜尚在《带胡须的蒙娜丽莎》中的更具刺激性的“L.H.O.O.Q.”，离开图像本身就根本不算什么，但是，从心理学的角度来看，人脑努力寻求意义的倾向却几乎是从生命一开始就已具备了，“美术文本”的解码虽与语言的释读有别，但认知的本质却大致相仿。心理学家发现，一个出生仅有14天的婴儿宁愿看有图案的卡片，也不愿面朝空无一物的白色卡片。1周到15周的婴儿对复杂图案（如条纹、牛眼和彩格等）的兴趣超过了对简单符号（如十字、圆和三角等）的注意。[5]这些耐人寻味的现象使我们不禁要思考这样的可能性：(1) 意义的存在，并不是语言文本所特有的专利，而图像（甚至抽象化的图案）似乎比语言更易使人识别和感到亲近。(2) 虽然符号以其“蒸馏”了具象成分的那种抽象构成而得到极大的能指性，但是在视觉吸引力上却几乎不能同更为具体和更为限定的图像（或者图案）相比，至少对儿童来说，这种差异是无以调和的。(3) 或许图像的能指性远在语言之下，但后者又无法将前者取而代之。换一句话说，图像与语言的所指不总是对等的。而且，图像也有可能伸展语言所无能为力的能指领域。[6]这些基本考虑是我们考察美术文本功能时所不可忽略的。

阿恩海姆曾经作过这样言之凿凿的结论：“艺术不仅仅是直接的知觉。艺术表现总是具有语义功能；绘画或雕像的形象即是语义指涉（referents）。”[7]可惜，阿恩海姆语焉不详。不过，只要稍稍印证一下现代心理学的相关研究，就会相信这确是一种真实的情形。譬如，从杂志上剪下15—20张图画，最好是那些有趣的人物或风景，接着有意删去说明的文字。然后，从其他地方剪得相当数量的词或词组（如广告上的用语）。主试让被邀的参试者分开，再把图画和文字翻转过来，一张图画配一份字，让这批被试

5 参见［美］卡洛琳·M. 布鲁墨：《视觉原理》，张功钤译，北京大学出版社，1987年，第2页。

6 中国古代画论中的所谓“存形莫善于画”和莱辛《拉奥孔》中的“只有绘画，才能模仿物体美”的说法可作参证。

7 Rudolf Arnheim, *Toward a Psychology of Art: Collected Essays*, Berkeley: California University Press, 1966, pp. 314-315.

一人拿一份，然后就一个个地把画面和文字翻正过来。结果简直令人目瞪口呆，因为差不多有半数以上的画与文字在意义上是配对的，而且不乏幽默和俏皮之趣。这太不可思议了，似乎早就有什么人有意做了这样的配对。但是，事实上在分散摆放它们时，一切都是随意而为。[8]这种越出人们常规预料的现象暗示了图画信息的丰富语义性。不经意的组合尚已如此，那么，美术家所苦心孤诣地营建的特殊视觉世界，其含义的丰富就自可想见了。

正是由于美术文本所具有的指涉含量使我们的认知有了落实之处。我们能够在原始艺术中的一个图案或一种纹饰中推想、体味初民的生存氛围和相关器物的非凡作用，还能够从古希腊的美术中得到一种健康而又充满活力的民族的鲜明印象，等等。在这里，视觉对象内含的意义通过观者的内部言语活动而进入了“思想的直接现实”。不过，这还仅仅是美术文本功用最笼统化的方面。美术文本由于具有与生俱来的视觉性，还表征着同一般文本相区别的特殊方面。从原始人在洞穴中摹绘野牛、野鹿的图像到中国古代画论中“六法”之中的“应物象形”等，它们都不是客观物象的实在性的追求，在其背后尤有更深义的心理动因。德国哲学家谢林在《论造型艺术与自然的关系》中富有诗情地写过：“当艺术把持住人的消逝着的流年，当艺术把成年时期那阳刚的毅力与萌春年华那阴柔的娇媚结合在一起时，当艺术以完满健动的美来表现一位已把儿女养成人的母亲时，艺术难道不是把非本质的东西——时间，给取消了吗？……完满的定在（Dasein）也只有一刹那。在这一刹那之中有了在整个永恒之中所具有的东西。”[9]确实，当我们徜徉和迷恋于博物馆、美术馆的各种各样、千差万别的视觉图像时，除了惊讶美术几乎可以与生命

8　参见[美]卡洛琳·M.布鲁墨：《视觉原理》，张功钤译，北京大学出版社，1987年，第1页。

9　参见《缪灵珠美学译文集》，人民大学出版社，1987年，第二卷，第301-312页。

世界的种种自然创造物并驾齐驱以外，还总是要情不自禁地追问：那种摹绘客观对象的最初冲动中包含着怎样的本质愉悦呢？回视美术史，我们不免会有点迷惘，因为猜测到了这一步就不能再迈动一步了：如果一只动物不经意地遇到一块有一面与它相似的石头，它仍会把这石头当作一种障碍物而绕过去；心理学的研究表明，猿猴类以下的动物很难对平面的、二维的图像做出反应，这在该图像不具备三维的幻觉效果时更是如此。然而，若是一个克罗马农的猎人遇见这块在形状上看上去很像远处的一只野牛的石头时，他兴许会因为无意地发现这种联系而惊喜。一旦他把这种联系试图重现在岩壁或沙土上时，就很可能领略一种像征服世界似的巨大快感。不过，猜测只能是猜测而已。幸好，我们还可以从儿童的有关心理反应中去寻求较为可信的参证材料。当 2 周岁的儿童开始在纸上乱画的时候，他经常迅速地画了一张又一张，其手臂围绕着纸张做着有规律、有节奏的挥动。对此，曾有学者推断，儿童涂鸦的活动本身只是一种机械的和重复的手臂运动。然而，这一点却很难站得住脚，因为如果让儿童用一支不能在纸上留下明显痕迹的笔，那么儿童就会很快失去像持画笔随兴涂画一样的浓厚兴趣。按照心理学家的观察，儿童涂鸦有二十多种线条类型，诸如点、垂直线、横线、曲线和锯齿线等，都没有明显的指涉方向。然而，这些正是日后绘画才能进一步发展的基础。比如我们可以发现，涂鸦中的圆环形直接可搬用到蝌蚪形人头，垂直线可当作腿，横线可表示地面，等等。与此同时，涂鸦的兴趣与黑格尔所说的一个例子，即小孩把石子投入水里，从而从激起的涟漪中确证了自己的本质力量相比，也是不相上下的。这一点在稍后的发展阶段上表现得更加明显。当儿童能够画出可辨认的图画时，他就立即有一种标题的兴趣，仿佛真是再现了什么。儿童往往胡乱地涂画一番后，会宣布自己画了一张母亲的画，而实际上并不一定有多少确定的再现因素。不过，正是这种“虚拟”的再现透露了人寻求和凸现指涉性意义的内在倾向的雏形，表明其中可以获得无穷的乐趣。

问题的奇妙之处就在于，视觉艺术的指涉性意义并不遵循像语言那样的单一对应性。文化的熏浸和塑造，使视觉图像的意义别有一番意味。譬如手执三叉戟的大胡须男性总是海神，而圆球上的裸体女性则是命运女神的化身，等等。这就产生了这样的必然结果：人们面对一幅画、一尊雕像并不是一种发现能指对应何种所指的简单反应过程。因而，更确切地说，人们之所以需要美术的文本，并不只是由于图像与其指涉对象的特定对应关系，还因为图像可能会有大于自身具体指涉的作用。一个缺乏相应文化或历史知识支持的人也许可以毫不费劲地辨别图像的再现意义，但是，却未必能够把握美术文本的整全意义。桑塔耶纳在《美感》一书中曾经提到，阿拉伯纪念碑上的装饰性铭刻，对于不识阿拉伯文的人是不可能有表现之美的；它们的魅力完全只是物质的或形态的而已。因而，除了不确定性的猜测之外，就是迷惘的幻想，而不是应有的深思。但是，相反地，米开朗基罗的《摩西像》对于熟谙圣经的人来说，那种颇有悲剧性的崇高之美的形象本身就够意味无穷的了。在很多情况下，此图像即彼物像的判断，只是很浅层的反应水平。换一种角度说，人们与其愿意被动地从图像中提取、识别某事某物，还不如说要超越简单的“刺激→反应”（S→R），从而沐浴图像更为特殊的文化含义。只有这样，美术所引起的认知心理才可能远远优于理性的概念活动。心理学就曾表明：“所谓形状或远近的视象好像是简单的感觉，其实是复杂的意识状态”，而艺术活动，“其中的表象和形象就其对实在现实的反映质量来说，比在这类活动中形成的概念更高级些……对于形成艺术形象来说，概念往往是较完全地说明形象的一个辅助手段”。[10]中国古代画论中“玄赏则不待喻”[11]的说法，也恰如其分地揭示了图像语义的特殊风采，即它有可能透现出一般语词所无法喻明的意义。正是这种从单义到多义的跃迁确立了美术不可动摇的认

---

10 参见［美］蓝德编：《西方心理学家文选》，唐钺译，科学出版社，1959年，第12页，第15页。

11 ［东晋］顾恺之：《论画》，《历代名画记》中引用。

知价值。人们“读解”一幅画或是其他形式的视觉艺术作品，总是愿意领略一种语词所无法具现的文本经验。不管多么详尽、生动的文字描绘总不能代替对原作的观赏。美术家目验心证，覃思遐想，也是为了营建一种作为感知对象的最佳张力结构，使作品所引发的心理过程不仅不是遵循从图像走到确定概念的反应路子，而且还要比一般的宣传品、广告等具有更隽永和诗意的内涵。如果说宣传品和广告等这些非纯艺术类的视觉作品是为迅速直接地达到所谓的视觉理解的“闭合”（closure亦译“结论”）的话，那么，真正的艺术家却不能不远远地避开这种权宜的视觉认知策略。因为道理非常显然，一掠而过同时又一鸣惊人的视觉效果固然也有强烈的认知力量，但是却很难同时又是弥久愈鲜和情意盎然的。因而，美术家在构建自己的视觉“文本”的结构时，一方面要传达出相对数量和质量的认知信息，因为心理学可以证明，一种意欲表达的意旨（intention）若不能获得较为确定的“语言”形态，即能够转化为观者相应的内部言语活动的对象，就会使人产生不适感和疏远反应；另一方面，美术家又不能不更在意于一种含而未发、意犹未尽，吁求观者主动参与创造的认知涵量。这种认知涵量与其是要观者直接意识重合，还不如要他在趋近中反复品味，从而实现一种多向度发展的认知境界，使人难以忘却。所以，在这一意义上说，美术文本的认知功能就不只是写实风格的作品所专有，同时也应该是非写实类的美术作品的一种内在属性。

回想起来，达·芬奇的那种自豪完全是发自内心的：“画家同诗人争辩：恋人啊，有哪一位诗人能用语言将你心爱的人表现得像画家作的画像一般惟妙惟肖呢？谁能比画家更真实地将那体现了往日的欢乐的河川、树林、山谷与原野显示给你呢？”[12]不过，画家在其论画遗著中抒发的职业性的自信还是属于他那个时代的，因为他根本不可能设想日后比绘画作品更加“写实”

12 《芬奇论绘画》，戴勉编译，人民美术出版社，1986 年，第 21 页。

的摄影到底会带来怎样的震撼和艺术的革命。对于我们现代人说来，古典的写实作品依然是辉煌无比的纪念碑。但是，另一方面，非写实的甚至抽象的表现艺术也是我们的视觉和心灵所依靠的对象，因为它也同样具有分予意义的力量，使我们的内部言语活动产生更独特的现实性。据传，第二次世界大战临近结束时，日本的书法家手岛右卿在惊魂未定的心境中创作了一幅题为《崩坏》的书法作品。此作在一次国际性展览会上展出，就引起异样的注意。批评家彼德罗萨承认，虽然他读不懂书写文字的语意，但是，却依稀感觉到了一种物体被摧毁、结构趋于崩溃的情景。后来当彼德罗萨被告知原作者的意旨时，不禁大为惊诧。[13]当然，这是一种相当少见的知音式的会心，但倒诱使我们提出这样的问题：属于抽象范畴的书法艺术尚有可能达到如此惊人的认知力量，那么大量的来自真实体验的非写实作品难道就不可能达到同样的境界吗？回答当然应该是肯定的。人们在非写实类的美术作品中可能极难寻到可以和客观物象相对应的符号，但是如果作品本身还是足以牵动观者的认知联想的话，那么它的文本功能也同样是不会凌虚蹈空的，在很多情况下，这种认知还更自由，因而也更丰富。基于这一种理解，我们完全可以像法国艺术家让·福特里埃（Jean Fautrier）那样自信地认定："没有哪种艺术形式不结合一点真实而能产生激情。无论作品中反映真实的暗示多么微弱和难以觉察，但这一不可或缺的部分就好像一把开启作品的钥匙，它使作品变得引人入胜，含义隽永，展现出内在的深刻的真实性而引起美的感觉。"[14]当然，视觉图像的认知性内部言语活动的实际情形还要复杂得多。举例来说，当我们面对一幅17世纪荷兰的静物画时，对于其中的图像的认知如果只停留在所谓的能指和所指的辨认和配对上，就只能是一种极其肤浅的接受行

---

13 参见［日］小木太法：《略谈日本现代书道》，《书谱》，第6卷，第6期。

14 ［美］多尔·阿西顿：《20世纪艺术家论艺术》，米永亮、谷奇译，上海书画出版社，第123页。

为。N.布列逊在其《注视被忽视的事物——静物画四论》（*Looking at the Overlooked*）一书中就指出过，荷兰静物画的图像本身与其说是对一个丰衣足食的富裕社会的反映，还不如说是对一个为了达到富裕而苦思竭虑的社会的写照。以郁金香为主的静物画为例，没有人真的会仅仅只是为了几天的观赏而将这么昂贵的鲜花剪下来插在花瓶里。委托描绘这样的鲜花，只是为了显示某一特定阶层的财富、识见与趣味等。所以，对于美术文本的认知不只是（有时也不应该是）此物为彼物的匹合，而更是认知深入和展开的迷人过程。当代日本心理学家角田忠信甚至还注意到了不同文化条件下主体的言语行为对其大脑生理机能定位的影响，而这样定位势必又会衍化出可以对视觉图像的言语反应产生微妙作用的因子。所以，我们可以坚信的是，美术文本的认知是一种充满多向发展可能的心理过程，而绝不是相反。

美术文本较诸一般认知信息更独特的地方还表现在它和载体（即具体的媒介材料）联系在一起。如果说语词可以印在不同材料上而不改变其认知量的话，那么美术文本的复制、转换就可能带来极大的变异，很多夺人眼目的风采可能会逊色、苍白起来。美术家对“文本”的编排有时只能达到一次佳境，事过境迁，物是人非。但是，美术文本本身的不可重复性既是一种遗憾，又更是一种幸事，因为这样更具有独特的心理色彩。阿恩海姆曾经指出过：“作品绝对不能被描述成一种仅仅是艺术家预先孕育的视象的实现者。媒介也提供了恒在的惊奇和暗示。所以，作品与其说是内心的concetto（构思）的拷贝，还不如说是一种始于艺术家心灵的造型和创造的延伸物。”[15]因而，几乎所有的美术作品的原作都有特殊的认知性，它和可以大量付诸印刷的文学艺术、成批复制的电影艺术等是大有区别的。这倒并不是说只有原作

15 Rudolf Arnheim, *New Essays on the Psychology of Art*, Berkeley: University of California Press, 1986, p. 277.

才是艺术，而其他的复制品就不是艺术了。因为，即使是米开朗基罗的《大卫》雕像最便宜的小复制品也保持了原作的某些富有生机的力度，而艺术院校的某一角落里被遗忘的古希腊雕像的石膏复制品，也还能激起某种崇高的惊讶。可是，原作和复制品毕竟是不可相提并论的。有的学者因而把绘画和雕塑看作是原稿性的（autographic）文本，因为美术家赖以创作的媒介材料与日后观者的知觉往往是同一的，而其他门类的艺术则应看作是复稿性的（allographic）作品，因为艺术家是从那种已经存在于语言记录系统中做选择和组织的，或者在复制中不损创作者的审美表达。我们从贝多芬的手稿中可知音乐家不善整洁，但是，这在演奏中是不会反映出来的。这正是由于音乐的非物质性到了相当高的程度所致。阿恩海姆曾经比较过亨利·摩尔青铜雕塑的原件和陈列在加拿大多伦多的安大略美术博物馆中的复制品。那些未经雕塑家之手的复制品至少缺少一种“表面特性”，摩尔用刻制工具和双手的挤压所留下的质感，是模子浇铸所无法达到的（见图4-1）。面对雕塑的仿造复制品，人们看到的仿佛是舞蹈演员身裹紧身衣时躯体上的毫无意味的平滑。因而，复制品至多是一种重现了原件的基本特征的作品。雕塑如此，绘画亦然。看一幅巨大的绘画原件，至少可以获得许多的注视点，而在画册

图4-1 亨利·摩尔《国王与王后》，1952—1953年，青铜，164×139×91厘米，英国苏格兰邓弗里斯镇格伦基恩雕塑公园。

的印刷品中，整幅作品却只是一个注视点，再也没有那种在大幅巨制中可以舒展自如的扫视余地了。

美术文本作为艺术家的内心视象和特殊媒介的凝聚，其“转译”或改编也伴随着一种意义的变易。阿恩海姆坚信，对于某一事物（如某一感觉）无需也不可能找到另外一个能把它完全重现出来的事物。这在视觉艺术上是相当确实的。譬如，霍格思（Hogarth，旧译荷加兹）的图像一旦被专业的雕刻师转化为平淡而无个性的轮廓和色调，作品的可信性或真实性（authenticity）就无疑大大降低了。如果说普桑作品的黑白幻灯片还大体上保留了构图方面的造型类型的话，那么，那种以色彩联系见长的作品[比如约瑟夫·阿尔伯斯（Josef Albers）的《方形的崇拜》]就会变成缺乏意义的一般装饰物了。在这种情况下，转换或简化就导致了虚假。[16]所以，对美术文本认知的最高乐趣是和对作品原件的感知和体悟联系在一起的。这是视觉艺术所特有的一种现象。

美术的历史正好为我们奉献了一种仿佛缀满耀眼星座的天穹，因而，一旦亲睹这浩渺迷人的星空，我们的内心就会被震撼，激起的认知兴趣也就和天空一样广阔无垠。康德曾说过，我们内心最高的存在是自觉的道德法则和头上的星空，因为这两种东西我们愈是时常反复地加以思索，它们就愈会给人心灌注一种时时翻新、有增无减的赞叹和敬畏。然而，由美术文本所汇成的璀璨星空又何尝不是一种最高的存在呢？当人们在博物馆和画廊中徜徉的时候，他们所得到的就不仅仅是一种生活的调剂，而更是视觉在认知意义上的延长和拓展。我们不敢想象，如果没有视觉艺术，人的认知创造和享受将会是何其贫乏、逊色。

---

16 Rudolf Arnheim, *New Essays on the Psychology of Art*, p. 279.

第二节
体认功能

美术活动还会把观者推向一种类似在海妖的美声中陶醉的动人体验。从美术家的创造到意趣无穷的观看，这些都不仅是读解式的认知，也是一种情感的沐浴。然而，情感是心理学中最复杂的研究对象之一，而在美术理论中，正似阿恩海姆所体会的那样，有关美术活动的内涵和功用的情感概念已经过于混乱，有时甚至就是一块“停止研究的标志牌”。因此，给芜杂的概念下一番去枝打叶的功夫是必不可少的。对于美术心理学来说，要特别关注的当然是与视觉活动相关联的那种情感及其过程。这样就有可能稍稍远离其他情感现象的相缠和干扰。

我们如果不是为了理论而避开生生不息的现象本身的话，那就不难看到视觉感知和情感的难分难解的关系，正如布罗德所描述过的那样：“惧怕一条蛇……也就是把某种东西认知为蛇，不论这种认知是对还是错的，结果都是一样的。而正因如此，认知具备了恐惧的色彩。”[17]在这里，要给予一点补充的是，如果把布罗德的表述倒过来也是成立的，纯粹的认知实际上绝无仅有。许多经验事实可以证明这一点。在视觉艺术中，认知和情感的缘分更为特殊。苏珊·朗格曾颇有同感地在《情感与形式》一书中抄录了奥托·巴恩施的这一精彩见解，成为“艺术即人类情感符号的创造”的一种有力说明：“我们如何才能捕捉、占有和把握情感，从而使情感内容不需严格意义的理解，即不用概念的方式便可知，便可用某种普遍的形式呈现给我们的意识呢？答案是：我们可以通过创造客观对象来达到上述目的。在那里，我们所寻求把

17 C. D. Broad, Emotion and Sentiment, *Journal of Aesthetics and Art Criticism*, Vol. 13, No. 2, Dec., 1954, pp. 203-214.

握的情感如此鲜明地体现着以致每一个关注这些对象并被其强烈吸引的人都不得不经历一番对该情感的无意识感受。这种客观对象就被称为‘艺术品’，创造艺术品的活动就是艺术。”[18]不过，困难不在于确认认知与情感的相关性。对我们来说，问题尤在于美术是如何通过视觉形式的特殊限定实现了体认的功能，而不仅仅是这种功能在美术中的无所不在。

这是相当具体的现象：美术家传达情感可以借助从钢铁机械坚硬的外壳或光滑的铜栏杆到草茎间微弱的光线等的一切事物，而且，这样做可以很自如地表现从轻快活泼的情感到宿命和厄运的情感。[19]饶有意味的是，对于这种现象的解释却是大有差异的。比如，有“情感误置”的解释。所谓“情感误置”，指的是主体通过心理的投射机制，把原本没有生命而且也不具备情感能力的对象错当作有生命、有感情的对象，譬如大海的怒吼、流水的絮语、寂寥的月光和无情的沙漠等，皆为感情误置的结果。主体甚至还可以再结合动觉或内部体觉把抽象的对象纳入自己的情感范围之中。例如，面对高耸的陶立克式石柱（Doric），人仿佛可以和石柱一样升腾起来，并且同时把挺拔向上、承受重力的客观印象和不甘屈服、顽强抗衡的主观感受糅合进石柱的“空间图像”之中。但是，情感误置说固然一方面很有力地凸现了主体的主动性心理承诺，但另一方面也毕竟在无形中把感受、知觉的对象的重要性降到了一种触媒的作用地位上，这就不无纰漏了。毫无疑问，主体的投入当然是值得肯定的，不过作为创造的结晶——美术作品，也至少设计、规定着主体体验的方向和深度可能性。歌德在写于1773年的《论德国建筑》中就坦诚地记录了哥特式建筑艺术本身是如何有力地改变了原先他对该风格建筑艺术的主观印象。歌德写道：“当我第一次要去看斯特拉斯堡大教堂时（见

18 ［美］苏珊·朗格：《情感与形式》，刘大基、傅志强等译，中国社会科学出版社，1986 年，第 30-31 页。

19 Rudolf Arnheim, *Toward a Psychology of Art: Collected Essays*, p. 312.

图4-2），我的脑海充满了有关好的趣味的泛泛观念。由于道听途说，我崇仰的是团块的和谐，形态的纯净，因而决意要成为哥特式装饰中的混乱无章的随意性的反对者。好像在为辞书收集词条一样，我在哥特式一项下面收集了所有同义性的误解，那就是一些曾经掠过我的内心的暧昧、无序、造作、累赘和拼凑……然而，当我面对这座建筑，使我惊讶的感受是何其出乎意外。我的心灵充满了一种完整而又伟大的表现，这种表现是由数以千计的和谐细节所构成，因而能让人品味和享受，尽管绝不是让人辨认和解释。”[20]这一实例

图4-2　斯特拉斯堡大教堂，1176—1439年，法国斯特拉斯堡。

20 Rudolf Arnheim, *New Essays on the Psychology of Art*, University of California Press, 1986, p. 297.

再好不过地说明了建筑艺术本身具有举足轻重的情感导向作用。舍此，主观的印象或感受就有可能走向虚假和毫无意义。然而，这也不是要引申出一种客观论美学家所认定的视觉的客观形式决定一切的结论。在审美的意义上，美术作品显然不是完完全全地为了给人们提供物质性质的体验。一帧德拉克洛瓦的名作可以用作色素和油画布材料特性的分析，但是，这和审美的反应是关系甚微的。绘画作品通过透视关系而创造的深度效果看起来和油画布的平面是不可分离的，但性质却是迥异，因为前者已属于幻觉的、心理的，而后者则是实在的和物质的，观者所接受的最终审美事实与其说是和画布的平面性联系在一起，还不如说是取自深度效果所寄寓的感染力。而且，我们还可以看到，并不是人人都会对同一视觉图像产生同一的反应。对于美术作品感受的差异几乎是恒在的现象。因为，视觉归根到底不是对视网膜上的材料的机械顺同，在艺术中它的本质是创造。接受和创作都是如此。所以，把审美情感的形成完全归于主观的情感误置或者认定是由对象的客观属性所主宰，都有商榷的余地。

另一种解释则来自格式塔美术心理学。当人们看到伦勃朗的杰作《亚里士多德注视着荷马半身雕像》时（见图4-3），心中就可能泛起深深的忧郁之情。对于这种从视知觉到体验的转换和连接是如何实现的，阿恩海姆曾有过特殊的说明。他举例道："从拿破仑式的图像中发现知觉到的力，这表明了它们在结构上是相似（或同构）于在脑内定势中发生作用的傲慢站立、拒不理睬和大事炫耀等的力。这是鞭辟入里的发现。由于知觉性表现和动机之间的分离所造成的那种外在动力与内在动力的障碍性分离，将得到克服。"[21]显然，阿恩海姆在这一问题上再次发挥了异质同构的理论。虽然异质同构理论的不足之处我们在前面章节里已经提到过，但是，比较而言，把阐释的重心放在主客体关系上确实已比情感误置说或纯客观论更高一筹了。

21 Rudolf Arnheim, *Toward a Psychology of Art: Collected Essays*, p. 313.

图 4-3 伦勃朗《亚里士多德注视着荷马半身雕像》，1653 年，布上油画，143.5 × 136.5 厘米，纽约大都会艺术博物馆。

经过艺术家苦心经营的美术图像之所以能“动天地”“泣鬼神”，就是因为它不仅仅是感知形式的呈示，而且同时也是对张力性体验的一种组织。如果说语言艺术所营构的意象要产生感人至深的体验效果尚需要经过意义“涌现性过程”的理解，也就是需要相当的时间长度以实现意象和体验的融合作用，那么，视觉艺术则以图像和表现的“同时性突现”显现出特有的优势。一幅充满蓝色基调的画，会立时给人一种平静或忧郁的情绪感，一帧圆形图像占主导位置的画（甚至可包括安格尔有时偏爱的女性肖像画的圆形框架），则往往使人产生完满、整一的情绪感，而正方形的形式因素则会首先给人一种稳定、正直的印象，等等。这些并不是要说明美术活动中的体验只是依助于浅层的形式构成。无疑，那种从图像深处升腾而起的宇宙观、人生和社会的深刻哲理等一定会激起令人铭志不忘的体验，从而使心灵经历美的震撼。

当我们把视觉艺术的感知与体验的“共时”联系加以纵向的观察时，我们还会领略另一番局面。从情感的现实渊源看，情感是直接沟通于主体的认知经验史的，一条普通的路在王子眼里可能显得狭窄无比，令人压抑，而在一个流浪贫儿的心目中却可能是宽阔有余，令人舒畅。这意味着，对每一种图像的感受，其背后都隐潜着内容复杂而丰富的主体评价。由于这种评价是和情感经验相融的，它就显得特别内在和自然，因而对心灵的提高或塑造就不会遇到很强的颉抗性。我们依照经验就可以推断，距离具象的东西越远就越难与情感发生关系，而评价的丰富和深刻就取决于感知形式和体验的关系，这是一种双向促进的活动，一方面是认知对于情感的深化，而另一方面情感的深化又提高了评价的意义，使视觉的含义变得丰满起来。如果说美术作品是个人精神史的一种升华和凝聚，那么把它们连缀起来的美术馆、博物馆就可能表征着一种民族的精神史了。所以，一个国家拥有博物馆的多少有时就是衡量内心生活丰富程度的一个尺度。

还须提及的是，视觉艺术通过图像感知实现的体认，并不总是处于显意识阈限上。不仅原型如此，其他类型的图像也同样可能培养出潜意识的情感反应水平。阿恩海姆把情感既看作知觉，又当作无意识的判断，不是没有道理的。虽然，就像一个音乐的入门者并不一定会被交响乐的情感震慑和感染力紧紧攫住一样，视觉艺术的精品也未必一开始就能在观者内心深处找到一种一呼即应的回音壁。在人们无挂无碍地领略美术的情感力量的背后，依然有一种漫长的内化过程。所以，只有当意识最大限度地完成了自身的承诺，无意识的体验反应才是特别值得称道的。对于美术家来说，自己的精神产儿越是越出意识的范围（比如深入到语言顿感苍白和无能为力的地方），也可能越是可以庆幸的骄傲所在，因为这意味着现实性体验以外的审美新维度。

假如说世俗人生太多纷杂无序、稍纵即逝的体验，那么，美术却要试图把人的内界从这样的原生状态提升到乘之愈往、感之愈深的境界。英国艺术理论家沃尔特·佩特正是从人生的意义高度来评说艺术的体认功能的，即人要在追求艺术的片刻中去“得到尽可能多的脉搏跳动”，人生的成功就在于能使情感“这种强烈的、宝石般的火焰一直燃烧着”，以“保持心醉神迷的状态”。[22]确实，能从纷繁嘈杂的实际生活转入美术所造就的令人心旌澎湃的“视觉节日”，无异是得到了第二个世界。由于这一世界出乎内心，所以也能进入内心。德国美学家谢林曾很喜欢把艺术喻为伟大的宇宙，因为艺术家的创造冲动不仅开始于对无限矛盾的感受，而且也结束在对无限和谐的感受上。这等境界正好也应和了中国古代文人陶渊明的吟咏：“俯仰终宇宙，不乐复何如？”从洪荒原始的岩壁摹绘到现代美术的抽象冲动，人类的艺术史所汇成的情感世界何其博大精深！毋庸置疑，失去这种世界正是人生意义的大折扣。在这一意义上，雷诺兹对文艺复兴时期的绘画艺术的由衷赞叹仍然不失为一种值得为之努力的美好目标：“艺术，在其最高领域中，不是诉诸粗糙的感觉；而是诉诸精神的渴求，诉诸我们内心神性的活力，它不能容忍我们周围世界的拘束与禁锢。”[23]在这种意义上，体认已是一种非凡的造就之力了。

第三节
仪式功能

打开英国学者迈克尔·列维（Michael Levey）的《西方艺术史》一书，第一章劈头第一段话就是颇耐人寻味的：“人类从穴居到兴建城市的发展过程，也是艺术从长期湮没无闻的拉斯科和阿尔塔米拉的壁画到永世受人瞩目的罗马帝国纪念碑的发展过程（这种发展并不意味着自始至终都包含着艺术进步）。从穴居到城市，其间经历了漫长的岁月，但是，神话传说和一种

22　［英］佩特：《文艺复兴：艺术与诗的研究》，《现代西方文论选》，上海译文出版社，1983 年。

23　Sir Joshua Reynolds, *Discourses on Art*, London: Collier-Macmillan Ltd., 1966, p. 214.

神秘的意义，一直隐伏在由其而来的许多艺术品后面。无论艺术表现的是生命活力，还是明确无误地旨在表现个人的永垂不朽，它都具有一定的仪式作用。”[24]在这里，列维的勇气表现在，把一种在习惯上看作是原始文化时限中的仪式作用毫不迟疑地延伸给了走向文明时代的艺术品。因为，有关艺术引导心理仪式的言论还是不难找到的，如著名英国学者杰恩·赫丽生曾写过《古代艺术与仪式》这样的经典之作，在她看来，艺术和仪式本出一源，因而去掉一个，另一个就变得不可思议了；科林伍德也屡屡提到，巫术的仪式活动是忠于原型的表现，其中深藏着艺术的动机，等等。但是，无论是赫丽生抑或科林伍德都似乎无意于把艺术和仪式的天然联系也赋予文明时代的艺术。当然，列维本人在这里也仅仅点到为止。

提出问题本身就是一种探究的开始。仪式的重要就在于它是一种非个体性的体认形式，它构成了美术活动的重要心理功能。当我们面对着占据了三维空间的雕塑作品，就不仅仅是对一个实在幻象本身感知和体验，因为雕塑还以特有体量和周围的空间联系在一起，使整个空间也流溢着一种精神的气质，同时，每个人通过情感反应的弥漫、传染，也会情不自禁地融合成一个有秩序和有联系的整体反应群体。在这种时候，美术活动的参与、展开就已经从对一个实在幻象的把握转为对一种主体化空间的分享了，或者换一句话说，雕塑以其自身的审美形式及由此而组织、规约的审美“光晕”（aesthetic halo）[25]达到了非同一般的效果。雕塑及其相应空间的主体化是一种很特殊的联系。我们不能想象米隆的《掷铁饼者》或米开朗基罗的《大卫》可以安放在中国古典的小桥流水、竹翠柳疏的园林中而丝毫不减它

24 Michael Levey, *A History of Western Art*, New York and Toronto: Oxford University Press, 1968, p. 15.

25 “光晕”原是环绕圣者或圣像头部四周的一种光轮。心理学把知觉者对知觉对象的某种印象加以自觉或不自觉地扩展的倾向称为“光晕效应”。

们的魅力，同样，菲狄亚斯的宙斯大神像或罗丹的《青铜时代》《思想者》也肯定不能吻合于伊斯兰教徒虔诚朝拜的圣地。所以，雕塑的完整性意义常常无法离开它那能最大程度地唤起精神响应的特定环境，这种环境本身已经深深地融入了雕塑所创造的特殊心理空间。就此而言，置放在神庙、广场、剧场等公共场合的大型雕塑作品实际上何尝不是天天在执掌一种感召和鼓舞广大观者的集体心理仪式呢？雕塑如此，绘画也有相仿之处。且不说宗教题材的绘画作品曾经怎样以其神秘的喻示和宇宙性的气度，使无数虔诚的信徒趋向一种万众一心般的仰视和无比坚定的皈依，一些陈列在博物馆或画廊的作品有时也会烘托和渲染一种心理仪式的氛围。人们步入博物馆、美术馆不只是在寻求一种阻断了世俗气息侵扰的现实空间，同时也是在竭力在认同这种特殊现实空间中的群体所创造的心理气氛，也就是说，不但那些展览、陈列的美术作品是他们需要观赏的视觉对象，而且整个地弥漫了精神气度的陈列、展览空间及可以共唏嘘、同声气的观者群体也是必不可少的。从这种意义上说，人们在把自己消融于美术作品之中的同时，也沐浴了一种集体性的体验。

真正有感召力的美术作品（尤其是大型雕塑和绘画的强烈呈示形式）与一般的视觉设计的本质差异就在于，前者可以有力地把处在闲散和互不融通状态下的人变成心心相印的群体。美术家中有人对此颇为心仪。据说，罗丹为了塑造《地狱之门》（见图4-4）这一可以媲美甚至气势上超过意大利佛罗伦萨洗礼堂的《天堂之门》的巨作，竟投入了将近四十年的精力和心血，但是，遗憾的是，他至死也没有完成。按照罗丹原来的设想，《地狱之门》应当非同凡响地表达对整个人类历史的视觉总结，人的一切痛苦都将集中在“大门”之上。尽管罗丹感叹自己没有足够长的寿命完成这一作品，然而每当后来之辈仰视这未竟之作时，心中所激起的共鸣还是足以走向一种对“人类历史”的集体仪式性体验。我们在徜徉于艺术殿堂时不难发现，往往像雕像要做得高大一样，绘画尺寸的大小也是直接影响相应的仪式效果的。阿恩海姆曾经提到过，他的学生发现，在一幅尺寸巨大的绘画作品前，人特别能进入宗教性的沉思状态，似乎会融化到三维空间中去。[26]立体主义大师毕加索的大型作品《格尔尼卡》是一件颇引起理论家、批评家们深思的作品，围绕这一作品所产生的专著以及论文之多，几乎是任何一件现代美术作品所无以比拟的。虽然此画的前卫姿态过于刺激了保守的趣味，引起形形色色的不满，但是这不应该成为研究者的反思的干扰因素。如果把它放在心理仪式的层次来分析，那就能更接近于画家本人的深刻意旨。综观毕加索的一些重要作品，诸如《亚威农的少女》《林中裸女》和《阿尔及尔妇女》（XIV，仿德拉克洛瓦）等，我们会惊讶地发现，还没有一幅作品在尺寸上超过《格尔尼卡》

图 4-4 罗丹《地狱之门》，1880—1917 年，青铜，635 x 400 x 85 厘米，苏黎世美术馆门口。

26 Rudolf Arnheim, *New Essays on the Psychology of Art: Collected Essays*, p. 233.

（349×776厘米）。在技术上讲，这只是为壁画而定的尺寸，但是从心理的角度说，这种硕大的尺寸加上立体派强烈视觉形式的选择，又恰好是艺术家对一种气氛沉重而不无悲愤的集体心理体验的自觉感发和组织的最佳手段。同样，我们也会想到尺寸大得不小于“领袖像”的罗中立的油画《父亲》，恐怕谁也不会忘记，它曾在中国美术馆里给观者一种从心态上的轻松立时转为沉重的震颤。这是一幅使观众伫立时间最久、参观人数最多的杰作，它和静静站立凝视的观众互相呼应，像有一种特别的约定、默契，甚至还应该惊讶的是，画中人深深的皱纹、疲惫的神情等与展厅内的一切所构成的强烈反差，也在悄悄地变成艺术效果的一部分。在这里，我们参与和分有的不就是一种隆重的、动人心魄的心理仪式吗？可以列入上述这种激荡心灵的集体仪式性体验的作品自然还有不少，它们为人们在世俗气氛中无法强烈感受到的心理仪式的创造，作出了特殊的贡献。虽然，我们的时代已颇难诞生那种像宗教那样能使人全身心投入集体性心理朝拜的艺术，但是不管怎么说，那种能够呈示心理仪式意义的作品毕竟是令人向往的。我们甚或可以作这样的非同小可的引申：耸立在天安门广场中央的人民英雄纪念碑与其说是一种历史业绩的记录，还不如说是国家性质的一种强有力的视觉呈示。埃及人有巍峨的金字塔衬托的狮身人面像，法国人有由装饰浮雕（如吕德的《马赛曲》）所渲染的雄伟凯旋门，希腊人有作为雅典卫城巴特农神殿主像的《雅典娜神像》，俄国人有《彼得大帝骑马像》，美国人有《自由女神像》（尽管出自法国艺术家之手）……这些都是历史或现实地成为国家、民族的精神状态或共同意志的视觉表征，至于大量的绘画作品，则是从更加众多的侧面凸现、烘托国家、民族的自我形象。在这种意义上说，当一种能够引导和制约穆然、隽永心理仪式的美术作品不再发挥其感召作用时，那么，民族的精神内部一定是退化了或者发生了巨大的变化。

或许正是为了获得那种能够组织起神圣的集体性心理体验的艺术效果，艺术家自觉或不自觉地做了许多努力。但是，常常使人抱憾的是，并非一切努力都能轻而易举地达到一种集体的、心心相融的共享空间。那种并不是以整个身心体验到的伟大需要作为内在依据的操作，即使一味地放大雕像的尺寸或者起用巨大尺寸的画幅，也未必会诱发、唤起仪式性的酣畅感受。有时这么做，反而会在毕露心机的同时产生一种滑稽的效果，没有比这更令人讨厌的了。[27] 所以，对于艺术家来说，只有在他本人和他的同代人能够真正匍匐、膺服于巨大的精神伟力的时代里，才有可能找到恰如其分的外在表现形态和为之感染的人们，从而使一种不可言喻的心理震撼力轰然炸响。所以，美术的仪式功能不啻是来自一种外在的、物理的构成和性质。

当然，正如并非一切仪式性的因素都趋向艺术一样，艺术（甚至包括一些不朽的视觉艺术作品）也不是都与仪式的体认有关。至于那些成功地使人们一次次地领略仪式作用的作品，其背后也许也是一种复合的秘密。托马斯·门罗曾经说得很有道理："艺术作品产生的效果，绝不能被缩小为任何一种单一的质（例如美或崇高），也不能缩小为一种单一的经验类型（例如激动、宁静或愉快），甚至也不能缩小为一种更加特殊的概念（例如通过怜悯和恐惧来净化情感）。在区分主要的经验类型和审美效果时，这种词汇可以提供一些帮助，但是这种帮助不会很大。因为，这种词汇远远不足以描述《哈姆雷特》《特里斯坦》或夏特尔教堂所引起的那种特殊和复杂的经验。"[28]同样，美术的仪式功能也取决于很多微妙而复杂的心理因素的综合作用。在这里，我们与其追求结论，还不如说是在做推测：造成仪式体验的可能是美术作品和观者之间的特殊心理默契，可能是美术活动现场的相当规模和参与者的一定群体性（这种群体性分为两种：一种是现场上的群体，

---

27 坦率地说，我对那些有意霸占展览面积以哗众取宠的大幅作品常常不屑一顾，它和真正的仪式心理本来就是南辕北辙的。这也说明了，技术的手段加上其他任何外在的因素都不会等价于真正的艺术品格以及由此而营造仪式心理体验的功能。

28 ［美］托马斯·门罗：《走向科学的美学》，石天曙、滕守尧译，中国文联出版社，1985 年，第 370 页，译文有改动。

另一种则是心理上的群体），可能是图像或三维空间的神圣、宏大，可能是整个氛围的庄重与蕴藉，可能是体验的层层升华和思绪的绵延……终归有一种复合之谜尚待解答者的进一步努力。

翻开美术史，人们倒是很容易地发现，古代艺术确实很早就与宗教仪式难分难解。希尔恩在其《艺术起源》中甚至断定，早先的艺术形式没有一种不是染指于宗教性的仪式的。托马斯·门罗在《艺术发展以及文化史理论》中也曾说："在早期村落定居生活的阶段，巫术和宗教得到了发展并且系统化了，我们现在称之为艺术的形式被作为一种巫术的工具用之于视觉或听觉的动物形象、人的形象及自然现象（如下雨或是天晴）的再现，经常是用图画、偶像、假面……来加以表现""符咒就经常被用之于雕刻和装饰，认为能带来好运气和驱逐魔鬼"。不过，这些证据还算确凿的评述，仍然留有遗憾之处，因为，它们都过多地拘泥于早期艺术的实用性，而恰恰忽略了这种从视幻象到高度神秘的实用祈求的转化过程中原始人（或古代人）的极度迷狂、敬畏的体验对嗣后美术活动的应有影响及其重要性。

虽然直到如今我们也还是难以说明，那种一直绵延到当下甚至会走向遥远未来的仪式心理是如何从迷惘的宗教性意味、粗糙的外在成分以及狭窄的功用走向具有普遍精神性质的审美需要的一部分。但是，既然个体的、单一的心理能量不足以构成心心相通、一呼百应的社会心理，那么美术家就应该明白，必须用强劲甚至裹挟心灵的型范去创造一种特殊心理气氛，一种迫人共享的空间，使观者在反应的相互无意的比较、矫正、认同和强化之中进向一种崇高的仪式体验。按照心理学家的意思，当人能把对共享空间的接受反应内化到心灵之中时，他就获得了"高情感"的幸福。奈斯比特在其《大趋势》一书中不止一次地断定，人和人相处在一起的"高情感"倾向越到未来就越是强烈，而艺术难道不是最能舒展人心的心理空间吗？就此而言，美术的仪式功能是一个最不容忽略的话题。

第四节
"图像仓库"

高更曾有一幅名作，题为《我们从何处来？我们在何处？我们向何处去？》（见图 4-5）。他的发问同样也可用于我们对于美术是怎样影响自身这一问题的思考上。如同美术的其他心理功能一样，美术的作用也应该作为一种内在的事件来看待。尤其是它发展到了需要不断自我汲取和自我充实的地步时，就形成了一种特殊的秉性。"图像仓库"作为比喻虽然也远不是美术对自身影响的全部意义，不过，它却是相当重要也易出误会的领域。有关的研究尽管已不再是空谷足音、寒冬蝴蝶，然而，从美术心理学的角度充分审视其深刻的含义，似乎一切还过犹不及。

意大利美学家克罗齐倒有过一种相当出名的见解，被人屡屡引用，即当一件新的艺术品诞生之际，艺术家的脑海之中曾经出现过那些前人的作品，不论是完美的或不完美的，伟大的、一般的还是拙劣的，都不可避免地要转变为艺术家心中的素材。这种思路虽然确有斫断美术家创作素材的现实之

图 4-5 高更《我们从何处来？我们在何处？我们向何处去？》，1897 年，布上油画，139 × 375 厘米，波士顿艺术博物馆。

源的隐患，但是它又确有真实之处，只不过强调得过了头。因为，人们如果把美术家创造的图像当作一种意识的“孤岛”状态，那么除了表明一种幼稚的纯粹癖之外，还误解了美术家所处的具体心理位置或立场，这种立场与其说是个人的、当下的，还不如说是文化的、历史的。因而，在原则上，对于图像影响中的主动（给予）和被动（承受）因素是不应作狭隘的价值判断的。在这里，受到其他的图像的影响不一定是耻辱，而给予影响也未必是殊荣。不过，非常重要的前提条件是图像的创造性转义、挪移、重叠和组合等，而不是拙劣的袭用或亦步亦趋的模仿。曾有西方学者指出，在美术的流派及其运动中，大师及其弟子、领袖及其追随者们的关系，只能是特殊的例子，因为他们之间与其说是影响还不如说是通过模仿所确定的关系。不过，这种说法不足为据。大师及其弟子，领袖及其追随者们，确实在技巧、美学旨趣甚至气质上都有相通的一脉，但是，在他们的趋同中还有各自的特点，否则在美术史上不可能留下夺目的一页。或许，真实的情形应该是这样的：一方面是图像的直接影响，另一方面则是有所超越的主观努力。

要在一部美术史中寻找“图像仓库”这种类似音乐主导音型的回响痕迹，不算是什么困难。曾经被马克思称为以希腊神话作为自己“武库”和“土壤”的希腊艺术，就对几乎整个西方艺术产生过极为深远而广泛的影响，以至于在探讨这以后的艺术时，人们要时不时地“言必称希腊”。再举例来说，从地中海区域成长起来的基督教美术，从它诞生之日起就承接了古希腊罗马造型艺术的图像影响。在著名的约书亚长卷（Joshua Roll）中，人们可以清晰地看到以亚历山大里亚为代表的图像影子。古希腊罗马的造型要求和东方因素的结合所产生的平面化的、规则的图像，后来就成了基督教美术的一种理想。据说，20世纪初期相当活跃的德国表现主义画家组织——桥社，也曾对陈列在莱比锡民族学博物馆的雕塑《一个男子成年会馆的山墙梁》，表示了极其赞叹的心情，并且从此把它当作了造型的典范或出发点。诸如此类的例子似乎不胜枚举，它们表明的总是一种在图像上有某种实在联系的美术发展过程。

毋庸置疑，“图像仓库”的进与出，其结果并不只是一种取与用的因果，它们的实际情形肯定要复杂得多。不过，万变难离其宗，“图像仓库”的作用应该是始终围绕着美术的创新、审美的跃迁这种主要轴心而体现出来的。西方的文艺复兴在“图像仓库”（古典艺术，如希腊罗马艺术）中不仅得到了对社会、空间和时间的障碍的超越，而且同时还使那些遭遇了冷落或者误解的图像觅得了原先同时代观众之外的跨时代性理解。在这种意义上说，文艺复兴何尝不是在创造古典图像的二度生命。西方美术中的诸种复兴追究起来自然有种种相异的文化起因，然而借助于“图像仓库”力量的动机却都如出一辙。回过头来看中国美术的发展情况，其中也有类似的现象。外来的佛教美术图像就曾对中国南北朝、唐宋以来的美术产生过极其显著的影响。敦煌的莫高窟在其佛、菩萨以及伎乐人的服饰描绘上，起码一半是印度式的。佛的半裸袒的体态则基本上袭用了外来图像。若再往细处看，那种以浓重的色线来分层并描出面目、手足的方法，已是很典型的“天竺晕染”了。按照比较美术史的专门术语来说，这就构成了“负影响”（negative influence）的事实。令人惊异的是，外来图像激发或诱导新的艺术形式，其具体意义甚至会完全盖过同质文化中图像的作用，进而能够促成一场艺术的革命。

当然，“图像仓库”的作用并不是随意性十足的东西，它的内在作用是否具有强劲而又久长的意义，在很大程度上要取决于图像本身的“经典性”。这里所指的“经典性”完全是一种心理学意义上的性质。具体地说，它是能够唤起人们本来已经存有而又有待于唤醒的精神顺序的反应的一种性质。[29]否则，所谓的转义、移植或强化等都是徒劳无功的。17世纪的荷兰绘画对从康斯坦布尔到利伯曼的美术家们的影响，拜占庭美术在维也纳分离画派中的复兴，以及大卫给予贝尔金（A. Belkin）的图像启示等，都是比较明显的成功

---

29 See A. Copland, *Music and Imagination*, London, 1962, p. 26.

之例。至于美术之魔毕加索，他数量超人的作品，都具有各个时期和各种文化的残章余韵，包括史前艺术、海地特人和苏梅尔人美术、希腊上古时期和中世纪美术、文艺复兴时期美术、17世纪和19世纪美术、阿兹台克人和玛雅人的美术，等等。对此，佩恩很是感慨地说过："现代派艺术是典范的交换，而不像许多艺术家所说的是新的开端。"[30]对于古典的中国绘画来说，具有相当程式性的图像（如"四君子"）的出奇制胜若离开了对前人所留下的"图像仓库"的借镜，也几乎是不能想象的。当然，我们还可以由此追究一些更为微妙的心理问题。譬如，当美术家把视线投向一种完全陌生而又迷幻似的现实时，他笔下的图像世界仍然会不自觉地泛出"经典性"的影子。以高更为例，当他全身心地沉湎于塔希提岛的朴素生活时，他还是给对他来说像是梦一般的、纯洁和崇高的事物，无意中披上了古典主义以及圣经神话的面具。出现在艺术家们头脑中的那种"高尚的野蛮人"的图像，与其说是对土著人的确切理解，还不如说是特殊体验的一种满足。所以，土著人被画成波格赫斯的击剑者形象是并不奇怪的事情。曾有学者道破，像E.诺尔德所画的南太平洋地区的题材，其实当中的真实性成分并不多，从中人们倒是可以看到流行的西方人先入为主的成见，以及天真的魔幻，等等。这并不是说，诺尔德的画就应该被看作是虚假的、没有价值的作品，而是要说明艺术家头脑中的经典性图像具有何等执拗的力量，顽强地要在任何一个地方暗示它们的存在。

可以肯定的一点是，美术家除了要读透大自然这本书之外，还应该殚思竭虑地在"图像仓库"中谋求突破的契机。对于一个有眼光的艺术家来说，向一种经典性图像（无论是同代的还是前辈的，是学院的还是民间的）靠拢，是实现对没有勃勃生机的、单纯模仿的超越的必要前提之一。尽管毕加索极力否认黑人雕塑曾给他以影响，但是这种否认是真是假，美术史家还是心中

30　转引自［德］曼·科·希勒布雷希特：《现代派艺术心理》，陈钰鹏译，上海文艺出版社，1989年，第225页。

有数的。在现代主义美术中，艺术家们看起来是对异国情调抱有兴趣，而实际上正是对另一种“图像仓库”的亲近，只不过这种“图像仓库”是异质文化所建构的。对陌生的“图像仓库”情不自禁地普遍向往，确实是俯拾皆是的事实。马蒂斯的绘画作品从1906年以来就出现了明显的伊斯兰式构图，从中可以看到波斯小装饰画和波斯织毯的痕迹；弗兰茨·马尔克的作品则可以寻找到古代巴伐利亚玻璃画的图像影子；康定斯基也对阿尔卑斯山地区具有悠久传统的民间美术倾注过特别的热情。在现代雕塑中，块体的增多实际是对哥伦布发现新大陆以前的石雕的一种重新钟情。亨利·摩尔刀斧下的偶像、图腾和物神，就多多少少地让人联想到埃及石雕和大洋洲、非洲木雕的图像。赫伯特·里德在《现代雕塑简史》中曾经很肯定地说过，在过去的一百年里至少有七种异国传统的图像被证明汇入了现代美术的主要潮流之中：“一、远东美术，二、非洲的部落美术，三、稚拙美术（民俗美术、儿童美术、民间美术），四、史前美术（尤其是新石器时代的雕刻），五、前哥伦比亚的美洲美术，六、早期希腊及托斯卡纳的美术，七、早期基督教（尤其是罗马式）的美术。”这一切最好不过地表明了“图像仓库”的非凡意义。

不过，仅仅看到对“图像仓库”的追寻、沉醉和转义等的直接事实仍还是不够的。固然，我们能够在大量的美术作品中发现经典性图像的变体形式，然而，这只是“图像仓库”的一个显在方面而已。在不少情况下，经典性图像还会成为人们的一种近乎无意识的“效果史意识”，也就是说，人们对经典性图像的长期接触，会促使形成一种相应的对新生图像审美要求的标准。无论美术创作，还是美术接受，都程度不同地受到这种意识的暗中控制。“效果史意识”是在美术活动的长链上一代代地传递和积累起来的，它使人们对于图像的心理要求越来越高，这也就使美术家对“图像仓库”的借镜有了特殊的难度。于是，产生了这种不无悖论色彩的两重性：一方面人们总是期待美术活动时时给人常新的感受，而另一方面却又不自觉地要求印证某种来自“图像仓库”的印象以及相关的“效果史意识”。在某种条件下，艺术成就竟要取决于是否传达了主体所渴望的独创性图像意义以及是否投合了人的那种内在“效果史意识”。对此，美术家在深受夹缝之苦后会有由衷的感慨；艺术家不可能有唯他独安的感觉，因而，理解艺术家就等于理解他们同过去的艺术家的关系，因为“他们的价值，是和一个名叫‘传统’的整体相关联的。感觉形成的历史，犹如一株植物按照自身的发展规律而生长：相隔一段距离，构成这部历史的每一件作品，只是一种对于其他作品的轻微变化而已。”[31]这种感慨在基尔凯郭文那里，几乎成了艺术家应该顿悟到的真理：“倘若……相信重复，他还有什么做不成？他本可以悟出何等深刻的真谛！”[32]这些或许不无夸张的意味，却十分有力地凸现了“图像仓库”的内在作用，或许美术活动越是向前发展，其“图像仓库”就越会现出绚丽多彩的光谱，而相应的“效果史意识”也终将越来越复杂起来。在这种意义上说，时间越向前延伸，做一个真正的艺术家就越难了。

美术的心理功能不仅是文本、体认、仪式和“图像仓库”，相互之间也不是泾渭分明，不可逾越。相反，就其实际情形而言，无疑更是协同的、立体的和流动的联系占了主导地位。值得我们进一步思考的问题是，美术在今日拼花板式的多元文化汇同和碰撞的格局中，怎样以其固有的心理优势去塑造一种既非古典意义的“文化主角”又不随俗而流的当代形象。所以，对美术的心理功能的描述、分析也不是为了迎合某种理论构架，而是要在现实的层面上透视它们同美术的文化地位的本质联系。按照桑塔耶纳的说法，“视觉是‘最卓越的知觉’”，[33]而美术作为人类视觉的一种最高体现，其心理意义无疑也是伸向未来的。或许，没有比这更意味深长的了。

---

31 [西班牙]安·塔比亚斯：《艺术实践》，河清译，浙江摄影出版社，1988年，第43页。
32 转引自[美]H. 布鲁姆：《影响的焦虑》，徐文博译，三联书店，1989年，第78页。
33 [美]G. 桑塔耶纳：《美感·美学大纲》，缪灵珠译，中国社会科学出版社，1982年，第50页。

第五章

美术作品的形式构成

对于作品形式的关注无疑是美术心理学由来已久的倾向。所有相关的研究都似乎越来越有力地证明着这一点：并非所有的构形（Configuration）都具有同等的艺术或审美的力量。对美术家来说，具备那种能够鉴别唯一合适的形式的眼光至关重要。所以，怎样才能在实践之中使属我的独特形式感发达和独立起来，可能会成为美术家必须付出终生努力的一个目标。虽然，事物的形式总是视知觉的必然对应物，但是用眼睛开始美术创作却不是与生俱来的能力。心理学可以很方便地证明，视（Look）与见（See）并不是一回事，其不同犹如牙牙学语之于说话表意，所谓“视而不见”这一熟语就颇有意味地把两者同样关涉视知觉的具体效应区分开来了。诗人路易·阿拉贡曾意味十足地把一种不能主动“看”的眼睛喻为只能被动地“照”的镜子：“我的不幸犹如这些镜子/能够照却不能看/和它们一样我的双眸空无一物/处在你不在就一切皆无的状态里。”同样真实的是，能否在视觉对象上找到一种形式感，是天性和后天努力练习的结果。比较起来，一般人的形式感的眼睛和美术家的形式感的眼睛，是有相当差距的。譬如，在石涛的眼里，山川万物完全是形式味十足的对象，即“有反有正，有偏有侧，有聚有散，有近有远，有内有外，有虚有实，有断有连，有层次，有别落，有丰致，有缥缈……”[1]把是否具备形式感的眼睛作为衡量美术家的一个重要尺度，不能算是过分的。可以进一步烘托形式范畴的重要意味的，还有这样值得我们深思的事实：一件艺术品绝对不可没有形式，然而，缺乏内容以至形式本身几乎就是内容（如图案）的情形却是可行的。这样强调，当然不是要把形式凌

---

1 ［清］石涛：《苦瓜和尚画语录》，叶朗主编，《中国历代美学文库》（清代卷·中），高等教育出版社，2003 年，第 151 页。

驾在相对应的内容范畴之上，而是旨在说明，美术形式的固在性甚至可以超过同样重要的内容因素。前苏联文化历史学派的心理学家维戈斯基在其著名的《艺术心理学》中所阐述的见地，恰好支持我们的观点。维戈斯基这样写道：“显然，天才的指挥和平庸的指挥演奏同一部音乐作品时的区别，天才的画家和忠实的临摹者之间的区别，全在于艺术的这些无限小的要素，这些要素就是艺术的各个组成部分的关系，亦即形式的要素。艺术开始于‘这一点点’开始的地方，这就等于说，艺术开始于形式开始的地方”。[2]音乐如此，美术也不例外。布留洛夫在修改一个学生的习作时，只在几处稍作改动，一篇呆板不佳的作品立刻富有了生机。一个学生说：“看，只稍微动了一下，一切都改变了。”布留洛夫说：“艺术始于‘稍微’二字开始的地方。”[3]他这句话准确描述了艺术的特征……艺术家只有在某种程度上找到构成艺术作品的无限小的因素时，才能在某种程度上感染别人。因而，形式的构成尽管是有限的因素，但是，却举足轻重，具有无限的意味。在这种意义上说，没有形式心理，就没有美术活动。

---

2 ［苏］维戈斯基：《艺术心理学》，周新译，上海文艺出版社，1985 年，第 43 页。

3 参见［法］狄德罗：《狄德罗美学论文选》，人民文学出版社，1984 年，第 109 页。

第一节
色彩的意义

色彩似乎是美术的一种天性的流露。一万多年以前，法国南部和西班牙北部冰河时期以狩猎为生的人们，就在洞窟中彩绘壁画了。西班牙的阿尔塔米拉洞穴中就有用红褐色、黑色和黄土色画成的动物形象。到了古希腊，甚至有装饰性的浮雕也是有色的。据说陶立克柱头上涂红色和蓝色，而爱奥尼亚式柱头上除了红色和蓝色之外，还饰以金色。古埃及人仿佛也对某些色彩一往情深，比如他们不但在陶器中掺入蓝的色素，而且也给石像浮雕和一般雕塑施以蓝色。[4]这些情形使人不禁联想到儿童对色彩的偏爱。从单色到多色，从红到蓝，从暖色调到冷色调等的变化和发展，[5]它们似乎从一个很特殊的侧面重演了人类的色彩偏爱的某种演变轨迹。确实，类比使我们更能自信地去进一步思考色彩与艺术的内在关系的发展概貌。

纵观人类漫长的艺术史，色彩的发展也相伴地经历了“自然思辨”“科学思辨”和“现代思辨”诸阶段。第一阶段自人类开始使用色彩算起，直到辉

---

4 See Ralph William Rickford, *Psychology and Visual Aesthetics*, London: Hutchinson Educational, 1972, p. 107.

5 See Ralph William Rickford, *Psychology and Visual Aesthetics*, London: Hutchinson Educational, 1972, pp. 182-183.

煌无比的文艺复兴时期之前。在距今大概十五万年到二十万年的人类冰河时期，灵魂飞离而去的尸体或者骨骼的四周总会被撒上红色矿粉。这种红色是否像现代人理解的那样指向生命、活力等，还应列入猜测之中。尽管直至如今我们还不能断定这撒红色矿粉之举本身究竟是一种仪式性的致哀、祈愿，还是对色彩萌发的最先意识，但是，它至少已经表明了色彩如何内在地和人的活动维系在一起。这种最初阶段的心理状态是否通过人类意识长链的某种特殊环节流传下来了呢？或许无须寻求确定无疑的结论，我们依然可以思考这样的问题：在原始时代，人们已经可以通过矿物质、焚烧过的骨头以及白垩土等获得红、黄、褐、黑、白等颜色，但是，为什么都不约而同地要把红色和生命、死亡联系在一起呢？这是色彩自然选择的结果，还是色彩和心灵的某种契合呢，也许两者皆而有之，也许一前一后。遥远的原始时代尽管神秘无比，却多多少少给予今天的人们以某种强烈而又深刻的印象。虽然日后漫长的发展过程中很难说有相当科学的色彩认识，但是，从一切可能的自然物中获得尽可能充分的色彩，几乎成了孜孜以求的目标。古埃及人逐渐学会了获取和运用红、黄、绿、蓝、褐、白和黑等七种色彩，各种色彩的浓淡变化也有所讲究。当时（约公元前1400年）的坟墓壁画中就有很迷人的色彩运用。至于古希腊人运用色彩的实践，更是令人称道。除了以克里特岛的克诺索斯宫殿为代表的建筑以及壁画，克里特人多彩的石壶和陶器也呈现出非凡的色感。如果把眼光投向中国古代，我们同样也可以看到，早在新石器时代，陶器的装饰花纹上已有了橘黄的底色，黑、红、白等色绘成的图案对比强烈、流畅明快。至于奴隶社会的装饰画和壁画，其色彩已有华丽的效果了。

不过，美术中的色彩发展到文艺复兴时期，就进入了一个令人刮目相看的阶段。从那时起到16世纪，“科学的思辨”占了绝对的上风，达·芬奇在著名的《绘画论》中就讨论到配色的理论，这比柏拉图和亚里士多德关于色彩印象的碎言片论就大大跃迁了一步。尤其是牛顿在1666年的色彩研究几乎成了现代色彩理论的出发点。与牛顿的科学研究不同，歌德写于1810年的《色彩论》则特别关注了色彩的心理和生理意义，比如视觉生理的补色问题。那一时期的画家都几乎对现实中斑斓的“固有色”产生强烈的兴趣。如果说中世纪的美术囿于宗教的旨归，只把艳丽的色彩奉献给上帝，而让凡俗的现世生活画面多少蒙上了灰暗调子的话，那么，文艺复兴时期的大师则尽情渲染了现世的、肉身的美好色彩。对色彩本来面目的追求成了艺术家的信念。达·芬奇说过，光是美的，因为正是光使“真色”显现出来，而阴影却使“真色”蒙蔽难见；物体表面上的哪一部分颜色最美？不透明物的某部分近旁如果有一种颜色和它相同的物体，这部分表面的颜色就显得特别美丽。我们不难知道，达·芬奇所说的这部分恰恰就是“真色”加强之后的美。或许正是色彩无比微妙神奇的力量，导致没有一个艺术家不对它倾以相当的注意和研究。天生的“色彩魔术”能力想必是一个善意的假设而已。即使是高扬主观、激情、想象的浪漫主义大师德拉克洛瓦也要以一种相当求实的态度面对变幻万千的色彩。在他的画室的墙壁中挂着一个色轮，在各种色彩上都标明了可能的色彩结合，为画家的创作提供着色彩选择的线索。至于写实派的画家，恐怕更会自觉地忠实于现实的本来色彩。从17世纪的荷兰画派到充满“理性”的新古典主义，直至以库尔贝为旗手的“写实主义”，都在走向“像我所见到的那样”去画这个世界的目标。其后的印象派也不算例外。在当时不管被人看得多么离经叛道、荒诞不经的印象派画作，至今看来反而是再正统不过了。因为，正像阿恩海姆所一语点破的那样，“印象主义派要求画家们所做的一切，就是真实地记录下那些于特定时刻和特定地点知觉到的最小色彩单位”。[6]他们的实践甚至连博学的物理学家也难以挑出毛病。据说，当莫奈画画时，他选择了阳光遍照时的室外，而不是画室。库尔贝曾经十分惊讶于莫

---

6 ［美］阿恩海姆：《艺术与视知觉》，滕守尧、朱疆源译，中国社会科学出版社，1984 年，第 165 页。

奈竟在地上挖了一个大坑，以便画上半部画布时把画放进坑底。令库尔贝更为惊讶的是莫奈并不动笔却若有所待。莫奈解释说："我在等太阳。"可是，为什么不画别的部分呢？莫奈的回答是："色彩关系不对。"如此忠实光和色、忠实所描写的对象，恐怕在艺术史上并不多见。即使当莫奈视力衰退时，他仍要利用颜料管上的标签来加以比较，名作《睡莲》就是在这种条件下画成的。

从20世纪开始，色彩进入了"现代思辨"阶段。一方面，是各种色彩流派目不暇接地涌现出来，并且在现代自然科学和人文科学的大文化背景下融入了多种现代学派的研究成果，分化出多种的色彩科学（如色彩治疗学、色彩心理学等），色彩得到前所未有的科学阐述和应用。对于艺术来说，应用性美术从中得益最为明显。但是，另一方面，色彩仍然是一个模糊性很高的研究对象。研究的深入既带来了奇幻的色彩世界的视野拓展，又令人步入更为复杂而迷惘的地带。正如阿恩海姆所表述的那样，"看一下色彩理论本身，我们就可以注意到20世纪对于数以百计的色彩浓淡的辨认和顺序编排，已经取得了巨大的进展；但是，如果我们用'理性化'（rationalization）来表示对知觉性色彩系统中的因素之间的结构性联系的理解的话，那么我们就应该承认，我们还是处在早期的水平上。闯入荒芜的色彩理论领域需要的便是一种真正的开拓精神。在这一领域中所产生的无尽的困惑和挫折，其主要原因就在于色彩是视觉表象中最变幻莫测的一个维度。我们早在两千多年以前就能够极其准确地描述古希腊画家用于瓶饰的特定形状，然而我们有关美术史的色彩却仍然大部分是依赖于传闻和想象"。[7]阿恩海姆的观感可能过于悲观了点，因为，如果相信色彩在艺术

---

7 Rudolf Arnheim, Colors: Irrational and Rational, *Journal of Aesthetics and Art Criticism*, Vol. 33, No. 2, Winter, 1974, pp. 149-154.

中所达到的审美效果的确是从生理和心理层次上进行的话，那么我们就不是面临无话可说的困境，尤其是当我们借助于文化的视角，问题也不会变得空洞无物和不足为信。

注意色彩的一些基本方面是饶有意味的。心理学家具体而微的研究表明，艺术中的色彩知觉分析起来并不是纯粹的直觉。文化环境为色彩的选择蒙上了另一种释义的因素。举例来说，在8世纪的波斯，美术陶瓷的制作往往是以深蓝色象征死亡，而浅蓝色则意味着天空和生命。玛雅人据说也是把蓝色当作神圣之色的。心理学家艾森克（Hans Eysenck，1941年）曾数次测试大学生的色彩偏爱顺序，其中最受青睐的总是蓝色，而最不受偏爱的则总是黄色。但是，在印加人那里，黄色却被看作是圣洁的颜色，具有至高的意味。在美术作品中，这种出入显得更加明显。如在西方宗教题材绘画中，黄色往往表示天国的光明，它若和暗色调对比时，还洋溢出辉煌和欢快的色调。塞尚画中略带粉红和绿的黄褐色也频频出现，至于梵·高对黄色之偏爱则近乎是一种固着（fixation）的表现了。再如，色彩研究的一些晚近发展，如拉希顿（Rushton）和沃尔达（Wald）等，越来越确定地认为，在人的视网膜上只有三种光化学物质，即红、绿、蓝，因而，三色说成为最有影响的色彩理论之一。但是，在艺术家那里，基本色并不是红、绿、蓝，而常常是红、黄、蓝，用黄色和蓝色仍可以很方便地调出绿色来。不过，尽管从心理学家的色彩研究到艺术家具体色彩的运用之间总是有一个过渡地段，了解色彩的知识却总是有助于获得特殊的、艺术的效果，比如修拉就曾精心研究过科学家夏尔·布朗克（Charles Blanc）、欧仁·谢弗雷尔（Michel Eugene Chevreul）和奥格登·鲁特（Ogden Rood）的色彩学著作。他从谢弗雷尔的《色彩及其在工艺美术上的应用》中吸收了关于色彩对比和颜色、色调并列所产生的混合效果这方面的理论，而从鲁特的《现代色彩学》中获得了单纯色彩通过色彩色素的混合更具有艺术效果的精彩见解。1886年，他与《科学美学》的作者夏尔·亨利（Charles Henry）相识，经后者的指点，修拉对色彩与线的合理安排给观者的心灵以何种影响颇有会心，等等。这样的情况在美术史上是不乏其例的。而且，可以说，在某种特定的条件，对于色彩的新认识甚至可以成为引发一场艺术革命的契机因素。从古典的固有色到印象主义的条件色，再到新印象主义和未来主义所强调的科学的、理性的色彩等的变化，就是这方面的显例。

按照心理学家的研究，人对于色彩的态度起码可以包括以下四个方面。1.客观方面。色彩之所以能够引起愉快情绪反应，是因为它的纯、亮和饱满；相反，不愉快的情绪反应则是因为色彩的混、稀、呆板或模糊。也就是说，色彩本身的不同客观性质或特征可以影响相应的情绪反应。2.生理方面。一般地说，愉快的反应是因为色彩的刺激性、安慰性和温暖性；与之相反的则是因为色彩的晃眼、令人压抑、心烦等。当然，观者自身的身心状态也会有所影响。譬如眼科学家列博瑞奇（Liebreich）曾经注意到透纳1830年以后的绘画面貌的某些变化。他指出，当透纳到了55岁时，其眼睛的球状水晶体变得较暗，光线散得更加厉害，因而在画的较亮的部分总是蒙上一层蓝状的雾。再如，特雷-弗罗珀（Trevor-Roper）发现，康斯坦布尔对红的视觉大概有偏差，他的画中往往充满了棕色的调子。3.联想方面。色彩如果使人想及合意的事物或是场景，就会引起愉快的反应，反之则引发不愉快的反应。譬如，对于一般人来说，白色往往引起裸体、小儿、雪魂、纯洁、虔诚、母亲和孤独等的联想，而黑色则往往使人联想到死亡、黑暗、谋杀、忧虑、毒物等不祥的事物。有关色彩和联想的关系实际上还是一个有争议的问题。对于艺术家来说，也许重要的是内在关联着的表情性。阿恩海姆曾经赞叹道："那落日的余晖以及地中海碧蓝色彩所传达的表现性，恐怕是任何确定的形状也望尘莫及的。"[8]在这种意义上看，由联想所引发并丰富起来的色彩的情感

---

8 ［美］阿恩海姆：《艺术与视知觉》，滕守尧、朱疆源译，中国社会科学出版社，1984 年，第 455 页。

性理应是艺术家稔熟于心的东西。有关色彩的情感价值可参见克拉因（见附表1）和大庭三朗的研究（见附表2）。[9]应该予以补充的是，色彩和音响的通感（synaesthesia）也是一种相当微妙的感觉联通。有人说，莫扎特是蓝色的，肖邦是绿色的，瓦格纳异彩闪烁，古诺则引起紫色的联想。其实音乐如此，绘画的色彩感亦然。豪厄尔斯（J. H.Howelles）曾经让8位被试者各听500次伴随着红色的低音刺激和伴随着绿色的高音刺激，发现视觉感和音调之间仿佛有一种先天的生理结构和后天的经验、学习等的作用链。依此看来，高更所称的“从简单的色彩、光和影的分布里产生的印象奏出画面的音乐”[10]就诚非虚言了。也许，对于艺术家来说，由色彩而引发的感受与其说是分析性的，还不如说是整合性的。4.性格方面。当色彩似乎与人联系在一起或是仿佛有某种性格时，它就会引起不同性质的情绪反应。愉快的反应来自色彩所暗示的“高兴”“无畏”“有力”“忠实”“同情”等性格含义，而不愉快的反应则是由于色彩的“固执”“玩世不恭”“过度进攻性”或其他会引起非议的性格特点。对于画家来说，也有相似的问题。面对色彩的大千世界，艺术家并非像想象的那样悉用无遗。譬如，雷顿（O.Redon）之专注于黑白色，近乎让人怀疑他是否有恐色症（color shock），而鲁奥（G.Rouault）对红色的崇拜，梵·高对黄色的执着等也都是相当突出的例子。在美术中，色彩显然已经是内在性情的一种独特符号了。正像梵·高所相信的那样，尽管色彩有色彩的特点，但是它们依然是表示个人特点的一种手段。把美术中的色彩作为一种所谓的“精神色彩”（如表现主义的美术家们所做的那样），

---

9 实验的研究表明：非艺术类的被试者较诸艺术专业的被试学生，更加容易引向联想型反应。同样，在色彩的情感反应和色彩的象征方面，情况也类似。这可能反映了艺术专业的学生首先是“客观”地看待色彩，而后才是联想的反应。也就是说，他们先是直接看色彩本身，而不是把色彩首先用作联想或情绪的刺激。

10 宗白华：《宗白华全集》，安徽教育出版社，1994 年，第四卷，第 478 页。

附表 1：克拉因色彩情感价值表

色彩	客观感觉	生理感觉	联想	心理感觉
红	辉煌、激动、豪华、跳跃（动）	热、兴奋、刺激、极端	战争、血、大火、仪式、圆号、长号、小号、罂粟花	威胁、警惕、热情、勇敢、庸俗、气势、激怒、野蛮、革命
橙红	辉煌、豪华、跳跃（动）	烦恼、热、兴奋	最高仪式、小号	暴躁、诱惑、生命、气势
橙	辉煌、豪华、跳跃（动）	兴奋（轻度）	日落、秋、落叶、橙子	向阳、高兴、气势、愉快、欢乐
橙黄	闪耀、豪华（动）	温暖、灼热	日出、日落、夏、路灯、金子	高兴、幸福、生命、保护、营养
黄	闪耀、高尚（动）	灼热	东方、硫磺、柠檬、水仙	光明、希望、嫉妒、欺骗
黄绿	闪耀（动）	稍暖	春、新苗、腐败	希望、不愉快、衰弱
绿	不稳定（中性）	凉快（轻度）	植物、草原、海	和平、理想、宁静、悠闲、道德、健全
蓝绿	不稳定呼应（静）	凉快	海、湖、水池、玉石、玻璃、铜、埃及、孔雀	异国情调、迷惑、神秘、茫然
蓝	静、退缩	寒冷、安静、镇静	蓝天、远山、海、静静的池水、眼睛、小提琴（高音）	灵魂、天堂、真实、高尚、优美、透明、由于、悲哀、流畅、回忆、冷淡
紫蓝	静、退缩、阴湿	寒冷（轻度）、镇静	夜、教堂窗户、海、竖琴	天堂、庄严、高尚、公正、无情
紫	静、退缩、离散（中性）	稍暖、屈服	葬礼、死、仪式、地丁花、大提琴、低音号	华美、尊严、高尚、庄重、宗教、帝王、幽灵、豪绅、哀悼、神秘、温存
紫红	阴湿、沉重（动）	暖、挑动的、抑制、屈服	东方、牡丹、三色、地丁花	安逸、肉欲、浓艳、绚丽、华丽、傲慢、隐瞒
玫瑰	豪华、突出、激烈、耀眼、跳跃（动）	兴奋、苦恼	深红礼服、蔷薇、法衣	安逸、虚荣、好色、喜悦、庸俗、粗野、轻率、热闹、爱好华丽、唯物的

附表 2：大庭三郎色彩情感价值表

色彩	联想的东西	心理上的感觉
红	血、太阳、火焰、日出、战争、仪式	热情、愤怒、危险、祝福、庸俗、警惕、革命、恐怖、勇敢
橙红	火焰、仪式、日落、罂粟花	典祀、古典、警惕、信仰、勇敢
橙	夕阳、日落、火焰、秋橙子	威武、诱惑、警惕、正义、勇敢
橙黄	收获、路灯、橘子、金子	喜悦、丰收、高兴、幸福
黄	中国、水仙、柠檬、佛光、小提琴（高音）	光明、希望、快活、向上、发展、嫉妒、庸俗
黄绿	嫩草、新苗、春、早春	希望、青春、未来
绿	草原、植物、麦田、平原、南洋	和平、成长、理想、悠闲、平静、久远、健全、青春、幸福
蓝绿	海、湖水、宝石、夏、池水	神秘、沉着、幻想、久远、深远、忧愁
蓝	蓝天、海、远山、水、日夜、果实、钢琴	神秘、高尚、优美、悲哀、真实、回忆、灵魂、天堂
紫蓝	远山、夜、深海、黎明、死、竖琴	深远、高尚、庄严、天堂、公正、不安、无情、神秘、幻想
紫	地丁花、梦、藤萝、死、仪式、大提琴、低音号	优雅、高贵、幻想、神秘、宗教、庄重
紫红	牡丹、日出、小豆	绚丽、享乐、性欲、高傲、华丽、粗俗
淡蓝	水、月光、黎明、疾病、奏鸣曲、钢琴	孤独、可怜、忧伤、优美、清净、薄命、疾病
淡粉红	少女、樱、春、梦、大波斯菊	可爱、耻辱、天真、诱惑、幸福、想念、和平
白	雪、白云、日光、白糖	洁白、神圣、快活、光明、清净、明朗、魄力
灰	阴天、灰、老朽	不鲜明、不清晰、不安、狡猾、忧郁、不明朗、预感
黑	黑夜、墨、丧服	罪恶、恐怖、邪恶、无限、高尚、寂静、不祥

其实，在达·芬奇的时代就有端倪了。虽然达·芬奇颇向往重现所谓的“真色”，但是，连他也不自觉地怀疑这样做是否真有可能，因为“没有一件物体能够完全显示本来的颜色”，一件白色的衣服会因为空气和阳光的交织透射而呈现为蓝色，这片白色要是在阳光和草地，又会由于草地的反射而染上草地的颜色。[11]因而，在达·芬奇的绘画论中，一方面是必须顶礼膜拜的“镜子”（speculum），另一方面则是美的理想化。当然，在美术史日后的发展中，色彩的主观意味更加显得突出和鲜明。从美术心理学的角度看，一个艺术家对色彩的选择和强调与其说是由描绘对象所决定的，还不如说是内在性情的集中迸发。毕加索从早年的“蓝色时期”转向后来的“粉红色时期”，确实就是一种性格变化的自然标志。美术史家库特·巴德特（Kurt Badt）也注意到：“在绘画大师们的晚期作品中，每一种特定的感情都是通过那个把各种对立统一起来的统一体突出出来的。这种作品看上去既不优雅，又不显赫堂皇；它们呈现出一切细节，但又不受任何具体细节的限制。在这样一种晚期的作品中，一切细节都融化消失，一切色调都消散无形，甚至那些构成生命的中心性质——明晰性、丰富性、色彩的鲜艳美丽性——也都完全消失了。所剩下的一切，就是由作用和反作用、精神和物质、内部空间和表面、形状和色彩等对立造成的那种极端的简化状态……”[12]当然，艺术家也并不是被动地服从于内在性情，而是为了一种艺术的效果或境界把属于自己的体验通过色彩的形式凸现出来。由此，人们才看到了以色彩“签名”的个性世界，雷诺阿、德加、蒙克、蒙德里安、霍克尼等才不会混为一体而无法辨认。

当色彩成为艺术家的激情甚至生命的有机体，成为他最好的内心语言时，色彩不会不呈现出异样的意义。这是一种从调色板到艺术精神的飞跃。艺术家只有经过这样的过程，才有可能印证梵·高的这句不朽的名言：“未来的画

---

11 参见《芬奇论绘画》，戴勉编译，人民美术出版社，1986年，第四篇“光、影、色”。

12 转引自[美]阿恩海姆：《艺术与视知觉》，滕守尧译，中国社会科学出版社，第501-502页。

家就是尚未有过的色彩家。”[13]

事实上，色彩变成艺术的一部分时还有更为深层的问题，即雅俗之分。以中国文人画传统而论，水墨即分五色，而依据出世倾向特别明显的道家哲学，少即多，多则俗。这是十分特别的审美坚持。奇妙的是，色彩趋于艳，就会变俗。可是，印象派的画家（尤其是偏爱饱和色彩的点彩派）却是驾驭五光十色的高手，多么炫目而又多样的色彩都能在他们的笔下组合成高雅无比的画面，即使大俗也能同时大雅。因而，这里的关键不在于色彩的单一或多样，而在于艺术家的审美品位与艺术处理。

第二节
线条的蕴涵

克莱夫·贝尔曾经在《艺术》一书中说过：“他们常常可以凭一条线的质量看出这个人是否是一个好艺术家。”[14]这种强调在崇尚“绘事后素”气质的中国古代画论中同样也到了无以复加的地步。“无线者非画也”即是后世学者的一种概括。但是，对于线条本身的理解，东西方的差异却是显而易见的。当沃尔夫林在《美术史的原理》中区分了“线描”（the linear）和“图绘”（painterly）这一对重要的概念时，他是把前一种的视觉方式（通过线条来观看事物）看作是基本客观的，旨在用事物实体的、明确的关系来理解和表达事物。它走向具有塑形感的清晰性风格。线描赋予描绘对象平静、光滑、坚实的轮廓，因而也给观者以安全感，产生触觉的效果；后一种的视觉

13 参见《宗白华美学文选译文集》，北京大学出版社，1982 年，第 225 页。

14 Clive Bell, *Art*, New York: Federic A. Stokes Company Publishers, 1913, p. 30.

方式（通过块面来观看事物）则是较为主观的，旨在按照事物呈现于眼前的情况来表达。图绘走向运动的、边线轮廓模糊的风格，给观者的是视觉的效果。如果说线描的艺术可以丢勒或文艺复兴时期的一些画家为代表的话，那么图绘的艺术则以伦勃朗直至印象主义的画家为样本了。无疑，沃尔夫林的“线描”不管怎样和“图绘”相区分，它同中国古典艺术中统一了墨法和笔法（即要兼及面、块效果）的线条是大有差异的。从石涛的“一画”到充分净化了的线条艺术——书法，与其说是为了客观的、塑形的和触觉的效果，毋宁说是为了主观的、表情的和视觉的效果。英国批评家罗杰·弗莱（Roger Fry）对此是颇有会心的。他写道：“我认为，中国艺术首先引人注目的是在其中占首要地位的线的节奏。轮廓总是其形式的最重要的特征所在。然后，我们注意到这种线的节奏又总是具有流动和连续的特征……一幅画总是被表述成为对一种有节奏的姿态的可见的记录。这真可说是一种用手画出的舞蹈的曲线。”[15]当然，这不等于说，西方的是色彩的艺术，而中国的则是线条的艺术。重要的是，我们从中可以得到一个很鲜明的印象，如同色彩是艺术家内在性情的特殊表征一样，线条也内在地反映着主体的性质，具有特殊的表现性。因此，在这一意义上说，线条在美术活动中不仅仅是外在的、技巧的和操作的目标，而更是占有了特定内心蕴涵的视觉形式。

线条在美术心理学本身的视野里其实也是一个相当老的问题了。费希纳就曾经对此倾注过无限的热情。马丁（L.J. Martin）在20世纪初期曾经效仿过费希纳的一些审美心理原则，对41种线条（包括形状）进行过偏爱选择实验（见图5-1）。他先是把图形卡片分别给八位被试者，然后询问和记录被试的喜爱、不喜爱或者无所谓等的态度反应。第二次实验时，卡片则是配对出示给各个被试者，以便使之产生一种即时比较的反应。被试同样要报告哪

15　转引自多伊奇（Eliot Deutsch）：《勃鲁盖尔与马远：从哲学角度探索比较批评可能性》，载蒋孔阳主编：《20世纪西方美学名著选》（下），复旦大学出版社，1988年。

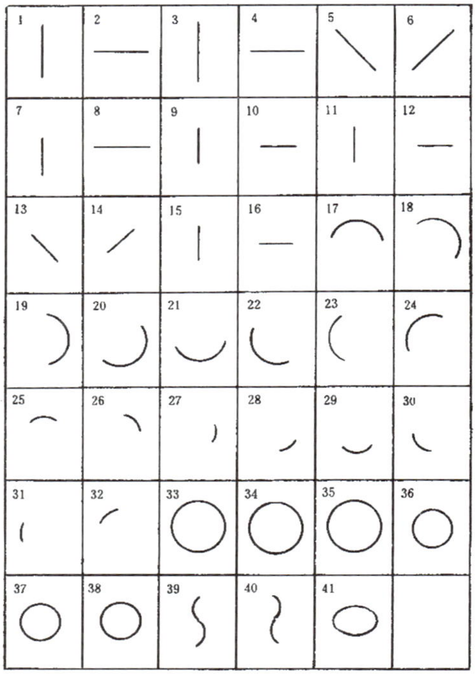

图5-1

一种线条或图形是比较喜欢的。然后，主试者对每一被试者的态度、反应加以累计和归类，从而得出线形偏爱反应的大体顺序：1.圆形，2.直线，3.波浪线，4.椭圆形，5.弧形。令人感到有意思的是，除其中一人对所有41种线与形反应淡然之外，其他所有的被试者尽管陈述了五花八门的偏爱理由，但是，喜爱或不喜爱的一致性使他们自己也感到惊奇。另外，实验还表明一种不甚明显的反应倾向：较粗的线条往往更受欢迎些，而大的图形也较受人喜欢。如果说马丁的研究主要还是视觉的一般反应测试的话，那么，当代著名的英国审美心理学家瓦伦丁（Charles Wilfrid Valentine）的探索就很巧妙地涉及了线形与手的运动感之间的微妙联系。瓦伦丁要求16位被试者闭上眼睛，然后，试着用手自由自在地在纸上画一些简单的随意的曲线和图形。每画完一次，被试者都要求闭着眼回答，动作是愉快的、有点愉快的、无所谓的还是不愉快的。一般每个被试者都需要画五次。然后，主试再让他们自己加以视觉判断，究竟哪一种是令人产生愉快感的线或形，哪一种是不愉快的，等等。各种线形与反应的关系用以下分数表示：很愉快——3分，愉快——2分，有点愉快——1分，无所谓——0分，有点不愉快——-1分，不愉快——-2分，非常不愉快——-3分。令人惊讶的是，实验结果表明，除一个被试以外，所有被试的反应都是运动感评价分高于视觉感评价分（172∶99）。瓦伦丁的实验看似简单，实际上却很能启发人们从一个新的角度去思考这样的老问题：手感和视感总有一定的距离。因而，对美术家来说，“眼高手低”的现象不仅相当普遍，而且也可能是十分内在的。如何使两者趋向理想的统一，应该是时时意识到并求得提高的目标。这也使人很自然地想起马蒂斯当初行世时所引来的误解。不少人总以为那种平涂和线绘（有些近似东方艺术中的图案）是随手可成的，殊不知看似简单，真做起来却未必能达到马蒂斯那样的特别效果。在实际的美术创作中，笔与意、线与线的矛盾总是画家的一种“语言”痛苦。线的盘旋、往复、曲折、顿挫、疏荡、聚散等运动都紧扣着每一刹那的具体心律，但是，心、手、笔、线的丝丝入扣几乎是难以企及的。更多的往往会是“心手相戾”的尴尬。在这一意义上看，心、手、笔、线的相对谐和，就应该说是画家的一种成熟的标志了。当然，这仍然不意味着“眼高手低”状态已经被彻底征服。相反，从另一方面看，“眼高手低”也不一定没有积极的意义。一个画家如果不是到了巴德特所说的那种心如天钧、中庸如一的阶段，就应有相当程度的“眼高手低”，否则无以提高艺术的悟性和鉴别能力。当然，“眼高手低”的程度太悬殊的弊端也是自不待言的。

正像达·芬奇在其《笔记》中所说过的那样，线条原本倒是描摹性的：“当太阳照在墙上，映出一个人影，环绕着这个影子的那条线，是世间的第一幅画。”H.里德在其《艺术与社会》的小册子中则从同一角度证实了达·芬奇的猜想。他说：“人们大都以为原始人和儿童最初企图表现事物形象时，要求符合他们目所能见的、最为接近对象的真实形态。因为，人们平时所见的物象，是由色彩、色调、明面和暗面组成的，所以最为直接的或浅显的表现方法应该是复制以上四种形态，其实不然。儿童和原始人在这方面的初步方法，却是对实物进行抽象和概括，从而产生一张实物的轮廓画……”因而，一方面是沃尔夫林所说的那种达到触觉的、客观的效果，另一方面则是从现实向特定媒介转换时走向抽象和概括，它的极致或许该推中国的书法艺术。虽然王羲之的行书《兰亭序》绝不可能让人真真切切地看到公孙大娘的婀娜舞姿，也不会有山水崖谷、鸟兽虫鱼的印象，但是，即使线条充分纯净化的书法仍有若现若隐的具象指向，它可以唤起像晋索靖在《草书状》中那般诡谲神奇、绚丽多姿的想象妙境：“盖草书之为状也，婉若银钩，漂若惊鸾，舒翼未发，若举复安。虫蛇虬蟉，或往或还，类婀娜以羸羸，欻奋亹而桓桓。及其逸游盼向，乍正乍邪，骐骥暴怒逼其辔，海水窊窿扬其波。芝草蒲萄还相继，棠棣融融载其华。玄熊对踞于山岳，飞燕相追而差池。举而察之，又似乎和风吹林，偃草扇树，枝条顺气，转相比附，窈娆廉苫，随体散布。纷扰扰以猗靡，中持疑而犹豫。玄螭狡兽嬉其间，腾猿飞鼬相奔趣。凌鱼奋尾，骇龙反据，投空自窜，张设牙距。或若登高望其类，或若既往而中顾，或若倜傥而不群，或若自检于常度。”如此繁复的内心表象活动若是没有线条原来的描摹性因素的暗示，几乎是不能想象的事情。当然，这里无意把抽象性居先的书法艺术推向具象、摹似和造型的位置上，只是强调即使是最纯净化的线条也与描摹性不无关系。

事实上，出现在任何一种风格的艺术作品中的线条又都具有极其主观的品性，因为曲线、直线也好，轮廓线也好，都是现实对应物上所没有的。德拉克洛瓦在其1857年1月30日的日记里就很肯定地说过：“在自然本身，原无轮廓和笔触。”[16]所以，当儿童或原始人第一次画出一条随意的线条，主观的、情绪的东西可能会远远地超过了客观的和写实的因素。在这一意义上说，对于线条及其构成图形的表现性的关注是更为内在的东西。从客体到对象，再从对象到图

16　参见《德拉克罗瓦日记》，李嘉熙译，人民美术出版社，1981 年，第 538 页。

像，线条无疑是起了一种继续推进、逐级强化的作用，从而使一些难以言喻的内心感受如诚实、正直、优越等，往往可能直接使人从在直而挺拔的线形中产生十分自然而又恰切的联想。西方曾有学者大略地统计过名画中直立线形的上述含义，惊讶地发现其中有相当的一致性。当然，线及其图形在具体的美术作品中的细腻变化使主观品性的表现达到了相当鲜明而又曲尽其妙的审美效果。一般而言，一条多次突然转弯或者改变方向的线条，往往就是一条精力充沛和令人兴奋的线条，原因在于，这种线条要求视知觉保持一种经常的、不断转移的甚至费力的注意力。相反，一条直线由于只需要简单而没有变化的注意力，就往往是恬静和单调的。曲线由于其变化是缓慢而又连绵的，它就既能刺激人的注意力，又不分散注意，因而具有使人感到亲切和愉快的品格。这在美术作品中是有相应实例的。譬如，马远的山水画《枯柳远山图》和日本雪舟的《冬景》，都是对冬日的深刻表现。然而，比较起来，《枯柳远山图》给人的感受尽管也有严冬之萧条，但内中又流淌着一种宁静致远的平和情绪。这固然和没有设置冰天雪地的图像有关，但是，显而易见，线条的类型起到了相当微妙的作用。可以发现，在马远的画中，多是起伏和圆软的线条。它们或纤细质轻，或沉重而宽大，与《冬景》一画中的那种锯齿状的生硬或是锐利的线条形成了相当明显的对比。不消说，正是线形类型不同的微妙表现使具有不同文化气质的内在世界得以艺术的凸现。或许是因为线条远胜于色彩、块面的表现性，对线条的偏爱越到晚近似乎越是突出。看看这些美术家的信条是不无意味的事情。譬如，唐张彦远曾经冲动地写道："草木敷荣不待丹绿之彩，云雪飘扬，不待铅粉而白，山不待空青而翠，凤不待五色而绛，是故运墨而五色具，谓之得意，一意在五色，则物象乖矣。"[17]确实，"意足不求颜色似"的艺术趣味在中国古典绘

17 ［唐］张彦远：《历代名画论·论画工用拓写》，吴孟复主编《中国画论》，安徽美术出版社，1995 年，卷一，第 94 页。

画中曾经有过无与伦比的发挥，那种近乎无色的境界反而抓出了空灵、悠远、平和、宁静和疏朗无羁、直抒性灵的宇宙豪情。在西方，亚里士多德早在《诗学》中也说过素描的肖像远比用最鲜艳的颜色涂抹而成的画更令人喜爱；文艺复兴时期的意大利画家涅罗尼甚至认定，色彩是一切崇高艺术的死敌。[18]对后来的德拉克洛瓦，我们在他的《日记》中可以很容易地找到这样的体会之言："绘画中最重要的是轮廓，其他甚至可以忽略。"[19]这些言论不免有说得过头的地方，但倒是凸现了线条的重要意味。

美术心理学对于线条表现性的研究体现多方面的苦心。一方面，我们已经可以从线条看到基本的情绪表现，比如，凡是明显横向的线条（水平线即是一例）往往令人产生安宁、平和和静适的反应，法国油画家普维·德·夏凡纳（Puvis de Chavannes）的壁画可以佐证；垂直的线条则会传达出庄重、威严、希冀的情绪，格列柯（EL Greco）的作品中就是这样；斜线往往构成运动感的一部分，丢勒的木刻作品正是多次地依靠斜线才淋漓地表现了冲突和动感的；锯齿状线常常包含着紧张或是痛苦；圆线或者弧线往往令人有圆满或者完美的反应，它是柔和、肉感和柔软的。在科勒乔和雷诺瓦的作品中，这种线条类型的混合会使情感的表达更加委婉曲尽；另一方面，美术心理学也以表示特定情绪反应的语词为诱导，让被试在给定的线条中找到相应的表现。譬如，波芬伯格（Poffenberger）和巴罗斯（Barrows）曾经组织过参加人数达500人的实验研究。他们要求被试者在18种线条（见图5-2）中挑选吻合"悲伤""宁静""快乐"和"愤怒"等情绪意义的线条。虽然对细节的反应有种种的差异，但是很基本的相似还是占了上风，被试者中的绝大多数都倾向于认定曲线是"宁静"或"悲伤"的，上升的线条是"快乐"的，

18　参见钱钟书：《管锥篇》，中华书局，1986年，第1121页。

19　［法］德拉克罗瓦：《德拉克罗瓦日记》，李嘉熙译，人民美术出版社，1983年，第80页。

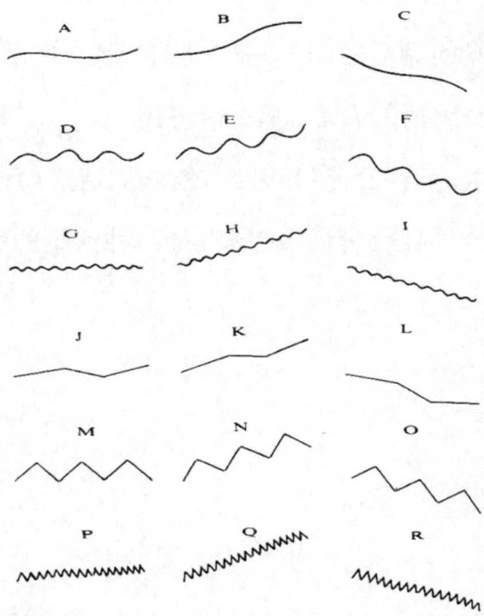

图 5-2

而下行的线条则令人有“悲伤”之感，等等。虽然从纯线条的心理研究到艺术中的线条的心理研究即使在今天也还是有一段距离，但应该注意的是，从沃林格的《抽象与移情》开始就已经有了一种把线条的心理性质同特定的社会文化气质联系起来加以剖析的倾向。沃林格认定，在人类的任何历史时期中，对于形式的冀求，一直是艺术家和其周围世界关系的特定表现，譬如，北方的世界是严肃、寒冷和阴晦的，就会促成动荡不安和恐惧的情感，沃林格在考察北欧艺术的起源和演变时，就说明了它怎样以其线条的强度成为这种情感的图像式索引。这无异于把自律的形式因素——线条同时也看作是开放的、他律因素（尽管主要还是由自然条件所引起的因素）积淀其中的对象。诸如此类的求索无疑使人们对于艺术中线条的蕴涵有了更为切近的理解。

当然，应该说，在很多情况下绘画的底蕴表现是通过色彩和线条的交相为济而如愿以偿的。在《从德拉克洛瓦到新印象主义》中，法国画家保罗·西涅克很实在地说过：“色彩如果同线条相联系，其表现力和变化也不会低于线条：暖色和高度强烈的色调可与上升线条相结合，冷色和阴沉的色调应主要地用于下降线条的结构，宁静平圆的线条将增加其感觉，如果配合着暖色与冷色、明朗的调子与严峻的调子之间一定程度的平衡。画家倘能使色彩和线条从属于自己的感情以及感情的表达，那么他将担负起一位真正诗人、真正创造者的工作了。”[20]在这里，西涅克是针对西方绘画的情形而说的。中国古典绘画中所崇尚的线—墨结合的独特觉悟，就或许是一种深刻的例外了。

第三节
图—底关系

心理学展开对图—底关系（figure-ground relationship）的研究始于丹麦的心理学家鲁宾（Edgar John Rubin）。他通过自己的研究发现，在人的知觉中有一种倾向，即把被观察到的事物中的一部分作为一个统一的对象突出来成为图形，而其余部分则退到它的后面成为底子即背景。通常，图形是清楚、鲜明、结构完整的，而背景则在图形后面衬托着，弥散地扩展开去。其后的格式塔派心理学家把这种知觉倾向又几乎强调到了一种知觉的先天性组织力倾向的地步。在格式塔派心理学家看来，要证明这一点并非难事。譬如，婴儿一旦有了接受有效感受的测定可能性时，就会表现出图—底知觉的一些迹象，而那些从出生时就因先天性白内障而双目失明的成人一旦重新得到视力也反映出图—底知觉的能力，而实际上他们的第一次视知觉还不太能把握住形体和形状。[21]尽管心理学的进一步研究表明，人从底子上分出视知觉的图形，不仅受图形与底子的差别、图形的各部分组合以及图形运动等客观条件

20 Paul Signac, *D'Eugéne Delacroix au néo-impressionisme*, Paris: H. Floury, Libraire-Éditeur, 1911, p. 65.

21 Frank J.Bruno ed. *Dictionary of Key Words in Psychology*, London, 1986, pp. 86-89.

的制约，而且，同时还受主体的具体条件的影响，如态度、兴趣、爱好、情绪状态以及视知觉目的等诸多的因素。因而，图—底知觉的能力，尤其是涉及美术作品的更为复杂的图—底知觉能力，实际上是一种远比先天性质更为深刻的心理现象。但是，格式塔心理学把图—底知觉能力强调到是一种人应变环境和求得生存的能力的做法实际上并不过分。人之所以能在特定的一瞬间先倾向于看到一个图形，是注意的一种有选择性的分配结果。如果不是这样的话，人的心理世界就可能茫然无序。[22]同时，人不但具有这种图—底知觉倾向，而且还可以有意地变化这种关系。一堵高墙作为底子，人就作为图形；而把人本身看作是底子的话，人的脸部就可能是图形；再把人的脸部视如底子，其眼睛则成为图形部分。正是有这样一种含有主动性的图—底关系的知觉能力，美术创作的形式经营才有了大有作为的天地。

如果说单纯的色彩和线条主要还是涉及作品平面性的形式因素的话，那么，图—底关系主要讨论作品形式中的深度因素。作品中的图—底关系并不是天然而成的东西，一个摆弄不好图—底关系的画家，某种程度上就像是个蹩脚的摄影师，前景总是受着背景的纠缠，宾主不分，互相吞并。在这里，无论是有意识地强化还是淡化，都和美术家的艺术追求最内在地联系在一起。前者以古典的绘画作品为典范，后者则在现代主义艺术中发挥到了极致。譬如，马蒂斯的线条画中，轮廓线对内部面的影响已几乎是微不足道了，它甚至有点像独立的线条。所以，作品像是由一片片空白的面组成，其三维的空间性已经降低到了不可能再降低的程度（见图5-3）。

这确实就是利用图—底关系的极端平面化处理来同古典大师们通过清晰、真实的图—底关系再现绘画对象的写实气度构成相当鲜明的对比。无疑，现代主义的艺术是要极力凸显主体意味的，图—底关系的处理也成为其

---

22 这一点在听觉的注意方面也是如此，人与录音机的不同就在于此，人可以很自如地把背景中的噪音和所要注意的声音加以有效区分。

图5-3 马蒂斯《红色的和谐》，1908年，布上油画，180×246厘米，圣彼得堡爱尔米塔什博物馆。

图5-4 达利《随着伏尔泰半身雕像的消失而出现的奴隶市场》，1940年，布上油画，47×66厘米，佛罗里达圣彼得堡达利博物馆。

体现苦心的一个通道。除了对图—底关系的强化或淡化以外，寻求图与底互相转换的可能性也不无尝试的价值。这可以以埃舍尔（Maurice Escher）和达利为代表。前者通过版面的黑白对比把截然相反的事物性质（如上升和下降，前进和倒退，周而复始，白天和黑夜等）表现得非常巧妙和灵活，那种明快的哲理正是依靠了图—底关系的转换可能性。达利也尝试过这样的可能性，《随着伏尔泰半身雕像的消失而出现的奴隶市场》（见图5-4）是一突出的例子。或许，需要的并不是某种图—底关系类型的处理，而是特定审美意识的凸现。阿恩海姆的《中心的力量》，曾从诸多方面讨论绘画构图的视知觉中心问题。这里的中心并不是物理意义上的画布或画框的中心之点，而是心理意义上的经验的中心之点。这样的中心对于确立画面的平衡性起到了关键的作用。没有一个画家会对画面的经验中心掉以轻心，因而也不会不对图—底关系倍加注意。对于普通人来说，图—底关系的知觉已经因为熟知而可能发展到了不自觉的地步，但是，视觉艺术家却不仅要对描绘对象的图—底关系有足够的分析能力和充分的敏感性，而且在创作中要能在“一画之间，变起伏于峰杪；一点之内，殊衄挫于毫芒”。[23]换一种角度说，图—底关系的微妙变化（稍稍明亮一点还是稍稍暗淡一点，稍稍远一点还是稍稍近一点，稍稍高一点还是稍稍低一点，稍稍偏右一点还是稍稍偏左一点，等等）直接联系着作品的生命和魅力。一幅毫无生气的画和杰作之间也许并不会差得太多，但是，正像托尔斯泰在《艺术论》中所记述的那样，像勃留洛夫这样的画家却能以极微小处的改动使一幅平平之作变成生意盎然的作品。这里的原因不必去极深研几，显然就有高人一筹的形式感的作用。真正的艺术家确定唯一合适的形式，不能不寻求“作品正面平面的统一，以及加强积极的‘图形’与半隐半现的消极‘图形’之间的巧妙的平衡作用。只有这样，才能使所有的

---

23 [唐]孙过庭:《书谱》，叶朗主编:《中国历代美学文库》（隋唐五代卷），高等教育出版社，2003年，第231页。

‘图形’都最大限度地为整个构图的表现做出贡献”。[24]也只有这样，图形的意义才能在底子（即“消极的‘图形’”）上充分地迸发出来，成为观者的视觉感受的中心之点。

明白了这一点，你就不会对诸如此类的有关图—底关系的知识一掠而过，从而变成不甚明确的印象了。大致说来，图—底关系取决于下列因素。1.由轮廓线所围成的面容易被看作是图形，而图形外的面则总被看作是底子。与之相关，面积较小的面倾向于被视作图形，而面积较大的则为底子。如图5-5所示，较窄的部分看上去像是凸出在面积大的部分上面。假如我们要得出相反的经验，就会感受到图样本身的一种视觉抵御。当然，必须顾及的是，面积较大的部分作为底子必须是以连续的或简单的轮廓线所围成的。否则，就会得

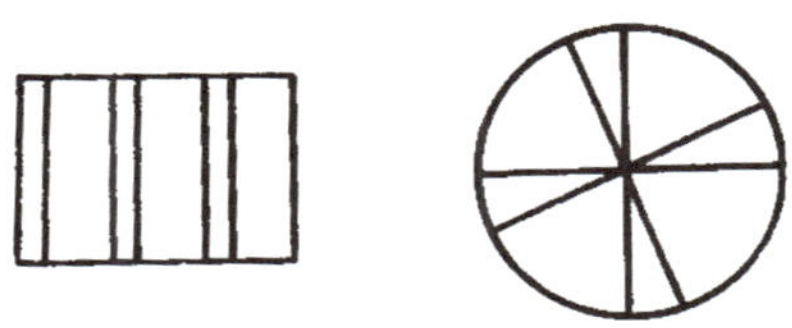

图5-5

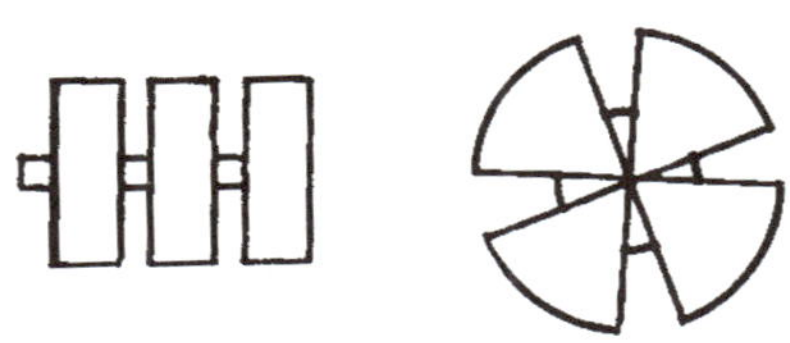

图5-6

图5-7

24 ［美］阿恩海姆：《艺术与视知觉》，滕守尧、朱疆源译，中国社会科学出版社，1984年，第319页。

到截然相反的视觉效果（见图5-6）。2.上下部分的位置不同所产生的重量感也不同，在图5-7中，白色的部分一般使人感到是处于黑色部分的后面（因而离观者也较远），如果我们颠倒此图例，又可发现白色部分变成了图形，而黑色部分反转为底子了。这表明，就图5-7而言，下半部往往较有重量感，因而可能容易被看作是图形，而上半部则较轻，因而往往成为底子。3.质地密集的平面易被人看作是图形，而相反的质地则会使人看作是底子。4.在光谱上，波长较短的那些色彩（比如蓝色）会使所占的面变得离观者远一些，而那些波长较长的色彩（比如红色）则会使所在的部分显得离观者近一些。这是因为波长较长的色彩，往往会引起扩张性的反应，一个黄色的圆圈会显示出一个从中心向外部的扩张运动，这种运动显然是向着观者的位置靠近的。与之相反，波长较短的色彩，则会引起收缩性反应，比如一个蓝色的圆圈会造成一种向心的运动，其方向是背离观者的，所以，在这种意义上说，色彩的设置不仅是一种描绘对象的写照，而且也是空间关系的权衡。5.凸起容易使式样成为图形，凹形则容易使式样成为底子。这种性质常被艺术家用以强调某种对比或是冲突。然而，艺术家也可以反其道而行之，从而获得令人震惊而又不能不使人信服的特殊效果。英国的雕塑家亨利·摩尔就是把凹进的轮廓线和凹进的立体块运用在自己的作品中，与传统的凸起风格形成了强烈的反差。[25]他是反向地利用图—底关系知识的成功例子。6.就形状而言，比较对称、比较规则的形状往往可能成为图形，而其他的部分则容易被视作底子，如此等等。当然，在实际的美术作品中，图—底关系会显得更加复杂，因为深度关系不一定是单层的，而可能是多重的。这在立体主义的绘画中表现尤烈，不过这样做并不是摧毁作品的视觉效果，而仅仅是从相当特殊的方面建立一种优势中心。

---

25 有关亨利·摩尔雕塑中所处理的图—底关系，可参见拙译《亨利·摩尔之洞——兼论雕塑的空间功能》，载《艺术广角》，1989年，第4期。

图 5-8 哪只动物离猎人更近，大象还是跳羚？非洲原始部落的人都认为大象比跳羚离猎人更近，而不像欧洲人那样把猎人和跳羚看成前景，而大象在远景上。这也许是由于非洲原始部落的人遵循了另一种深度的理解习惯，而欧洲人的透视习惯无疑是来自古希腊文化。曾有学者指出，欧洲艺术的图像是视觉和深度触觉的结合，而非洲文化恰恰是与另一类感官系统有关，这一感官系统主要用来感觉人体。所以，比较而言，非洲人更擅长舞蹈和雕像，而欧洲人则擅长绘画与建筑。

一部美术史如果从美术本身的语言角度来看，当我们将不同时期和各种不同风格的绘画、浮雕、雕塑以及建筑的空间结构加以比较时，就不仅能发现各种不同的艺术风格所运用的深度层次数量上的不同以及各个层次的排列特征，而且还能进一步地审视到每一个层次上的图形排列特征的不同。附带一说，与图—底关系有关的深度关系如果深究起来还是由文化所调制的，赫德森曾于1967年做过一项文化比较心理学的图像实验（见图5-8及文字说明）。

由此观之，美术家的自觉或不自觉的图—底关系意识总是和特定时代的审美要求交织在一起的。这一点即使在绘画框架的取舍上也明显可辨。为了把绘画空间从墙壁上独立出来成为有意义的图形，古典大师们总是要把绘画空间和一定的物理空间（居处或展厅）之间确定一种明确的边界线，而框架正是起到了这样的作用。但是，这种传统的做法在现代主义的美术作品中却被舍弃了。据说，第一幅不用框架的油画1908年时出自毕加索之手，那是一幅肖像作品。放弃框架在现代主义者心目中是一种新的世界观的凸现，把美术和生活的界限加以模糊化。美国的画家戈特利布（Adolph Gottlieb）把框架看作是“对秩序的号召”，因而放弃框架是现代主义美术叛逆精神的反映，是对另一种打破有限而达到无限的“秩序”的痴情向往。至于中国的古典艺术，似乎也是默认了一种特别富有意味的形式观念。赫伯特·里德在《今日艺术》中对东方美术的形式追求流露了深深的敬意：“东方的艺术，不单是装饰艺术，即使为雕塑风景以及人物画这些模仿的艺术，通常总是不力求表现客观景象可视形态的幻象。有人以为这些是由于那可怜的中国人不懂得透视和明暗的缘故。对于这些人智性上的自负，我不敢苟同。他们竟会相信一个五千多年之久的艺术文明，一种在各方面都已臻极点的精神文明，真的还会这般愚钝，以至于对透视画法和描绘的逼真一无所知……我们难道不可以把东方艺术之不懂透视及明暗的理由归诸他们并无这种需要呢？每一种艺术形式都是一种意志的表现，一种欲望的满足。东方的艺术满足了东方的艺术家，因为它的形式已经完全满足了他的意志。他在线条中得到了节奏，在色彩中得到了和谐，在形式中得到了完整……”在这种意义上说，出于内心深处的形式经营，诸如无框架、主观化的图—底关系等，仍然是要致以形而上的赞词的。所以，与其要恪守形式构成的法则，还不如相信法则可以通向真正创造的极有可能性的空间。确实，来自内心深处的形式意志是不会无所作为的，它的冲动所面对的是没有止境的天地。

按照康定斯基《艺术中的精神》中的说法，色、线和构图就组成了艺术的形式世界。但是，我们以上的匆匆巡游远不是全面靡遗的，而只是从美术心理学的特殊角度烛隐发微地试图阐明形式因素本身的规约和发展、变化的可能性。对于美术家来说，形式的理智和形式的感受总是相辅相成的。只有这样，他们才能把体验过的真理化成高一级的惶惑，从而从中经历新的形式的探验。美术的形式世界也正因为是和具体的、特定的审美意识合而无迹，它才变得生生不息，永远值得进一步的窥视和透照。形式不死，其缘由正在于斯。

第六章

美术家的心理结构

达·芬奇在几百年以前就很肯定地说："被称为灵魂之窗的眼睛，乃是心灵的要道，心灵依靠它才得以最广泛最宏伟地考察大自然的无穷作品。"[1]这一点在后来的心理学研究中得到了愈来愈具体的肯定。视觉作为人的内心的一种最直接和最丰富的刺激，使美术家的心理结构也自然地成为一种博大无垠、复杂尤加的研究对象。对一种创造性的心理的探究，其迷人之处是自不待言的，但是，最巨大的困难是，我们不可能去重复或重现每一种具体的心理过程。而对于美术创造的心理来说，它的独特恰恰就在于其不可逆性。即使是同一个画家，他也很难回到特定的心理状态中去，尤其是巅峰状态中的神妙境界更是稍纵即逝，遑论再现。确实，我们对复杂、微妙的创作心理的认识至今还是相当初步的。这种不相称同我们所要依赖的主要心理学方法——内省法是有直接关系的。所谓内省法（introspection）是一种对自身的心理活动进行观察和描述的方式。它本身是否靠得住，很早就受到过康德、罗素等哲人的深刻怀疑。心理学家也发现，在不同条件下用内省法得到的结果其实是不一样的，不同的被试者也会提出不同的报告。所以，当人们放心地参照美术家本人的创作体会、回忆或反省时，实际上很有可能已偏离了创作心理的本真状态。这点在有觉悟的画家那里是有所认识的，英国画家安德鲁·福杰（Andrew Forge）曾经坦率地承认过："重新把画室内的自言自语讲出来，就像叙述梦那样费力。即使想起了几句，也会感到不是自己说的。而且，要讲的东西总是恍惚游移，躲闪着你。所以，那些自言自语，充其量也只不过是一种念念有词的嘟囔而已。"[2]应该说，这种创作心态的内省困难绝非个别人的观感。另一位意大利画家阿尔贝托·伯利（Alberto

---

1　《芬奇论绘画》，戴勉编译，人民美术出版社，1986 年，第 21 页。

2　[美]多尔·阿西顿：《20世纪艺术家论艺术》，米永亮、谷奇译，上海书画出版社，1989 年，第141页。

Burri）不仅大有同感，而且，还意识到了视觉的语言状态和内心的语言状态原本是不同感受系统的必然结果，因而不可避免的是，“当我吃力地谈论我自己的绘画时，语言对我完全无济于事。那是不能抹煞的情景．它不允许改变成任何别的表现形式。”[3]可见，内省给予我们的困难是相当现实和具体的。不过，虽然美术心理学不能或者很少有可能直接地对创作心理做解谜般的全面曝光，但是，却可以从大量的被经验和理性所印证的事实中揭示一些重要的方面，从而为洞照整个创作心理的深层提供有启示力的起点。同时，更为关键的是，美术创作的心理活动（尤其是呈现在意识阈限之上的心理活动，它构成了创作心理的主要部分）在本质上都是连续的、活动的、立体的和辩证的，因而，在其内部矛盾和冲突的网结点上总是可以追寻到某些通往更为内在和奥义的心理过程的踪迹。美术家的每一种耽迷和倾向、选择和癖性、信念和理想等，因而也就不会全然绝于言诠，而是可以在心理学的探赜钩沉中得到一系列或确凿或会心的理解。正是这种理解使我们能够形成对美术家心理结构的轮廓式把握。在这里，我们似乎还需要美术家的另一种体会，就如阿尔贝托·伯利自己所承认的那样，“我倒是能较容易地说出哪些东西不需要去画它，什么东西与绘画无关，什么东西被我从我的作品中删去了，有时是忍痛割爱，有时是心满意足地删去……”[4]因此，只要我们不是迷信于所谓终极性的理解，能够明断创作谈中的文饰和坦诚，就不难一步步地走向创作心理所包含的规律与真理本身。除此之外，我们也可以兴奋地注意到，心理学大师中向来不乏对创造心理兴趣盎然的人，从詹姆士到弗洛伊德，从斯金纳到皮亚杰等，他们都从不同角度对创造心理的研究贡献过真知灼见。所以，似乎没有根本的理由不对美术家的心理世界作一番冒险性的探索。

---

3 ［美］多尔·阿西顿：《20世纪艺术家论艺术》，米永亮、谷奇译，上海书画出版社，1989年，第165页。

4 同注释3。

第一节
知觉整合

美术家心理起始点无疑是视知觉。然而，即使是观察也并不是单纯地视与看。它一方面和感性知觉特性的术语相联系，而另一方面又含有智性的意味[5]。因而，就知觉而言，它已经不仅高于感觉，而且挨近思维了。美术史上曾经有过这样一段令人玩味的事例：19世纪的德国画家路德维格·利希特（Ludwig Richter）曾经在他的回忆录中提到，他年轻的时候，有一次在蒂沃利与三位朋友外出画风景，四人相互约定要画得和自然的描绘对象毫厘无爽。但是，尽管面对一个共同的画题，而且各人都成功地再现了自己眼前的风景，可是与约定恰好相反，四幅写生作品呈示了截然不同的风采，每一个画家都以自己的个性在画稿上留下了“签名”。无独有偶，1869年，印象派画家莫奈和雷诺阿都在同一地点画过青蛙塘，可是并不雷同，各自有迥然的面貌。应该说，美术理论家注意到利希特所描述的现象已是很早的事情，但是，在美术心理学的领域里，我们只要想一想有关“纯眼”（pure eye）的面红耳赤的争论，就不会轻信对美术家知觉差异的争执之疑已经冰释并有了澄澈理解的说法。

5 参见［美］M.W. 瓦托夫斯基：《科学思想的概念基础——科学哲学导论》，求实出版社，1982 年，第 48 页。

心理发生史的研究表明，在低等动物中，动物往往只具备感觉反应，而这也主要表现为建立在本能之上的对外来刺激的反射。知觉本身只有到了爬行类动物的较高级阶段时才开始出现，而人的知觉无疑已是宇宙间迄今为止所发现的诸种知觉水平的最高形式。这一点在人自身的发展史上也得到了印证。发展心理学的研究者们发现，初生的婴儿其实并没有知觉能力，而只有简单的感觉能力。在数月之后，婴儿的知觉才迅速地发展起来。大概在3岁以前，儿童的知觉基本上是处在一种感性的、直观的和具有一定情境的水平线上。不难推想，人的知觉能力的成熟，实际上经历过相当复杂、微妙的系列变化。在这种意义上说，知觉的广泛化、丰富化和深刻化等并不是外在的和纯粹客观化的，而是在其中聚集了充分主体化的因素，以至于我们处处可以遇见知觉上的差异现象。譬如，人们常常惊讶于染织工人的辨色能力，感叹香型师能比仪器还要敏感、迅速地鉴定出香水的合成花型、品位等。事实上，美术家的知觉变异现象也是很突出的。经过长期或集中的训练，他们的知觉分化能力已很明显了。按照丹纳的说法，艺术家是那种只要事物的特征给他一个刺激，他就可以获得一种强烈而又特殊的印象的人。因而，“他凭着清醒而可靠的感觉，自然而然能辨别和抓住种种细微的层次和关系：倘是一组声音，他能辨出气息是哀怨还是雄壮；倘是一个姿态，他能辨出是英俊还是萎靡；倘是两种互相补充或连接的色调，他能辨出是华丽还是朴素；他靠了这种努力深入事物的内心，显得比别人敏锐。而这个鲜明的，为个人所独有的感觉并不是静止的；影响所及，全部的思想机能和神经机能都受到震动”。[6]可见，美术家的视知觉虽然和一般人一样都源自基本的感觉，但它又是高度专一和极其整合的。也唯有这样，他们的印象（即内心表象）才有可能是鲜明、生动和有力的。依照版画家的体会之言，做黑白木刻非常投入时，举目四望，周围的一切几乎都

6　[法] 丹纳：《艺术哲学》，傅雷译，人民文学出版社，1981 年，第 27 页。

是黑白分明的！确实，我们不难证明美术家的特异知觉能力的存在。

向往所谓“纯眼”的人，或许以为儿童的视知觉是最无其他杂质的。不过，即使是这一点，也是一种不甚可靠的推测罢了。心理学的大量研究表明，儿童的视觉感受是富有我向性（autistic）色彩的，而这恰恰是最主观化的重要标志。确实，那种把感觉—知觉—表象的过程看作是同一的、质样无改的过程的想法，是一种非常天真的想象。如果说，从感觉到知觉的过程还是比较短促而且变化甚微的话，那么，从知觉到内心表象的转换中就充满了较大幅度的变异了。举例说，当我们面对长城时，我们感觉和知觉着它，内心得到一种鲜明难忘的表象。但是，表象和感知觉的区别在于这时的它已不再需要联系着特定的感、知觉活动而转化为体验、记忆和想象等的材料了，而感、知觉只有在长城这一客观视觉对象正处在我们的感觉器官所能及的范围之内时才是真实的；一旦长城离开了感觉和知觉的所及范围，感觉和知觉随即也失去了本身的意义。因此，有足够的理由可以使我们确信，经历了感、知觉并又离开了感、知觉的特定表象，其可塑性（或者变形性）远远地超过感觉和知觉。尤其是随着时间的推移和情绪的影响，来自同一视觉对象的表象可以呈现出因人而异的面貌。当画家或雕塑家把这种表象从内心托付给相应的媒介材料，其主观的、个性的意味是自可想见的。更何况美术家的内心所进行的表象本身的淡化、拼接、组合、重叠和简化等也始终在起着作用。中国画论中的所谓“意存笔先”[7]的说法仿佛恰好是创作表象特点的一种极佳概括。至此，我们在这里又该如何解释利希特和其三位画家朋友同时所作的风景画的差异呢？按理说，面对着同一景色而画，并不曾脱离感觉和知觉过程，那么，表象的变异在画画过程中也就降到比较次要的位置上。但是，这种似乎合乎常识

---

7 ［唐］张彦远：《历代名画记》，吴孟复主编：《中国画论》，卷一，安徽美术出版社，1995 年，第 93 页。

的推理结果并不吻合心理学的原理。因为，当利希特他们抬头观察眼前的风景时，固然也发生了相应的感觉和知觉过程，但是一旦他们低头挥笔作画，其感觉、知觉就必定要退居于后，所能依傍的还是非表象莫属。当然，就写生画的创作而言，不应当完全排除视觉“后象”的因素，然而这种因素的意义几乎可以忽略不计，原因在于，后象在人大脑中存留的时间极为短暂，而后象的呈现又往往需要视觉活动的暂停。譬如，注视强烈的光源，然后闭上眼睛才能有一个光亮的形象出现在暗的背景上或者一个黑色的形象出现在亮的背景上。所以，视觉后象虽也隶属知觉这一范畴，但却不太可能被写生时的画家所利用，而且，画幅上其他因素也足以干扰掉后象。我们总不能想象画家需要闭眼才能画写生作品吧。贡布里希对此有一种很准确的说法：“绘画是一种活动，因此艺术家总是倾向于看他画的东西，而不是画他所看的东西。”[8]

对于感、知觉和表象整合过程的心理学解释，也可以使我们进一步理解作品上的图像的心理意义。据说，数学天才麦克斯韦在幼年时就颇显天分。他的父亲曾让他对着一瓶菊花作写生画。画成之后，他父亲不禁哑然失笑。原来，花瓶被画成了梯形，而菊花则被画作大大小小的圆形，余下的叶子全部变成大小不等的三角形。当然，麦克斯韦笔下的写生画图像所反映的还主要是自发性的主观变异过程，即是说，他本人当时未必会很自觉地觉察出花瓶和菊花的图像变异正是他数学天赋的流露。贡布里希就曾经提及，在一些原始的部落里，人对茫茫黑夜中的星座的知觉也不自觉地表现出有趣的差别。同一颗星，不同部族的人会得到不同的印象，有的部落看到的是一头白羊，而有的部落却知觉到了一头狮子，另一些部落则可能看到了蝎子、公牛或龙虾等。这一切明显地表明了经验决定着知觉的倾向。一个从来没有接触过龙虾的部落绝不会把星座看

8 Ernst Han Gombrich, *Art and Illusion: A Study in the Psychology of Pictorial Representation*, London: Phaidon, 1977, p. 73.

作像是龙虾的东西，而更可能把熟识的蝎子和星座联系在一起。当然，这一切不都是无意的、不自觉的例子。对于成熟的美术家来说，他的知觉整合能力应当超越一般人的反应水平。从古典大师为“理性”、绝伦的美所做的种种努力到现代画家欲把个体投射到所见一切的强烈冲动，从郑板桥的竹叶风声到吴冠中对海岛渔网的特殊知觉，都无不表明艺术知觉的高度精神意味。英国诗人拜伦在《致约翰·墨雷先生函》中曾经这样写道：“在风景画中，大画家并不刻板地临摹野景，却自己创造一幅野景。自然的天然状态并不能供给他一个他所需要的风景。即使画家画一个名城或名山及其他自然风景，他也一定运用取景、光影、距离等手法加强原来风景的美点，掩饰它的缺点……他所画的天空并非自然天空的形象。它是由很多不同的天空所组成的（这些天空是画家在不同的时候观察到的），而不是任何一天的天空的全盘模仿。”[9]自然的风景如此，人文的、社会的形象也不例外。“当卡诺瓦塑像时，他采取一人的肢体，另一个人的头，第二人的五官，或第四人的体状，或者同时对他们都加以改善，像古希腊的艺术家在具体化他的维纳斯像时所做的那样。”[10]拜伦的谈论对象是古典主义的美术创作。在现代的美术创作中，知觉整合的结果到了差不多辨不出原视觉对象的地步。毕加索的立体主义绘画、亨利·摩尔的一些大型雕塑即是如此。

应当说，19世纪发明和推广的摄影术极大地影响了美术家的视觉活动。尽管追究起来的话，从文艺复兴时期以来，很多画家（如卡纳莱托、贝莱托、雷诺兹和桑德比等）已经开始借助于同摄影机相似的暗箱作画，以最大限度地接近描绘对象的原貌，但是，逼真无比的摄影才真正震撼了一代美术家的知觉经验。他们甚至惊呼，从此之后，“绘画艺术被扼杀了”！不过，和摄影术发明专利者达盖尔同一时代的画家德拉克洛瓦却在1854年3月7日给一个青年画家

9 《古典文艺理论译丛》，人民文学出版社，1961 年，第 1 辑。

10 同注释 9，其中译名有改动。

的信中由衷地感喟到："这一神奇的发明出现得太晚了，我真感到遗憾——这句话我是针对自己说的！倘若它早一点问世，那它早就为我提供了研究的可能性，对我产生了积极的影响，因为它现在还在对我产生影响……素描以自然为依据，摄影则是素描的典范，我们至今对素描的掌握还是不完整的。"事实也确是如此。摄影日臻完善的发展，为画家的知觉天地拓展了一种新的视野。譬如，逆光的魅力就是在摄影之后才被人重视的，而在自然主义绘画出现以前，光源总是会安排在画家的身后。可以说，没有摄影，德加就无法将逆光效果推向极致。当然，还有更多的事实可以证明摄影对画家的知觉整合的种种益处。如果说文艺复兴时期的画家以能有像镜子那样的知觉水平而自豪的话，那么，1839年摄影术发明之后的艺术家则另有了一面心向往之的镜子——照相机的感光屏，尽管摄影的写真效果一直不是所有画家所共同追求的。我们不难举出那种得诸照相机直接帮助的画家和作品，德拉克洛瓦的部分人体作品，安格尔的《泉》，库尔贝的《普鲁东及其孩子们》和《奥尔南的葬礼》，以及德加、劳特累克、毕加索等人的一些作品，都参考过有关的照片。至于20世纪60年代开始在美国风行起来的"照相写实主义"画派，它和摄影的情分就更是休戚相关了。不过，这丝毫不意味着画家本人的知觉整合已经失去非凡的意义。正如上面已经提及的那样，艺术家即使在作画时对照片进行最逼真的临摹，也仍会有一种独特的表象过程，只是这种表象比较靠近和忠实于物象本真面貌而已。至于画幅的大小（放大与缩小）、场景的截取等，也不能说是一种机械的行为，它们均来自主体内心的某种标准或型范。同时，正如一些学者所断论的那样，照相写实主义画派在美术史上也许只是写实主义的一种独特补充，其技术价值比其审美价值显得更为重要。因而也毫不奇怪，对照相写实主义很快就有了反拨，如"新表现主义"即是一例。饶有意味的是，摄影以其逼真无比的特点使美术家或兴奋或气馁，而它的某些疵点（如模糊、失真或变形等），也是一些画家感兴趣的对象。曾有画家把摄影处理过程中留下的缺陷喻为"画家的兴奋剂"，因为正是疵点使艺术家瞥见了艺术性的一抹彩霞。贡布里希也曾指出过，把一幅画得过于逼真的人体画置于一块颤动镜后去观赏，效果会好得多。[11]绘画如此，雕塑也有相仿的情况。我们所能见到的雕塑总是单色多于彩色，因为正是后者反而因其写真而失去了特殊的概括意味。但是，安德烈（De Andrea）的那些酷似真人的女裸体雕塑是否可以作为客观知觉论的范例呢？回答应该也是否定的。尽管安德烈动用了一切可能的手段把雕像做得具有和真实人体一样的质感，然而，这并未排斥艺术家的强烈主观要求。我们很容易发现，安德烈的每一件作品都具有一种浓郁的古典美的气息。美丽的女性双眸凝视下方，仿佛进入了沉思状态，而那种平稳、静穆的造型流淌出脱俗的安宁与静谧以及令人虔敬的庄重和芬芳。此外，艺术家对雕像底座的选择也颇为用心，他绝不随随便便地以普通家具为衬托，而是喜欢把雕像置于纯白的垫座上，为作品平添一层圣洁感。作于1980年的《自画像与雕塑》，令人不能不回味古希腊有关皮格马里翁（Pygmalion）塑像的美丽故事。这一切足以使人们相信，即使是超级写实的艺术家也同时为审美化的知觉整合下了一番苦心。

正因为知觉整合同美术家的主体世界的展开和发展有相当直接的联系，美术家对活生生的现象世界的直接接触，就成为一种绝对的需要。虽然多年以来，“下生活”业已是耳熟能详的口号，甚至还适得其反地变成走马看花、游山玩水的潜台词。但是，这只是对“下生活”误解的结果。美术心理学的相关研究可以相当有力地阐明，来自现实生活本身并且经过艺术家亲验的知觉材料远比间接的知觉刺激（如文字的描述）重要得多。苏联艺术心理学专家О.И.尼季伏洛娃曾经和她的学生们组织过有关绘画中建立形象（图像）过程的实验研究。她主持的实验通常选择6至18名被试者，其中有舞台美术家、苏里柯夫学院和纪念1905年美术专科学校的高年级学生、美术爱好者以及莫斯科大学哲学系的学生等，这样做是为了避免实验结果的片面性。其具体的做法是：向每一个参加实验的被试者单独提出任务，让他/她

11 参见［英］贡布里希：《心理分析与艺术史》，范景中编选，《艺术与人文科学——贡布里希文选》，浙江摄影出版社，1989年。

画出此前他/她并不熟悉的事物的典型形象，比如古老的亚美尼亚风格的建筑物（或者高加索的高山风景）。然后，向他们逐一地出示有关亚美尼亚建筑的照片。被试者注意和看照片的时间不做限制。看完，取走照片；这时，如果可能的话，被试者就画出他们认为是典型的亚美尼亚建筑或者预先在照片中向他呈示过的其他建筑物。主试这样做的目的，是要借助照片和图画的连贯对照，探明每一个被试者的典型图像的形成过程。为了揭示出有关被画物的重要特征的概念、知识在典型的图像形成过程中的具体作用，一部分被试者在出示照片之前已阅读了关于亚美尼亚建筑的文字材料，并被要求画出这种建筑，然后再像前面已提到的那样，看了每一张照片后再作画；另一些被试者则正好相反，他们是实验过程中间阅读有关的文字材料，通常是呈示6张或10张照片之后再作阅读的；剩下的一些被试者，在他们画出亚美尼亚建筑的与众不同的特点时，还被要求形成关于亚美尼亚建筑样式的基本特点的概念。为此，也向他们呈示同样的亚美尼亚建筑的照片，但他们研究这些照片之后不必画什么，而是陈述在观看每一张照片之后所形成的概念。所有这些最后均表明：间接的感知经验（有关亚美尼亚建筑的基本特点的文字阅读）很难达到典型的亚美尼亚建筑的图像的再现。有的被试者把它画成像东方的陵墓的构造，有的像是出自某个古典画家的某一作品，有的则干脆不像任何一种建筑风格；那种比较接近知觉原貌的照片及其回忆显然对典型图像的形成起到了比概念和知识更为直接、更为有效的作用。结果也证实了，全部被试者只有研究了许多亚美尼亚建筑的照片之后，才能成功地画出或多或少比较原本的、典型的和可信的图像。[12]所以，直接来自生活的知觉刺激（照片权当是一种比较接近的替代物）较诸间接的材料（文字说明）在美术家的心目中应该始终占有更重要的位置，否则就很难达到（或进一步转换）为一种审美的真理。

---

12 参见［苏］О. И. 尼季伏洛娃《文艺创作心理学研究》，魏庆安译，陕西人民出版社，1983年，第一章。

美术家深入地投入对象，关注其特征的所在是怎么强调也不会过分的，否则，他就难以自由地驾驭描绘对象，并且赋予其特定的个性风采。所以，黑格尔的强调至今听来仍是相当入耳的见地："艺术家创作所依靠的是生活的富裕，而不是抽象的普泛性观念的富裕。"艺术的创造活动"首先是掌握现实及其形象的资禀和敏感，这种资禀和敏感通过时常注意的听觉和视觉，把现实世界的丰富多彩的图形印入心灵里。此外，这种创造活动还要靠牢固的记忆力，能把多种多样图形的花花世界记住。"[13]心理学的实验则完全证明了这一点，即当人的视觉记忆把一个完整的表象作为一个单位处理时，其所能容纳的数目太惊人了。美国的心理学家拉尔夫·哈博曾经以每十秒一张的速度把2560张摄影幻灯片放给被试者观看。其中两个被试者在连续两天、每天四小时的时间里各看了1280张，而其余的被试在连续四天中每天只看了640张。在被试看完幻灯片最后一张的一小时以后，再以同样的速度逐一给他们呈现280对的幻灯片。每一对幻灯片的当中有一张是以前看过的，而另一张则是新出现的片子。当问到被试哪一张幻灯片是以前看过的时，他们判断的正确率达到了85%—90%。每天看1280张幻灯片的被试者同那些四天中每天看了640张的被试情况大致相仿。[14]一般人尚有如此惊人的视觉记忆力，那么专事视觉创造的美术家自然更应略高一筹。即或不能以量取胜，也可以在感受的深度上超过他人。也只有这样，艺术家才能始终自信于自己亲验的感、知觉，直至发现或表现出为人所漠视或根本不曾观察到的真实景象。当莫奈在英国展出他画笔下的伦敦时，英国人却犯惑了：我们身处其中的"雾都"果真是画家笔下的那般面目吗？那些很灰的雾气怎么一到法兰西人的眼中就变成一片紫红了呢？然而，当英国的观者疑惑地走出展览厅时，他们无异于经历了一种体验最直接的真理的快感，因为自己头上的雾气真有某种紫红的色

13 [德]黑格尔：《美学》，朱光潜译，商务印书馆，1986年，第1卷，第357页。

14 参见[美]托马斯·R.莱克斯利：《右脑的奥秘与人的创造力》，董奇译，国际文化出版社，1988年，第34-35页。

调！莫奈的知觉和表现，就这样使伦敦的市民几乎是换了一种眼光来看自己的城市。其实，莫奈的例子并不是个别的特例。再如，俄国画家库因芝作于1880年的风景画《第聂伯河上的月夜》，也引起过类似的惊讶。画家把自然色彩中的微妙变化淋漓尽致地表现了出来，让人感到画上的月亮美得真像是在发光一般，而且河水也波光闪烁，水面的涟漪甚至可让人辨出第聂伯河的流向。此画一问世颇为轰动，争睹者不断，因而专门为这一张画开了一次画展。可以说，人们是从画家的这一画中才真正领略了月光的奇妙与迷人。苏联作家康·巴乌斯托夫斯基在看了列维坦的《永远的安息》（1894年）一画后不禁叹道，他第一次看见了俄罗斯阴天的五光十色！自然景物的知觉和表现如此，人物的写照也是相仿的。据说，俄国画家列宾曾经热情地为一个帮过他许多忙的女人画肖像。无疑，这一女人在画家的心目中是善良的。不过，艺术家忠实于描绘对象的内在禀性使列宾还是在画布上兼录了这一女人的小市民气。当朋友指出这一点时，列宾大为恼火，觉得自己再真实不过地描绘了一个人。当被画者接过这无比真实的画时差不多流下了眼泪……或许，列宾的例子过于极端了点，但倒足以使我们相信，美术家的眼睛的与众不同处就在于他的知觉深入到了普通人所不曾及的地方，因而，他的表现往往会有令人意外的豁然大悟或震撼灵魂的视觉效果。

虽然画家的知觉整合方式一定是因人而异的，但是有一点却较为相近，即他们都自觉或不自觉地建立自身的优势性知觉域。无论是写实为主的画家还是抒情为主的画家，是古典艺术家还是现代主义艺术家，各自都有一种自己的优势性知觉的选择对象。由于在很多情况下，优势性的知觉可以进一步使艺术家有一种得心应手、游刃有余的自由感，因而倍受珍视。这种趋势发展到最后就造成了这种可能：艺术家一越出特定的题材范围就可能处处捉襟见肘而无以施展。事实上，对这一点即使是最能应变自如的大师毕加索也是有所觉悟的。在他风格发展的每一个时期里，题材和主题都是相对集中了的。这不能说完全与艺术家对优势性知觉的考虑无关。《孟子·梁惠王》中提到，人有时明明足以察秋毫之末而不见舆薪。其实，这正是优势性知觉的反映。

按照一般人的推想，美术家越长久、越细致地知觉其视觉对象，就越有可能达到惊人的真实之美。事实并非完全如此，这里还可能另有一番局面。依据心理学的“差异性原理”，人的知觉能力和敏感程度有时还和视觉对象的新异性（即与相熟识事物的差异程度）有关。我们发现，美术家有时宁愿占有所谓的“第一印象”，也不愿意让愈来愈熟悉起来的视觉因素渐渐地涌入脑子。这正是美术家知觉整合的又一特点。虽然我们都知道在很多情况下，“第一印象”往往是不可靠或者不太可靠的，但是鲜明的、夺目的“第一印象”却须另当别论。巴比松画派的杰出代表柯罗曾如此告诫当时尚未成名的印象派画家毕沙罗：“永远不要让令你感动过的第一印象失之交臂。”[15]这里所说的“令你感动过的第一印象”无疑属于鲜明的、夺目的“第一印象”。当代美国著名画家斯特拉（Joseph Stella）也曾经这样谈过他的一种“第一印象”：“当我第一次看见电缆时就觉得它是神奇的空中金属幽灵，流光四射的身躯犹如巨大的拱形飞虹，跨过黑色的宏伟巨柱连接着这个世界，恢宏的气势使如潮的摩天楼低头，令壮观的奇特式建筑失色，它犹如神圣天国的信使，借助高压线圈将那一望无垠的天空划分成无数音乐的空间……”[16]这种丰满而又淋漓尽致的知觉整合，对于一个对电缆几乎熟视无睹的人来说，是极难企及的。或许，正是由于“第一印象”的独特冲击力，艺术家有时对它的珍爱几乎到了无以复加的程度。德国画家奥托•迪克斯（Otto Dix）对此深有体会。他这样写道：“你知道，如果一位画家给某人画肖像，他应该尽可能不认识这个人。应该完全不认识！我根本就无须知道他的任何情况，我唯一要做的就是看见所画的对象，即他的外表，内在的东西自然就会知晓，因为外表是内在的反

---

15 ［美］欧文·斯通：《毕沙罗传——光荣的深处》，丁宁译，北京十月文艺出版社，1999 年，第 55 页。

16 ［美］多尔·阿西顿：《20 世纪艺术家论艺术》，米永亮、谷奇译，上海书画出版社，1989 年，第 106 页。

映。要是画家认识入画者太久，他就变得不耐烦，直觉就会消失。第一印象往往是正确的。一旦我完成了那人的画像，或许我会修正对他的印象……我必须要有鲜明的第一印象。若是失去，我就必须重新找到它。”[17]对此，马蒂斯似乎也有同感。他说过：“当我开始工作，我一下子记下那些表面的和新鲜的感觉，这种工作方法我使用了好多年，它常常使我满意。今天我可能还满意这种方法。”[18]其实，在中国古代画论中，也有类似的观感与见解，譬如，苏东坡就曾说过，画竹要“见其所欲画者，急起从之，振笔直遂，以追其所见”。[19]当然，所谓的“第一印象”不可能就是图像的全部内容本身，而且，上述体会也未必是人人都能领悟得到的，但是，它们均使我们对美术家知觉整合活动的全部能动性有了一些深信不疑的理解。

第二节 体验状态

康定斯基曾经直截了当地把美术家厘定为一种具有“秘密的视觉能力的人”。然而，我们应该进一步追问的是，这种“秘密”究竟是些什么呢？它的与众不同的特点在哪里呢？或许，我们可以以很多方式回答这类诘问。但是，有一层心理是不可遗漏的，这就是和美术家的知觉能力相伴相随的体验状态。

我们每个人的周围都是精彩纷呈的世界，自然和社会本身不乏视觉的“节日”。但是，并不是人人都能体验到这种充满戏剧性的视觉情境的。这

17 [美]多尔·阿西顿：《20世纪艺术家论艺术》，米永亮、谷奇译，上海书画出版社，1989年，第59页。

18 参见《马蒂斯论艺术》，《美术译丛》，浙江人民美术出版社，1987年。

19 [宋]苏东坡：《文与可画筼筜谷偃竹记》，李福顺编著：《苏轼与书画文献集》，荣宝斋出版社，2008年，第107页。

里的主要原因就在于，所有的视觉事件大致上都有两副面孔：物理境和心理场。按照格式塔派心理学的研究，所谓物理境指视觉对象的完全、纯粹的客观存在，这是每个人的视觉都能努力达到的对象；而心理场则是指人的心目中的事物状态。在物理境中，环球也许不过是宇宙中的一粒微尘，而人的生命更是微乎其微的偶然事件。但是，把地球和生命置于心理场中就是另一番景象了。地球是人类生命所紧相拥抱的厚土，是人类创造和奋斗的立足之地。同样，月亮若在物理境中也只是一颗自己不会发光，也不存在生命的荒漠星球，但是，在美术家的心理场中却是一种具有原型意味的描绘对象，可以融入无尽的忧愁、相思和憧憬等。自然对象尚且如此，社会对象的视觉体验就更有显著和微妙的差异了。马克思在著名的《关于费尔巴哈的提纲》中的告诫是值得我们反复思考的，即“对事物、现实、感性”，不仅要“从客体的或直观的形式去理解”，而且，还需“从主观方面去理解”。[20]

虽然产生物理境和心理场的反应差并不只是发生在美术家身上，每一个具有体验能力的人都可能在同一视觉对象上看出两层不同的视觉意义，但是，比较而言，处在功利或实用气息中的人对这两种视觉意义所产生的反差的敏感程度和反应范围是颇为有限的，同时，反差的关系往往多为常规性或随意性的关系。因而，在一般人那里，差异性反应仍然属于态度的体验；而在美术家那里，则成为在知觉之上的又一种审美能力的表现。如果说物理境是一种既定的、客观的世界，那么，心理场就是充满变异和主观化的天地，后者能更有力地把美术家的内心素质和心理品格包容进去，诸如信仰、理想、需要、动机、习惯、兴趣、气质、能力、记忆和心境等，都能汇入一种属于人的创造境界。在这种意义上说，与心理场相关的体验是同艺术表现的崇高使命息息相通的，美学家鲍桑葵和桑塔耶纳等人都曾经把伴随着知觉活动

20　参见《马克思恩格斯全集》，人民出版社，1960 年，第 3 卷，第 3-6 页。

而直接产生的“知觉情感”看作是知觉对象的一种固有性质，这是不无道理的。在此之前，英国哲学家洛克的思路无疑占据了统治地位。在他看来，事物只有这样两种性质：1.是指知觉对象的大小、形态和数目等不以环境的改变而改变的性质，即“第一性质”；2.是指依存于人的感知而存在的性质（比如色彩、音响和气味等，它们只是光波、音频和化学分子等），即“第二性质”。但是，鲍桑葵、桑塔耶纳等人却认为，洛克恰恰遗漏了事物的“第三性质”，即视觉对象的表现性性质。这一补充是至关重要的。视觉对象的“第一性质”和“第二性质”由于基本上是物理境中的事实，虽然是艺术家有所知的材料，但是还不能构成创作的主导意义，而对于“第三性质”的情感性把握恰恰是美术家的一种特别的内心视觉。我们不妨虚拟这样的情境：画家面对的是一所用圆木搭成的小木屋，它和整个树林融成一体，透发着森林的特别气息。至此，画家与普通人的知觉还是基本一致的。也许只有到了这一步才能得到缪斯的微笑：这一木屋是林肯童年生活过的地方，在这里他和母亲有过最困顿的岁月……这时，对于木屋的知觉就可能成为“知觉情感”，从而也可以变成摄人心灵的图像。把卢奥的那句偏激的名言用在这里倒是再恰当不过的了：“主观的画家是一只眼的人，而客观的画家是盲目者。”[21]换一句话说，只有进入主观化体验的艺术家才能拥有更多和更深的视觉发现。无疑，美术家的体验到了所谓的“仁者乐山”“智者乐水”“喜气写兰”“怒气写竹”的中国传统绘画那里，已走到了一种极致的自由境界。

由于美术家总是需要一种体验状态才能进入描绘对象（尤其是社会性的对象）的内里，并在这种基础上找寻到叩动观者心弦的情感力量，所以仅有通过一般感知活动而获得的素材的结果，还是相当初步和基本的。艺术家还要有意无意地培养一种和艺术效果相关的体验的积累，使之不至于是一

21　《宗白华美学文学译文集》，北京大学出版社，1982 年，第 247 页。

种稍纵即逝、恍恍惚惚的幻象，而是实实在在、一唤即起的反应性。在这一点上说，美术家绝不是见什么就能画好什么，还需要把握一种内在的诗情。要做到这一点，没有相应的体验积累是比较困难的。有眼光的美术家为了避开粗糙的写实性，常常是明智地求助于记忆这一能够把事物情绪化的心理机能。桑塔耶纳就此有过一段颇为精彩的谈论："假使过去的形象逐渐隐退，假如它们留在心中仅仅像一线暗示幸福的光辉笼罩着眼前的景物；那么，这景物即使本身空虚而乏味，也会有一种深刻而亲切的魅力，我们甚至乐于欣赏它的凡俗。我们就不会欣然承认是'爱屋及乌'，我们反而说：'我爱这片风景，它对我有一种说不出的吸引力。'回忆的宝藏业已烟消云散，现在为那取代它们的景物镀上金辉……"[22]记忆的这种神妙绝伦的诗化作用使人们不得不叹服，把缪斯们当作摩涅莫绪涅（记忆女神）的女儿实在是再合适不过的先见之明了。或许正是有感于记忆对体验的特别作用，印象派大师德加很肯定地说过："把看到的东西摹写下来，这很好。把只能在记忆里看到的东西画出来，那就更好，这是一种改造"，这样，你也就会"表现使你感动的事物，也就是非表现不行的事物"。[23]这种体会看起来似乎和我们在讨论"知觉整合"一节中"第一印象"论有些矛盾，但究其实质却是相通的。因为，"第一印象"所捕捉的是最鲜明感人的视觉特征所具有的特殊效果，而通过记忆积储体验也是为了达到一种突出的视觉感染力，使杂乱不清的印象在心灵的时间之维上慢慢地清晰和浑厚起来，成为一种意味十足、非表现不可的视象，即是说，两者都直趋艺术的审美表现，让创作主体本人瞬间的或者压缩了的情感得以恰当的迸发或流淌。

心理学的研究表明，一旦人的感受器官脱离了具体的视觉对象，该对象在人脑中的印象（即表象）就立时开始泛化，开始部分地失去原有的直感性

---

22 ［美］乔治·桑塔耶纳：《美感》，中国社会科学出版社，1982 年，第 131–132 页。

23 参见《世界美术》，人民美术出版社，1979 年，第 3 期。

和丰富性。但是，这仅仅是一方面。另一方面，人的激情又会把表象的某一部分加以巩固、强化，使之具有异乎寻常的特点。显而易见，一个心静如水的人和一个被情感燃烧着的人对于同一视觉对象的反应和摄取是不可能同一或相近的。一般地说，处于明显的体验状态中的人面对特定的视觉对象，其表象活动会显得较为活跃，而且，表象与表象相互辉映、烘染和浸润。譬如，雕塑大师罗丹对女性美的丰富联想就是和其内心的情感连接在一起的。他曾说："在梳发的女人里能够存在着天空星群的运动。如果她带着飞扬的头发立在大海前，人们将不知道是大海美，还是她更美，因为她自己就是海……"[24]这真是从情感中产生的想落天外的惊人之美！如果说，一般人的体验——表象活动更多是属于境遇性的话，那么，对于美术家来说，就应该内化为一种仿佛天生的禀赋了。所以，正如德拉克洛瓦所描述的那样："我们在最有趣的风景前面，只得到视觉的满足？不，我们不仅被风景本身的魅力所吸引，而且还有许多其他印象，这些印象甚至使我们离开对风景本身的观察"，而这种印象的不可阻遏的纷呈正是"同这一时刻的思想情绪有关。这样，我们在不同时候感受到的同一形象就会产生不同的印象"。[25]可以想见，创作中题材同一，图像却不一定同一，而是风采各异，情致有别。这些都和美术家特定的体验状态内在地维系在一起。如果说一般的认识活动是步步逼近客观对象的本质规定性，那么，美术的创作则是进一步以体验把握心灵和特定视觉对象之间的联系，这种把握与其走向客体本身，毋宁把对象主观化。在这种意义上说，体验所征服的是主体和客体的对峙，造就的则是内外的另一重相互统一的世界，它是视觉心理的一种非凡延伸。

美术家为了给自己的精神产儿赢得未来诞生后的由衷喝彩，不仅要以情感这种"内心视觉"（或称"知觉情感"）拥抱自然、接近现实，而且，在经

---

24 《宗白华美学文学译文选》，北京大学出版社，1982 年，第 171 页。

25 ［法］德拉克洛瓦：《德拉克罗瓦论美术和美术家》，平野译，辽宁美术出版社，1981 年，第 292 页。

营自己作品的形式时，也还自始至终需要一种特殊的体验，即所谓的“形式情绪”。怎样使自己的作品形式达到合宜的心理张力或“气韵”，根本上也是一种体验的课题。沃林格尔甚至把艺术的形式强调到了这样的程度：“绘画中的一个圆块，要比一个人体更有意义”“一个圆圈上的三角形锐角的冲力所产生的效果，并不比米开朗基罗绘画中上帝的手指触及亚当的手指的力量小”，[26]等等。这些言之过甚的见解倒凸示了美术形式的重要性，只是要补正的是，没有美术家的情感灌注，这样的形式力量也是无法想象的。在某种意义上说，“形式情绪”像是一把特殊的无形之尺，把平庸和超凡、虚空和雄浑、乏味和隽永、局促和氤氲等区分得清清楚楚。一个经过专门训练的运动员一旦运动成绩迅速提高到接近世界水平的某一段时，就容易出现“高原现象”（plateau phenomenon）[27]而徘徊不前，虽然世界水平已近在眼前，但是，要达到这一水平却殊非易事，因而，往往是一点点的差距就决定了运动员是一流的还是二三流的。同样，平庸之作和伟大杰作有时也可能是只差某一点点而在审美意义上却判若云泥。应该说，在某种程度上，寻求和把握那种能使作品焕然一新的最佳“形式情绪”比起“知觉情感”活动要困难得多，因为前者不仅仅是一种技术上修炼的结果，而且也还是一种植根于悟性深处的反应能力。托尔斯泰在《艺术论》中曾经把关键的形式看作是“无限小的因素”，但正是这些因素左右着艺术创作的成败与高低，困难就在于“要用外表的方式教人找到这无限小的因素，那是绝对不可能的。这些因素只有当一个人沉醉于感情中才能找到。无论怎样的教导都不可能使舞蹈者正好合乎音乐的节拍，使歌唱者或小提琴演奏者正好抓住音的无限小的中心，使作画的人从所有可能画出的线条中选中唯一正确的一条……所有这一切只有感情才找得到”。[28]我们也确实可以体会，特定的形式情绪一经物化有时就几乎是不

26　转引自[英]赫伯特·里德：《现代绘画简史》，上海人民美术出版社，1979年，第106页。

27　“高原现象”是指技能的提高过程中出现的暂时的停滞状态。

可改变或转换的。如果把一幅版画改印在丝绸、日本纸或荷兰纸上，如果把大理石雕塑改铸成青铜塑像，如果把杰作加以放大或缩小等，那都可能带来对原作的损害。增之一分太长，减之一分太短的情形没有比在艺术中表现得更明显的了。应该强调的是，美术家的"形式情绪"的形成与提高并不一定是象牙塔里苦修的结果。在很多时候，它恰恰是和面对现实的知觉整合相联系的。张旭观公孙大娘舞西河剑器而使草书有令人刮目相看的改观；而据苏轼的《东坡志林》，张旭还因看过担夫争路而大增艺术悟性；《宣和画谱》卷十九（草书七）亦云，怀素"一夕观夏云随风，顿悟笔意，自谓得草书三昧"。抽象性的艺术所对应的"形式情绪"如此，有关具象的创造活动就毋须赘言了。

更为重要的是，体验状态是天然地和美术家心仪的最高境界——诗或音乐——的创造联系在一起的。如何从视觉描绘的实在性和有限性走向精神的超越性和无限性，构成了伟大艺术家的重要心结。诗和音乐的表现境界正是视觉艺术跃迁的契机所在。英国批评家佩特就不止一次地指出过，美术的最高表现就是趋向音乐的境界。在《论文艺复兴》一书中，佩特把最崇尚写实理想的威尼斯画派的风景画也看作是"逼近音乐"的努力。可以注意到，不仅是浪漫派的美术家（如德拉克洛瓦）总是要拓求一种诗的境地，写实派的美术家（如雕塑大师罗丹）也坚信艺术就是诗。这些不渝的追求和信念倒并不是要把美术混同于其他门类的艺术，而是要使绘画和雕塑更为自由地表现，从而也更深地触及观者的灵魂，在他们的内心留下永恒的回音。就此而言，美术家的体验状态的提升是同具体作品的生命力休戚相关的。失落或是削弱走向诗或音乐的超越性体验，就无异于疏远了艺术的最高馈赠。一切的关键和困难就在于我们很难通过外在手段建筑起诗或音乐的视觉性殿堂，而只能通过内在的体验去寻味和体认，通过隐喻或象征暗示无限的表现性空间。东山

28　参见[俄]列夫·托尔斯泰：《艺术论》，张昕畅、刘岩等译，中国人民大学出版社，2005年，第109-110页。

魁夷的画或许是个样本。吴作人曾称："他的画已经远远超出了再现自然的表象，而是能说出自然内部蕴藏的真实和阳明阴晦所赋予的诗情。"[29]这当然是相当曼妙而又内在的表现性极境。对于真正的美术家来说，只有上升到这种的体验水平才有希望贡献出能为美术史记上一笔的视觉瑰宝。

当然，并不是所有的体验状态都会对美术创作的知觉情感和形式情绪产生积极的影响。古罗马的美学家朗吉弩斯在著名的《论崇高》中就曾经写下过这一至今仍值得深究的结论："那些巨大的激烈情感，如果没有理智的控制而任其为自己盲目、轻率的冲动所操纵，那就会像一只没有了压舱石而漂流不定的船那样陷入危险。它们每每需要鞭子，但也需要缰绳。"确实，情感（尤其是激情）一方面构成了美术的真正中心，而另一方面美术创作中所选定的视觉对象必须不仅仅是美术家自己所意识到的和受感动的，而且还必须对内蕴的意味按照其整个广度和深度加以彻底的体会。否则，所谓的体验状态就可能是有点外在的东西了。激情如此，心境亦然，它也可能使创作主体轻易地迷恋于某种看似有意义实际上却肤浅而又短暂的视觉价值。这种价值即使是在强调瞬间感受的马蒂斯那里也是尽力要避开的东西，因为情绪的肤浅往往导致作品的空洞无物，而理想的画面则应该是一种感受的凝缩。所以，也只有那些真正使创作者本身也深为所动的体验状态，才能成为震撼或抚慰观者心灵的内在力量。这同时说明了，美术家必须经历一种从自发的、粗糙的、朦胧的情绪走向自为的、细致的和深刻的情感的过程。美术之所以有其独特的审美力量并不单单是因为视觉印象的强烈，而且还有蕴含在视觉因素之中的体验的深刻性。失去后者，前者也就只是一般好奇心满足对象的性质而已。总而言之，在美术家的心理结构中，体验状态是使创作走向美的阿基米德之点。在这种状态中时时刻刻进行着也许是难以逆料却又无疑与作品的审美效果直接相关的辩证运动。因而，美术家如何维持和深化自己的体验状态应当成为一种常醒的意识。

29　参见吴作人：《巨匠的伟构》，《世界文学》，人民文学出版社，1978 年，第 1 期。

第三节
图像想象

1817年，在《致玛丽包洛夫娜公爵夫人书》中，歌德曾愉快地声称:“想象……鼓舞着整个人类——假如没有它，人类会沉陷在黯然无生气的状态里。”[30]这无疑是对想象在整个人类生活及其发展中所呈现的非凡意义的肯定。正是因为想象的普遍存在，人的生活才与纯粹的生存拉开了距离，从而变得多彩多姿，而且是永远不乏对未来的憧憬和创造。

在艺术创造中，想象的重要性也几乎不言自明。德国哲人黑格尔认定，“真正的创造就是艺术想象的活动”“最杰出的艺术本领就是想象”。[31]五代画家王维在其《山水论》中说过:“凡画山水，意在笔先。”[32]这就将想象的作用强调到了极点。没有创造主体的想象（“意”）在先，山水的意境就无以实现。

如果说文学的想象凭借文字这一媒介尚有相对间接的特点，那么，诉诸视觉的想象则有更为直接的力量。无论是落实在具象上的想象，还是立足于抽象的想象，都会在平面或立体的诸种媒介上一一地具现出来，而图像则会进一步与观者有着再具体不过的眼与心的互动。因而，图像想象贯穿于美术创造的主要环节，是创造主体内心不可或缺的禀赋和能力。事实上，艺术家即使有再丰富过人的人生历练，也不可能穷尽人世万物的诸种奥秘。个体的生命总是有限的，而无论来自过去、现在还是未来的认识和体验对象常常只会令人有惊鸿一瞥的感觉。主体之于客体的关系从来就是一与多的对应状态。在人无法一切均能亲验，同时也不会轻易满足于既有的认识和体验的情况下，想象所要开拓的空间就显出了特别的意义与魅力。描绘那种没有自己在场的历史故事，表现别人的内在世界，探究未来时态中的方方面面以

30 参见《外国理论家作家论形象思维》，中国社会科学出版社，1979年版，第34页。
31 [德]黑格尔:《美学》，朱光潜译，商务印书馆，1986年，第1卷，第50页，第357页。
32 俞剑华编著:《中国古代画论类编》（上），人民美术出版社，2004年，第596页。

及进入非具象的造型领域等，想象成为艺术家理所当然的强劲推手甚至灵魂伴侣。歌德坚持认为："艺术要通过一种完整体向世界说话，但这种完整体不是他在自然中所能找到的，而是他自己的心智的果实，或者说，是一种丰产的神圣的精神灌注生气的结果。"[33]如果米开朗基罗不能运用他的瑰丽想象，其西斯廷礼拜堂中的天顶画就不可能给人以一种想落天外、纵横开阖的宏大格局；倘若罗丹没有展开无所羁绊的想象，其巨作《地狱之门》就断然没有那种催人思究的悲剧性力量；假如亨利•摩尔只能事无巨细地再现对象，那么，其众多既变形、简约而又令人有绵绵情思的雕塑就会显得非常单调和乏味。

想象具有感性、情感色彩、回忆、联想乃至创造性的特点。而且，它贯穿在创作的各个阶段中，是极为活跃的内在力量。

在再现性的艺术中，无论是面对历史、现实，还是未来，其实都是需要想象的。尽管眼睛的观察十分重要，但是，仅仅停留在感知觉的水平上，是诞生不了伟大杰作的。艺术不仅仅只是提供目击对象的替代品而已，而且要奉献和分享某种新意盎然的视觉印象。事实上，许多伟大的艺术品看似是一种忠实的记录，细视之下，则是一种用心良苦的巧构妙想。大卫的《拿破仑加冕典礼》岂止是一历史事件的实录，而更是艺术家驰骋想象、极尽颂扬的用意所在，因而渲染了拿破仑鄙视一切的气势和宏大的场面（实景在巴黎圣母院，其实亲临之反而会觉得非常窄小）。确实，即使是看起来实录周遭生活场景的作品，譬如，美国画家霍普的油画，貌似最熟悉不过的人与景，也会令人在感同身受的同时，产生绵绵不绝的感触与联想。他的画仿佛总有一种画外之旨，耐看至极。常常有人习惯于把西方古代艺术仅仅归为再现、写实的描绘而已，这实在是太皮毛之见。伟大的艺术，无论东方抑或西方，都属于穷高极远的非凡创造。这也是很多艺术杰作常常令人有说不完道不尽的美的缘由所在。威尼斯画派的乔尔乔内的《暴风雨》（见图6-1）可谓写实，可是，至今为止，虽然

33 ［德］爱克曼辑录：《歌德谈话录》，朱光潜译，人民文学出版社，1978 年，第 137 页。

据说有多达一百种以上的不同阐释结果，[34]却依然没有一种是足以令人信服的解释。此例或可说明真正伟大的杰作真是说不尽、道不完的神奇对象！那些博物馆里的艺术精品之所以可以傲睨岁月，散发出无尽的魅力，让人们一而再、再而三地重温、回味，就是因为其中已经有了想象的超越、精神的提升。

至于表现性、抽象性的艺术，它们同样需要想象的推动。德国浪漫派画家费里德里希的风景画确实是写照了北欧的崇山峻岭，可是，又并不尽然。因为置身在他的画前，你分明会融入一种崇高的沉思和遐想，似乎有点接近中国诗人陈子昂的那种高远悲怆的境界："前不见古人，后不见来者。念天地之悠悠，独怆然而涕下。"在这里，艺术家的想象——将渺小的自我置于巨大的自然之境之前——无疑是提升了具体描绘的诗性空间。康定斯基的一些作品几乎无涉具体可以对应的实际物象，却可以洞开一种令人回味和遐想的奇妙空间。好的抽象恰恰就是最有想象性的，虽然它业已超越了借助于具象的参照，却指向了自由的联想或体悟的层次。中国老子所谓的"大象无形"，更是将抽象、虚象（最高意义上的形象）看作是一种哲理的极致。可以肯定，如果没有与创造想象相对应的接受者的想象，那么，抽象艺术的魅力也会大打折扣。

首先，图像想象就是时空的新造。卡莱尔（Thomas Carlye）就曾信誓旦旦地说过："伟大的灵魂……是忽而臻于九天之巅，又忽而陷于九地之渊的。"[35]中国文人陆机在其《文赋》中的所谓"笼天地于形内，挫万物于笔端""含绵邈于尺素，吐滂沛乎寸心"，以及"精骛八极，心游万仞"等，[36]虽然不是专指图像的想象，但是，其中所强调的艺术构思的广度与自由性倒也是极为贴切。我们知道，任何想象都不是无源之水、无根之木。所有的想象均有赖于大脑已经积累的记忆素材，也就是说，一方面，想象确实可以超越既有的经

---

34 See James Elkins, On Monstrously Ambiguous Paintings. *History and Theory*, Vol.32, No.3, October 1993, p. 236.

35 转引自［美］朱立安·李步、D. 杰布罗·赫士曼，《躁狂抑郁多才俊》，郭永茂译，上海三联书店，2007 年，第 5 页。

36 叶朗主编：《中国历代美学文库》（魏晋南北朝·上），高等教育出版社，2003 年，第 163-166 页。

图 6-1 乔尔乔内《暴风雨》约 1505—1508 年，布上油画，82×73 厘米，威尼斯美术学院美术馆。

验，从而进入一种全新的主观时空，可是，另一方面，构成想象的起点与过程的表象材料却恰恰又是来自创造个体内化了的经验世界。在艺术中，无论是神话题材、历史题材的构想，还是现实生活或未来图景的观察与憧憬，都是一种时空的重建或创建。文艺复兴时期大量关于古代世界的描绘，譬如拉斐尔的《雅典学院》，把想象推到了极致，从而有了自由的表达。同样，不少宗教题材的绘画也不能没有想象的佐助。达·芬奇断不可能亲临《最后的晚餐》的现场，可是，他的想象却凸示出了最有戏剧性的一刻，也就是画面叙事的高潮。米开朗基罗也根本不可能亲睹《最后的审判》的场景，可是，他不但有了想落天外的想象，呈现了天堂、炼狱和地狱，而且，饶有意味的是，自己竟两次穿越其中（留下两处自画像的细节，其中一个自画像被后世抹掉）。没有大胆想象的佐助，哪有这么奇妙而又睿智的自我表现！[37]

其次，想象澎湃的时候也伴随情感的不断酝酿与展开。《文赋》中所谓“情曈昽而弥鲜，物昭晰而互进”，正是一种想象与情感互为力量的奇妙过程与结果。在中国画论中，我们常常可以读到类似于郭熙《林泉高致》中提及的“春山淡冶而如笑，夏山苍翠而欲滴，秋山明净而如妆，冬山惨淡而如睡”或

37 参见拙文《漫议西方名画中的细节问题》，《文艺研究》，2014 年第 5 期，第 14–25 页。

者王微《叙画》中所谓“望秋云，神飞扬；临春风，思浩荡”的句子。黑格尔认为：“艺术家须用从外界吸收来的多种现象的图形，去把他心理活动着和酝酿着的东西表现出来。”[38]在狄德罗看来，只有在当激情澎湃、想象奔涌时，画家的眼睛才会一直望着他的画布，微微地张开口，气息喘急，而拉斐尔、加拉雪等都是富有情感的大师，他们的艺术杰作产生于“强健的想象力中”。[39]由此，我们正可体会一下，想象与情感是多么的难分难解，而且由此舒展开来的意象世界又会是何其迷人和韵味十足。事实上，想象的力量不仅通过情感营造了艺术的感人氛围，同时，也有可能极大地丰富和提升其中的内涵。就如英国诗人华兹华斯所说的那样：“想象力最擅长的是把众多合为单一，以及把单元分为众多——这些变化是以灵魂庄严地意识到自己强大的和几乎神圣的力量为前提，而且是被这种庄严的意识所制约的。”[40]确实，想象是创造主体借助原有的表象记忆和经验，在认知与情感的激发下，通过自觉以及不自觉的表象群的连接、叠合、变异和形形色色的衍生等活动形成新的形象的特殊心理过程。应该指出的是，有时艺术家会遭遇这样的特殊矛盾：经验世界的丰富性并非就是想象的多彩多姿，反而，主体的单纯、年轻甚至幼稚的状态可以趋向灿烂多姿的想象天地。

再次，想象所依傍的资源厚度和情感积累深度的结合有可能导向创造所必需的个性风采。中国文人陆机在其《文赋》中感慨：“情曈昽而弥鲜，物昭晰而互进。”我们也常常赞叹创造所呈现的各异其面的独特性。如前所及，经验世界的丰富资源固然有可能为想象的展开提供原材料，但是，也有可能成为束缚想象的某种力量，尤其是在情感的展开还不十分充分的情况下。在这一意义上说，情感是想象的润滑剂和推进力量，促成经验世界的表象材料具有更为主观的和个性的色彩。想象要获得打动人心的效果，就特

---

38 [德]黑格尔：《美学》，朱光潜译，商务印书馆，1979年，第1卷，第357页。
39 [法]狄德罗：《绘画论》，《文艺理论论丛》，人民文学出版社，1958年，第4期。
40 刘若端编：《十九世纪英国诗人论诗》，人民文学出版社，1984年，第46页。

别需要依赖于具有强烈感染力的情感。歌德曾经感慨："我的情绪无法一直保持饱满的状态，可是如果情绪不饱满，我就一无是处。"[41]与此同时，借助于想象，艺术家所表达的情感也会焕然一新。正如席勒在《论悲剧艺术》中所说的那样："想象越生动活泼，也就更多引起心灵的活动，激起的感情也就更强烈。"[42]所以，想象与情感的关系并非一般的联系而已，而是一种互为表里的深刻交融和促进。诗人济慈说过："我只确信内心感情的神圣性和想象力的真实性——想象力把它作为美来捕捉到的一定是真——不管它以前是否存在，……想象力可以比作亚当的梦——他醒来时，发现梦境成了现实。"[43]这是一种全新的艺术世界的诞生，既与现实有联系，又与现实拉开了距离。所以，毕加索言之凿凿："凡可想象皆真实。"[44]这是何其美妙的艺术转换！

我们知道，艺术家常常有打"腹稿"的体会，而这其实多少就是想象的过程，而且，我们也可以发现，有些"腹稿"到了最后可能会有面目全非的结果。透过X光透视，我们得以了解，有些艺术品上是有所谓"*pentimento*"（被改笔迹）的。自从凡•埃克创造了油画这一表现方法以来，古代大师笔下的"*pentimento*"可谓司空见惯。[45]像提香、卡拉瓦乔和伦勃朗等画家常常不打底稿，而是直接在画布上作画，这样，画布上的"*pentimenti*"数量就屡见不鲜了。也就是说，他们的腹稿与最后的定稿常常是有差别的，其间，想象与情感的走向不是完全依从创造主体的原先构思，而是导向更为吻合艺术境界的方向，从而显出最有特色的面貌。

41　转引自［美］朱立安·李步、D. 杰布罗·赫士曼，《躁狂抑郁多才俊》，郭永茂译，上海三联书店，2007 年，第 4 页。

42　《古典文艺理论译丛》，人民文学出版社，1963 年，第 6 册，第 94 页。

43　郑法清、谢大光主编：《济慈书信选》，王昕若译，百花文艺出版社，2005 年。

44　Richard W. Pound, *Quotations for the Fast Lane*. McGill-Queen's University Press, 2013, p. 270.

45　See Creighton Gilbert, On Subject and Not-Subject in Italian Renaissance Pictures, *The Art Bulletin*, Vol. 34, No. 3, September 1952, p. 211.

第四节
视觉思维

在不少人的观念里，美术创作仅仅是“感觉”的作为，而根本不是思维可以立足的地方。然而，且不说时髦得有点过了头的“感觉”是一种被误解得多么厉害的概念，我们只要面对任何作品的图像，就能够发现它们都程度不同地包含了和思维的运动方向仿佛一致的性质——抽象。一幅画上的马其实不过是一种呈跃立姿态的双曲线，而一头牛也不过是一个略显修长的矩形。当然，抽象的程度是各不相同的，但可以肯定的是，无论是哪一种画或雕塑都必定要比实际的事物抽象得多。即使是一幅看上去颇逼真的17世纪的荷兰风景画，实际上也经过了视觉的选择和组织，从而使它的题材更加形式化。一生对美术活动保持非凡热情的巴尔扎克曾在《论艺术家》中写道：“艺术作品就是用最小的面积惊人地集中最大量的思想。”[46]确实，真正的艺术家总是有志于从具体的图像中自然而然地溢出比图像本身要抽象、深远得多的意味，从而变为对人类存在的某种本质的视觉陈述。当然，要达到这种无愧于哲学的特殊深度殊非易事。只有那些伟大的作品才会大于其创造者的意识所意识到的东西，而构成人的视觉所更加向往的深刻世界。赫尔曼·巴赫尔（Herman Bahr）很是自信地肯定道：“所有的绘画历史在某种意义上也是一部哲学史，尤其是一部从未见诸于文字的哲学史”，其根据就如歌德所说的那样在于“‘在每次对世界专注的扫视中，我们都在推理’。因为只要我们对所看见的物体不进行思考，我们其实根本就没有看见它。看始终意味着去认识。”[47]

但是，显而易见，上述的观感已同西方的思维论传统大相忤逆了。虽然古

46　引自《古典文艺理论译丛》，人民文学出版社，1965 年，第 10 辑。

47　赫尔曼·巴赫尔：《表现主义》，弗朗西斯·弗兰契娜编：《现代艺术和现代主义》，上海人民美术出版社，1988 年。

希腊的亚里士多德在其《灵魂论》中就说过："离开心理图像去思考是不可能的"，但是，必须承认，一种更为强大、更占优势的认识倾向是，知觉总是具体的、个别的和直接的，而思维则才是抽象的、一般的和间接的。同时，知觉总是低于思维，原因就在于虽然没有知觉就没有思维的材料，然而，思维最终是抛弃知觉性的。所以，知觉终止之时正是思维开始之时。在这一意义上说，知觉和思维是排斥的、非亲和的。这种两分法（即一方不能容纳另一方存在的思路）可以以笛卡尔、莱布尼兹和贝克莱等人为代表。依照阿恩海姆的说法，这种割裂视知觉和思维（推理）的做法一直影响到了今天。譬如，在发展心理学（developmental psychology）的领域里，皮亚杰的追随者布鲁纳（Jerome S.Bruner）即认为，儿童探求世界要经历下列三种认知发展阶段：1.活动阶段；2.图像阶段；3.语言阶段。问题在于，这种排列与描述暗含了这样的意味：每一个认知模式都被限定在特殊的运作（operation）范围之内，互相之间界限分明。不过，并不是所有的心理学家都接受既定的思维论传统。沃尔克普（Lewis E.Walkup）就试图用实验证明，不放弃表象的推理活动（如计算一个立体结构中的彩色构件的数量）不仅同样直接有效，而且还充满了愉悦的因素，而整个活动若离开了对具体的彩色块的视知觉，就几乎不能顺利进行。[48]著名心理学家爱德华·B.铁钦那更是以大胆的怀疑精神在其《关于思维活动的实验心理学讲演》中，描述了一些和"常识相冲突"的情形："在我的大脑以正常状态活动起来时，它便是一系列清晰而又完整的画廊——不是由已定稿的画组成，而是一系列印象式的画稿，每当我读到或听到某某人在虚心地或严肃地、骄傲地、谦卑地和殷勤地做某件事情时，眼前就立刻呈现出'虚心''严肃''骄傲''谦卑'和'殷勤'等的视觉形象。"在阿恩海姆看来，这段话代表了一种新时代的声音，因为心理学家明明确确地在告诉我们，种种印象（表

48 R.Arnheim. *New Essays on the Psychology of Art*, p. 15.

象）的忽隐忽现，既不是说明我们对这些事物没有完全把握，也不意味着心灵对它们进行了切割。表象尽管时或明晰又时或虚幻，却也指涉着一种抽象的性质（如“谦卑”“严肃”等）。[49]这就促使人们进一步思考：思维所需要的东西仅仅是概念、判断和推理吗？虽然人们知道视知觉在对某种关系的“接通”（如“蒙太奇”和对某些难以描述的结构的揭示）方面有着自己的优势，但是，在心理学上确立这一点却又经历了相当艰难的过程。

在美术领域里，倒是S. 朗格的“符号表现论”得到越来越广泛的接受。人们更看重经过思维统摄的艺术表现，而不是相信所谓唯情感的自然化流露。这其实也是由来已久的倾向。德拉克洛瓦这位以激情著称的浪漫派大师就从不低估思维的重要性。他曾谈道：“画家在作画的时候看着，或者考虑着所见到的东西，在自己的心里加以想象；可是究竟是什么，使他坚持自己最初的设想呢？谁能向我证明，他所描绘的，不只是构思的模糊的影子。没有任何一个美术家，或者作家，不下百次地修改自己的作品，尽可能准确地表达自己的思想。要知道，即使在能够控制自己的思想的、最强烈的意志、与最活动的头脑的情况下，进入到脑子里的思想，往往还是经常要溜走的；那时候，美术家只能够表达一半，或者甚至只是四分之一的思想。”[50]像米开朗基罗那样仰躺在西斯廷教堂里搭起来的高高脚手架上画着系列巨作时，确是不可能凭所谓的“感觉”和冲动能完成得了的。在美术家的心目中，不应该迁就粗糙或十分浮泛的“感觉”“情绪”等，而应对“心灵的更高旨趣”孜孜以求，始终不懈。不过，在这里，美学家的论断和美术家的言论都显得过于轮廓化了一点。所以，还须对视觉思维的特异性作稍微具体一些的描述。

首先，看一下视觉思维和非视觉性的抽象思维的差异。第一，如果说非

---

49 参见［美］阿恩海姆：《视觉思维》，滕守尧译，光明出版社，1986年，第177页。

50 ［法］德拉克洛瓦：《德拉克洛瓦论美术和美术家》，平野译，辽宁美术出版社，1981年，第33页。

视觉性的抽象思维的基本材料是概念的话，那么，视觉思维则是一种具体而现实的表象（在作品中就成了图像或形象）。视觉思维的这种结果往往是人们所忽略不计的，因而就会无视它的重要意味。其实，当我们看到某一幢宏伟的建筑，感到它与另一座建筑相像时，已经不知不觉地包含了视觉思维的过程，因为如果没有对以前知觉到的建筑其艺术特点的某种视觉概括，那么，就不可能有什么“相像”的感受。在这里，无论是概括还是“相像”都未必非有抽象概念的参与不可。在中国的文人画中，“以不画出、不说出以示画不出、说不出”[51]的逸笔草草，所追求的也无疑是一种更为空灵而又意蕴十足的抽象境界。但是，图像本身始终是具体的和直接的，并不转化为概念。第二，如果说非视觉性的抽象思维总是以语词为主要媒介的话，那么，视觉思维却既可以和语词联系在一起，也可能同语词相睽，或有时让语词无法触及。以色彩为例，当一种灰色可被分辨到两百多种时，语词是很难一一对应的。心理学家也曾有过这样的实验：被试画家一边画，一边随口说出具体的心理过程。但是，几乎没有一个（被试）画家能顺顺畅畅地从头说到尾。这就意味着画画时的视觉思维过程并不完全是一种可以表达的言语活动，两者分属不同的意识系统。尤其是当视觉思维还具有某些无意识的、自动的性质时，这种与语词脱节的现象就更加明显了。第三，视觉思维较诸非视觉性的抽象思维具有很强的稳定性。改变一种概念上的错误往往比改变一种视觉印象的错误容易得多。根据苏联心理学家柯斯特莉奇金娜等人的研究，有些被试者在未亲睹亚美尼亚建筑之前，有关的概念不免同实物有出入；但是，由于亚美尼亚建筑风格的复杂性，有的被试者在看了若干张照片之后也形成不了正确的视觉印象。实验表明了，改变错误的视觉印象不能光凭概念的讲解，而需补充观看大量的照片，通常，需要达到从实验一开始就听到概念性讲解的被试组的三倍多照片量才行，否则难以改变原先形成的不准确的视觉

51　参见钱钟书：《管锥编》，中华书局，1986 年，第 4 卷，第 1359 页。

印象。[52]当然，实验的情形和具体的创作并不完全是一回事。但是，我们却可以从中得到这样的启发：美术家一旦形成对现实的充分、完整的视觉印象，他就有可能有力地克服或抵消来自间接经验的偏见与干扰，从而更加忠实于视觉思维的独特逻辑。不过，反过来说也一样。如果视知觉从一开始就因为某种因素的影响而形成不甚理想的形象时，也是很难一下改变的。即使是相当推重"第一印象"的马蒂斯在创作时也常常偏执于不愿看初稿，因为它一挂在墙上就容易让自己想起作初稿时的兴奋状态，而这恰恰是有碍于内心的虚静和作品的进一步修改的。[53]所以，如果美术家要达到深刻的视觉思维层次，就不能不注意知觉起点的选择。第四，在视觉思维中，现实的材料较诸一般的概念材料无疑更为丰富和具体。假如概念活动所"蒸发"的正是事物的具体细节特征的话，那么，在视觉思维的整个过程中，有意义的事物特征不但得到了保持，而且还得到独特的强调。正如丹纳在《艺术哲学》一书中所申明的那样，"艺术的目的就是表现事物的主要特征，表现事物的某个凸出而显著的属性，某个重要视点，某种主要状态"，虽然现实中"特征"已经占据了主要的地位，但"艺术却要使特征支配一切。特征在现实生活中固然把实物加工，但并不充分。特征的行动受着牵制，受着别的因素阻碍，不能深入事物之内留下一个充分深刻充分显明的印记"。[54]因而，视觉艺术中鲜明、生动的诸特征同时也应比现实的、原生的事物特征更具有典型性和表现性，从而为艺术的思想性提供真正的基础。心理学家W.詹姆士就把艺术的创造看作是从偶然到必然的"思维"活动："美术家对事物的筛选是出了名的，他摈弃一切彼此不相调和以及与其作品的主要意图不相调和的色调、色彩和形状。这种裨使美术作品高于自然物的统一性、和谐性以及……所谓的'特

---

52 参见［苏］O.И.尼季伏洛娃：《文艺创作心理学研究》，甘肃人民出版社，1984年，第一章，第4节。

53 参见《马蒂斯论艺术》，《美术译丛》，浙江人民美术出版社，1987年第2期。

54 ［法］丹纳：《艺术哲学》，傅雷译，人民文学出版社，1981年，第23页、第25页。

性的汇合'，完全是由于剔除。假如美术家足够敏慧，能抓住天然物的某一突出的特点，同时，阻止一切与这特点不相谐和的、纯偶然的东西，那么，任何天然物都可以化为美术品。"[55]此外，美术家的视觉思维如果作为艺术构思的话，它还同媒介的处理相互关联着，因而也有一些特别的意义，比如雕塑家所体会、留下的手感，画家在勾勒、设色时所利用的力度与速度等，都是非视觉性抽象思维所无暇顾及和有意保持的。

应该强调的是，对视觉思维和非视觉性抽象思维所作的区分，其意图并不是把两者决然分开。赤裸裸的思想、理念固然很难见容于具体的作品之中，但和现实感、历史感交相为济的识见却是提升作品品格的重要力量。在中国的古代画论中，类似石涛的这种见地并不是弱小的声音："受与识，先受而后识也；识然后受，非受也……借其识而发其所受，知其受而发其所识。"[56]达·芬奇的那句名言"越了解就越爱"，[57]所强调的也正是理解对情感的深化作用。在这里，重要的或许不是对抽象思维同视觉思维是否有联系的争论，而是要在心理学的层次上揭示其内在交互影响的具体途径。

首先，在感知的层次上，一定的理性感会影响创作主体对具体视觉对象的感知过程。感知所表现出的选择性偏向是由很多因素决定的，但理性的东西是其中重要的一部分。只有理解了的东西才能深刻地感知它，道理正在于此。心理学的一些实验也表明，人对缺乏意义或者使理性受挫的视觉对象的容忍程度比较有限，通常只有接近那种可以由受挫转为宽释的模式的视觉对象，才更受主体欢迎。鉴于这一点，美术家也确实应把来自理性的智慧投入到图像中，以达到一种既耐人寻味又不失情感愉悦的效果。

---

55 William James, *The Principles of Psychology*, New York: Cosimo, Inc., 2007, vol. I, p. 287.

56 [清]石涛：《画谱·尊受章第四》。

57 转引自[奥]里尔克：《罗丹论》题记，梁宗岱译，四川美术出版社，1985年。

其次，在表象的层次上，非视觉性的思维也有显然的作用。美术家身处现实之中，动情地观察着他所倾向于看的东西，积累起大量的表象材料。作为素材，大部分表象是与语词有某种联系的。因而，非视觉的理性活动就有可能提示或记录创作所要求或正展开的表象过程。一旦表象中的某部分受到语词的触发，就会在相应的图像上留下或明或暗的痕迹。

其三，在记忆的层次上，理性也有独特的意义。无论是哪种类型的美术家，他从感知到表象，再从表象到图像的过程同时也包含了一种记忆（回忆）的过程。关于记忆的心理学研究表明，人所记忆的东西一部分受情绪、兴趣等的影响，另一方面也受理性的制约。因为，事实上一个人对不含任何意义的事物的记忆是相当有限的。同时，记忆的发展、变化方向也受到包括动机、经验和信仰等的主观因素的作用。所以，有眼光的画家不仅“广闻见以廓之”，积累自己的创作素材，而且也自觉地“多书卷以发之”，[58]用广泛而深沉的思想素养推进视觉思维的发展。所以，对于美术创作来说，视觉思维和非视觉的思维只有偏重的意义，而没有厚此薄彼的必要。

对美术家的基本心理构成——知觉、体验、想象和思维——这里做了大略的勾勒。要补充的是，与其说这种结构本身决定了美术创作的成与败，还不如说这种结构的功能协同与否影响着作品的高与低。不同性情的美术家所展开的心理过程显然不可能是没有差异的。以体验状态而论，偏于理智感（高级情感之一）的美术家就很难同那种喜欢内觉体验的人那样得到同一的表象、记忆乃至图像。同样，不同的理性积累也会引向不同的审美格调。成功或败笔都是同心理结构的内部作用相关的，因而，艺术家心理结构的自我建构、自我肯定和自我超越从来都是非常关键的。

---

58 参见［清］方薰：《山静居画论》，俞剑华编著：《中国古代画论类编》（上），人民美术出版社。2004 年，第 239 页。

第七章

美术家与超常心理

美术创作所关涉的是人类意识的一个极其深邃而又奥秘的领域。这个领域里既有显意识的活动，也有无意识的动力；既有那种可以在一般人身上也能得到参照的心理轨迹，也有特殊的、非常态所能范纳的神秘律动。前者像是高出水面的小岛，距离再遥远也能使我们有一种大致的轮廓，而后者则需要心理学的更为艰难的探测，因为它更为深潜，更为内在，同时也更为游移不定。可是，它的重要性恰恰在于，人们若不对其有所了解就难以启开美术家内心的“复调世界”的真正门户。英国画家雷诺兹在其著名的《艺术演讲录》中说过：“在生活的交往中有一种灵性，正如在艺术中也有灵性一样，这种灵性非但与正常的理智丝毫不矛盾，而且，胜过任何偶尔运用的推理能力，甚至取而代之。它不等待缓慢的推理，而像是瞬间的顿悟。”[1]可以肯定地说，超常心理“灵性”（sagacity）是美术创作心理方面的一种更富有意味同时也更复杂的重要角落，相关的揭示既是一连串的闪烁异彩的惊叹号，也是让思想走向纵深的问号。记得门罗曾有这样的感慨：像“灵感”这种的创造性方面的概念虽然撩起了神秘丽纱的一角，但它又是一个多么模模糊糊的经验！因此，如何深入地描述艺术家的这类创作心理，会是一项相当持久的艰巨任务。

确实，尽管像古希腊柏拉图的“迷狂”之说已经指涉了艺术家的超常心理，然而，超常心理本身毕竟是一种相当复杂而又往往是潜隐的心理存在和变化，因而，人们与其自诩已经有了一种认识艺术家超常心理的悠久历史和伟大传统，还不如只把这方面的认识总和看作是初始和尝试性质的东西。把艺术家的超常心理置于真正的心理学的视野之中，至今还是

---

1 Joshua Reynolds, *The Discourses of Sir Joshua Reynolds*, London: J.Carpenter, 1842, p. 220.

一个新的课题。非常耐人寻味的是，对人的深层心理的开掘做出过巨大贡献的弗洛伊德，不但感慨过要在真正具有创造天才的艺术家面前放下心理学的分析武器，而且在其晚年 70 岁生日的仪式上表示，他对无意识的研究并无烛照之功。[2] 这很可能不只是心理学大师的一种谦逊，同时还表示了对深层心理的研究难度的一种极为清醒的态度。

我们在此所要讨论的也只是美术家创作中超常心理的荦荦大端而已。不过，直觉、身心痛苦和神秘体验等倒是集中了美术家超常心理的主要机制，因而有可能像一块多棱镜那样把创作心理的内在奥秘或明或暗地折射出来，从而有助于人们对美术家主体性的理解趋于完整。

---

2 Lionel Trilling, Art and Neurosis, in E.Kurzweil et al ed. *Literature and Psychoanalysis*, Columbia University Press, 1983.

第一节
美术家与直觉

依照阿恩海姆的看法，有关直觉的概念是相当古老的。在整个哲学心理学（philosophical psychology）的历史上，直觉的概念几乎无所不在。[3]这既可以使人们推想出直觉在历史上所占有的重要位置，也同时会令人意识到直觉从来就是难以说清和争议不断的。如果大致进行归类的话，对直觉的研究始终贯穿了这样两种不同的阐释倾向：一种是把直觉看作是对超感性事物直接的和纯粹灵性的把握，即与感知、思维截然不同，而且不发生什么联系。弗洛伊德的心理分析学说的出现大有领风气之光的意味，使这种理解倾向有增无减，愈演愈烈，从而使直觉最终被认定是“黑暗的无意识”活动及其结果；另一种则不是把直觉和感知、思维活动对峙起来，而把它们的关系在本质上看作是互补的。无疑，后一种倾向的影响要小得多，而且实际上也是离开了心理学的哲学推想。所以，直觉几乎一直是扑朔迷离的概念，一会儿同无意识问题交织在一起，一会儿又与更具神奇性的灵感等概念不分你我。这种混乱的局面一度是理论家排斥直觉概念的重要口实。阿诺德·豪

3 Rudolf Arnheim, *New Essays on the Psychology of Art*, p. 15.

泽尔曾在其《艺术史哲学》一书中提到过："艺术的精神分析的浪漫化由于突出艺术创造中的非理性和直觉能力而显得十分突出。那些被描述为诸如灵感、直觉、天分、神启或隐蔽的无意识渊源等的力量，事实上只不过是对一种丧失了现实性及其与受众之间的被扰乱或毁坏的关系的浪漫化补偿。最重要的是，浪漫主义的反对者们否认这些力量的影响，在他们对艺术天才的界定中，是用技巧和识别力来代替灵感的，譬如威廉·莫里斯就呼吁要回到浪漫主义之前的标准。"他宣称，就艺术所及的范围而言，谈论直觉之类的东西纯无意义。[4]这清楚不过地表明，有关艺术直觉的阐释绝不是顺顺当当地发展过来的，而会遇到许多来自思想本身的阻力。与此同时，现在的认识成果也是分歧丛生的，正像阿恩海姆所说的那样，读一读怀尔德（K.W. Wild）所列的31种直觉的定义，就会使研究者的头脑清醒几分。[5]

从词源上看，"直觉"似乎天然地要同视觉艺术的创作联系在一起，以拉丁文的intuito为例，它就有视线、外形的含义，而英文的intuition也含有直观、瞬间洞察等意思。按照艺术心理学家的研究，属于直觉的情况可以举出很多。比如，第一，对被感知的事物在一瞬间做出直接的确认和评价，比如获得风格感、典型感等；第二，创作任务的直接完成；第三，在某些条件的制约下，图像的意义违背了作者原先的意向；等等。如果和美术的创作相参证，我们可以看到直觉的如下心理特征。

首先，是直觉的直接性。由于始终和视知觉联系在一起，直觉的直接性在美术创作中显得最为突出。一个平常人不经意的某种感知因素，对处在心理巅峰状态中的创作主体来说，可能会激活一系列的心理过程，从而凝聚成特殊的感受。柏格森曾经有一段关于感觉的记述因颇具艺术家的气质而被

---

4 See Arnold Hauser, *The Philosophy of Art History*, Northwestern University Press, 1985, p. 59.

5 Rudolf Arnheim, *New Essays on the Psychology of Art*. p. 15.

美学家频频引用："我嗅到一朵玫瑰花的香味，于是，儿童时期的一堆模糊回忆即刻涌入脑海。实在讲，这些回忆并不是花香引起来的，我是以包含着这些记忆的花香激起了这些回忆的，花香对于旁人会有旁的气味。"[6]如果说

6 转引自中国社会科学院哲学研究所美学研究室编：《美学译文》，中国社会科学出版社，1980年，第1辑，第270页。

一般人的感觉联通回忆尚需要其他的过程和时间，那么，艺术家却已在感觉本身叠合了记忆的因子，因而就可能共时地“万涂竞萌”、迸涌而出。苏里科夫为创作《女贵族莫洛佐娃》（见图7-1）而数易其稿，仍不觉满意，尽管苦

图7-1 苏里科夫《女贵族莫洛佐娃》，1887年，布上油画，587.5×304厘米，莫斯科特列恰柯夫美术馆。

思冥想，还是无从确定最后的表现形式。然而，一次非常偶然的视觉感知却一下打通了从构思到图像的全部环节。画家有一天从在雪地上落着的一只孤零零的黑乌鸦上一下悟到了图像的意义：一个色彩夺人、离群了的叛逆者。又如，拉斐尔为了画《花园中的圣母》曾构思良久也还难以成形，但当有一天在公园散步，忽然看见一个美丽、健康、纯朴而又温柔的姑娘在鲜艳的花丛中剪枝时，画家的心怦然一动，当即拿起画笔绘下了她的优美身影。这后来成为《花园中的圣母》的重要形象。在这里我们可以看到，画家的直觉力就体现在通过一个直接的视觉印象把深思熟虑和反复体悟的东西一下子提升到艺术的图像表现层次上。

其次是直觉的无推论性。虽然我们无意否定抽象思维的作用，但思维本身确实不能以抽象的形式突兀出现在直觉过程中，因而，其在直觉中并不占主要的位置。即使在技术性要求比较高的油画创作中，我们也可以发现思维不容直接插足的例子。美术史家指出，在文艺复兴的盛期，有不少画家是即兴作画的，就是高度精制的佛罗伦萨绘画也不例外。像特拉维索（G. Treviso）那样对绘画的直觉性质所持有的信念是有一定普遍性的，即“对我而言，艺术在我笔端”。[7]确实，就技术而言，当艺术家对技巧娴熟于心时，他很可以把相关的操作变为一种个性化的反应能力，唤之即来，不费心劲，因而也就有可能让直觉贯穿到创作的最后阶段。虽然，那种可以直达艺术表现核心的直觉并不总是体现在任何类型的美术创作中，然而，它一旦产生就确有可能使创作主体最大限度地接受和视知觉经验直接相关的情感体验，而疏远或排除非亲验性的材料。这种疏远或排除完全是无意中完成的。

其三，是直觉的自然性。在创作过程中，美术家如果受直觉的策动，那么，就可能进入一种仿佛无须意志努力而自行发展的创作心态。换一句话

---

7 参见［英］M.列维：《文艺复兴盛期》，赵建平、李晓明译，重庆出版社，1990年，第25页。

说，创作进入了一种顺顺畅畅、没有困难的境界。石涛曾把气到神会的直觉状态描述成“随笔一落，随意一发，自成天蒙。处处通情，处处醒透，处处脱尘而生活，自脱天地牢笼之手，归于自然矣”。[8]《庄子》的“解衣般礴”的故事原本虽是借绘画现象阐发道家“任自然”的哲思，但同时也正好说明了艺术家对直觉的自然性的追求，恰似郭熙在其《林泉高致·画意》中所理解的那样，“庄子说画史‘解衣般礴’，此真得画家之法。人须养得胸中宽快，意思悦适。如所谓易直于谅，油然之心生，则人之笑啼情状，物之尖斜偃侧，自然布列于心中，不觉见之于笔下”。[9]可以想象，在这种近乎天然，无挂无碍的境况下，美术家所达到的图像必定是浑然天成的。因而，石涛所云的那种“运墨如已成，操笔如无为”[10]的自由状态是相当难得的，它同一般的在偶然冲动之下而作的随意涂抹大相径庭。

其四，是直觉的快捷性。应该承认的是，直觉还是一种瞬间出现高峰的心理状态。因此，为了把这种可能一去不返的心理存留下来并加以发挥，美术家不能不有一种主动而又紧张的期待。据说，米开朗基罗在绘制大型作品时，就处在一种高度警醒的状态中。他睡眠时间很少，而且睡时往往不脱衣服，以便直觉（灵感）来到时，马上起身画起来。[11]苏轼也曾对直觉的瞬息出没的特点有所觉悟：“画竹必先得成竹于胸中，执笔熟视，乃是其所欲画者，急起从之，振笔直遂，以追其所见，如兔起鹘落，稍纵则逝矣。”[12]所以，能否

---

8 转引自俞剑编著：《中国古代画论类编》（上），人民美术出版社，2004 年，第 168 页。

9 吴孟复主编：《中国画论》，安徽美术出版社，1995 年，卷一，第 467 页。

10 俞剑华编著：《中国古代画论类编》（上），第 157 页。

11 参见［法］德拉克洛瓦：《德拉克罗瓦论美术和美术家》，平野译，辽宁美术出版社，1981 年，第 84 页。

12 ［宋］苏轼：《文与可画筼筜谷偃竹记》；类似的说法还可见其《书浦永升画后》中关于孙知微作画的描述：“始，知微欲于大慈寺寿宁院壁作湖滩水石四堵，营度经岁，终不肯落笔。一旦仓皇入来，索笔墨甚急，奋袂如风，须臾而成。作输泻跳蹙之势，汹汹欲崩屋也。”此外，张居实《诗友诗传录》书法论中的文字也可参证。

把握住直觉也是一种相当内在的悟性，是心手笔墨、灵机妙绪之间的一种特别协调水平。

其五，是直觉的无意识性。英国美学家H. 奥斯本曾经指出：“那种属于艺术创作核心的直觉是和有意识的智力活动有区别的。”[13]如果说显意识的心理活动还可以比较自如地得到控制和驾驭的话，那么，和无意识具有更加广泛和直接联系的直觉就较难预期和存留，所谓“才着手便煞，一放手又飘忽去”正是一种大略可信的概括。据亨利·摩尔自述，他的《圣家族》系列雕像中的婴孩形象成为其父母手臂之间一种奇特的联结，是在创作开始后才偶尔想到的，而起先并没有设计过这样的造型。[14]确实，一方面，美术家无不希望直觉的频频垂青，因为，直觉作为一种神奇的力量使他特别兴奋和活跃，能通过观照本身把心中的思想和情感浑然无迹地化为一种表现和评价。用黑格尔的话来说，此时“这种形象表现方式，正是他感受和知觉的方式，好像它就是特别适合他的一种器官一样”；[15]另一方面，直觉又无法知其然而然，因而，也就不可能在非线性的运动轨迹上把直觉预先提取出来。尤其是那种带有深刻洞察性的直觉，更非唾手可得、每呼必应。不过，直觉的诡秘和乖巧并不成为令人憎恨的理由，恰恰相反，它还应被当作重要的品质。维纳曾颇动情地说过：“许多人都具有远远跑在他们时代前面的直觉能力。”[16]同样，美术家的直觉也不仅仅是面对过去和现在的，它还因其无意识性而潜伏着一种遵循非逻辑性的发展方向的特殊能量，因而能越过常规的约束，以美术家本人也可能无法预料的姿态直接地达到一种超前性的反映，变为一种社会

---

13 ［英］H. 奥斯本：《论灵感》，《国外社会科学》，1979 年，第 4 期。

14 See Henry Moore, David Finn and Kenneth Clark. *Henry Moore: Sculpture and Environment*, New York: Harry Abrams, 1976, p. 263.

15 ［德］黑格尔：《美学》，朱光潜译，商务印书馆，1979 年，第 1 卷，第 362 页。

16 ［美］维纳：《人有人的用处：控制论和社会》，陈步译，商务印书馆，1984 年，第 4 页。

心理或时代精神的先兆和预感。在这种意义上，美术创作就再具体不过地体现了具有相对独立性的意识的高度能动性。在阿诺德所说的“一个已经死亡而另一个尚无力崛起”的世纪交替时期，现代主义的美术无疑是当时时代意绪最敏感的感应和预测器，它的影响和美学意义绝非其他手段所能企及。所以，正像卢那察尔斯基在《马克思主义批评任务纲要》中所剖示的那样，“艺术家之所以可贵，正是由于他能提出新的东西，能运用其全部直觉，深入到通常统计学和逻辑学所难以深入的领域中去”。[17]此外，由于无意识的性质，直觉也自然有可能是无法向别人转移和传述的。特定的直觉属于特定的心灵，即使是同一人也无法重复曾经涌现于大脑的直觉过程。换一句话说，直觉始终是不可逆的。在中国古代画论中，那些屡屡提及的“画兴”的中断给画家所带来的烦恼、遗憾甚至痛苦正同直觉（“画兴”）不具备二度性有关。可以说，没有哪一种东西会比直觉更能有力地接近艺术表现的堂奥，也没有哪一种东西比直觉更脆弱的了。

有关创作直觉的成因与引发，一直是个相当热烈的话题。我们这里要提的是心理学科本身的相关研究。有的学者曾认为可以用过去印象痕迹的系统化来解释直觉的形成。由是观之，直觉就是一种把处于暂时联系的印象痕迹“放大”地活化起来的过程。同时，心理学又认为，并不是所有无意识过程都同一于直觉。譬如，梦具有许多和直觉相类似的特征，但是前者缺乏直觉过程所能介入的一个基本方面——最富情致的图像创造，后者更紧密地和图像创作的物化所要求的熟练技巧结合在一起，也就是说，直觉是美术家全部自觉的艺术能力及其悟性的有机部分。所以，美术家虽然无法强求直觉的光临，却应该把它看作是一种可以通过显意识的充分酝酿而能有朝一日获得

---

17 ［苏］卢那察尔斯基：《卢那察尔斯基论文学》，蒋路译，人民文学出版社，1978 年，第 110 页。

的心理状态和反应能力。从某种意义上说，一个不能得到直觉的充分推动的人，会像一只进入赤道无风带的船一样，很难达到艺术表现的核心或极致境地，而“真正的艺术家都有一种天生自然的推动力，一种直接的需要，非把自己的情感思想马上表现为艺术形象不可”。[18]直觉确乎是美术家仿佛天生的资质的重要一环。

第二节
美术家与身心痛苦

在古希腊的神话传说中，著名弓箭手菲罗克忒忒斯（Philoctetes）曾因

图 7-2《菲罗克忒忒斯在朗姆诺斯岛上》，约公元前 420 年，古希腊阿提卡红绘陶瓶，15.7×7 厘米，纽约大都会艺术博物馆

18 [德]黑格尔：《美学》，朱光潜译，商务印书馆，1979 年，第 1 卷，第 362 页。

被蛇咬伤而受同伴的冷落。但是，他那无与伦比的射箭术却又是一场战争的取胜所必不可少的。因此，就形成了这种局面：若要有求于菲罗克忒忒斯的弓箭，就不该计较其腐烂发臭的伤口。这一典故，后来成为著名批评家威尔逊（Edmund Wilson）一部名著的书名——《伤痛与弓》，其寓意是相当清楚的：某些艺术家仿佛就是菲罗克忒忒斯，他们的由于伤痛、疾患所致的身心痛苦与艺术创造之间有一种内在的、难分难解的联系。确实，从身心痛苦的侧面可以使人窥见美术家内心"复调世界"的又一特殊领域。

威尔逊似乎更着眼于痛苦的生理缘由。这是不难证明的。我们也可以开出长长一串名单：戈雅（耳聋）[19]、丢勒（忧郁症）、蒙克（精神分裂症）、阿尔弗雷德·库宾（精神分裂症）、亨利·卢梭（智能低下症）、梵·高（精神分裂症）、劳维斯·柯林斯（右半脑疾病）……[20]不过，问题在于，有关心理病态和美术创作的关系向来就没有一致的意见。因为，一把这种特殊关系绝对化，就有可能走向片面与庸俗的理解。按照朗格·文希鲍姆的看法，精神伤痛和美术创作的联系是多样而复杂的，至少包括：1.在精神变态期间，造型能力和以往根本没有区别，是心理的"健康部分在创作"；2.精神变态给美术创作提供了特殊动力，但是对作品的内容和形式没有根本性的影响；3.精神变态只对作品的内容发生作用；4.精神变态主要影响作品的表现形式；5.精神变态既影响作品的内容也影响作品的形式；等等。另一位西方学者则把精神伤病对美术创作的影响归列为以下几种：1.精神变态会熄灭艺术，2.精神变态对艺术根本不起什么作用，3.精神变态能够唤起美术家的那种

---

19 1792年的一场大病让46岁的戈雅几乎完全变聋，而且，其后越来越被狂想和想象所占据，对于人类的批判和讽刺也日见尖锐。此后的创作大胆而又自由，接近于漫画风格。确实，看一下他的"黑画"（Pinturas negras），人们就可以悟到其疾病与创作的关联。

20 也有学者猜测，像布歇、康定斯基等也是精神病患者（温诺，1982 年）。

漫不经心的才分，4.精神变态可能引起一种作品的风格的演变。[21]不管怎么说，处在特殊疾患痛苦中的艺术家的创作动机确是非同一般的。大量实证和推测表明，这类创作动机既不是为了摆脱弗洛伊德所谓的“现实原则”，也不是追求现实的直接功利（如金钱的目标），甚至有时同艺术的雄心也关系不大，但是，却由此诞生不少名垂史册的杰作。问题在于，源自个人的身心伤痛是否天然而直接地具有向全人类倾吐和宣泄的深刻价值？迷误往往是发生在把事物的联系加以孤立和绝对化的过程当中。在我们看来，美术家的身心痛苦是否能和艺术表现的审美意义契合一体，要取决于“纯生物学所造成的结果，是否同时也是理所当然地从社会学的前提中产生出来”。[22]歌德曾暗示过，浪漫主义的美术是病态的，因为这是自19世纪起一次被过分压抑的欲望的爆发，它舍弃了视觉的实际样子而表现内心的分裂之苦和被主观化了的幻想世界，从而开始了以悲哀为主题的表现时代。再往远点说，丢勒的忧郁症正好也是他所处的时代的典型症状。在古希腊时，忧郁是美术表现所排斥的一种气质，因为对于崇尚明朗和透彻的精神来说，它显然是格格不入的东西。但是，丢勒的创作不仅仅托出了他自己内心的忧郁，也同时给他的时代打下了一种独特而又恰如其分的标记。因此，如果说身心的伤痛能对美术创作起什么作用的话，那也是和“社会学的前提”交织在一起的结果。那种通过药物麻醉、致幻而进行的“创作”之所以是较为外在和缺乏深刻的价值，其原因就在于它很大程度上恰恰是排斥“社会学的前提”的。确实，我们如果把蒙克的一系列作品仅仅看作是他的精神偏执狂的直接产物，那就过于简单化了。不难发现，蒙克作品中的令人灵魂震撼和颤抖的感染力正是和他的特殊社会经历纠合在一起的。蒙克后天的精神病态的发展，除了由于

---

21 参见［德］曼·科·希勒布雷希特:《现代派艺术心理》，陈钰鹏译，上海文艺出版社，1989年，第176页。

22 ［苏］卢那察尔斯基，见其《卢那察尔斯基论文学》，第216-217页。

受到父亲神经症和精神不安气质的遗传影响之外，更为重要的恐怕还是成长过程中种种不寻常的外来刺激，幼年（5岁）丧母和不久失去爱姐的沉重打击，给画家的童年深深地蒙上孤僻、多疑和恐惧的神经症的阴影。按照西方学者的研究，蒙克之所以在成年之后放弃了当技师的志愿而捡起了画笔，正是一种把个人的苦恼和当时欧洲的兴衰印合在一起的举动，因而，他的作品受到了波希米亚运动的影响，追求强调的倾向性。这是纯生物学因素所无法解释的。当然，如果说一般人对内心的恐惧和紧张可以通过寻到主、客观的理由很快加以宽释的话，那么，蒙克的偏执狂想则只能使恐惧和紧张愈演愈烈，这也是一般人所无法达到和体会的。总而言之，关键在于抓住艺术家身心伤痛和“社会学的前提”的特殊纽结点，唯此才能更接近创作心理的实际情形。

当我们以这种整体观的眼光审视美术家的身心痛苦时，还会发现，美术家的反应水平比一般人更趋于感官化、本能化和生命化。这并非贬低他们的艺术感受，因为在我们看来，那种从心灵直至肉体的痛苦反应常常会比未经身心战栗的所谓痛苦（如来自间接通道的体验）深刻、感人得多。艺术的感染力不仅仅与情感内容的独特和不可重复有关，有时还同它的内化、外显的特异方式相联系。所以，在某种意义上说，像蒙克、梵·高那样的艺术家往往会比普通的画家更能找到高度紧张而又深挚动人的直觉效果。譬如，在梵·高的画里，人们很难找到安宁和平和的东西，一切知觉物似乎都不驯顺，在扭动，在挣扎，在痉挛，这些都来自画家特殊的身体状态和极度不安的灵魂的深处。这样说并非没有心理学的依据。就情感而言，它在当代心理学的视界中已不仅仅是一种态度和体验，而是情感体验、情感表达和情绪生理所构成的独特复合状态。美国心理学家德雷弗在20世纪50年代所撰的《心理学辞典》中就已经确认，情感包含着“身体状态和行为”。这种“身体性”（leiblichkeit）对美术创作的影响，实际上不应该被当作一种轶事趣闻来谈论，因为美术家的种种迷狂、变态行为有时确实是情感体验所要求的，作品的穿透力、具体感和全身心的感受正与此相关。

对一般人来说，生活的蹇运、人生的挫折、社会的压抑以及生理疾患等会使他们经历莫大的痛苦，但是，时过境迁甚至乐不思蜀的情形却并不鲜见。艺术家之所以常常陷在痛苦的深渊透照周围的世界，并不只是由于社会发展本身否定之否定的悲剧性力量的无所不在，而且还有其内化了的因素。往往被深深的痛苦所挑起的是极端的理想，然而，理想越是强烈，同现实的“错位”也就会越触目惊心。这种情况在创作主体的整个精神状态超前于同代人又暂无可能共鸣时，他的苦闷就会升腾到极点。虽然和所有的人一样，画家和雕塑家的记忆也在筛选和衰减过去的种种体验事件，但是，那种曾经折磨肉体和心灵的痛苦却会时时衍化着。变态心理学的研究表明，当记忆牵动绵绵不绝的情感活动时，它的激活程度就连本人也是难以预料的。人的完全遗忘几乎是不可能的，因为做梦、昏谵、迷睡状态以及情绪激动等，都可能使人生动地回忆起许多年以前经历过的，在此期间又无意回忆的经验。就此而言，艺术家的痛苦反应在恍如隔世的情况下也可能是历历在目地重现过去的经验。当然，艺术家来自特别疾患或经历的痛苦，也是或突然而发，或缓慢形成，或隐隐约约，或触目惊心，呈现为扑朔迷离的状态。

为了更实证地凸显身心痛苦在具体创作中的作用，我们下面仍以身为精神变态患者的美术家作为主要的讨论个案。

首先，身心痛苦在感知级上铸造特异的形态。按照生理和病理方面的研究，患有偏执狂症的精神病患者几乎都有视知觉的变异现象。梵·高对黄颜色的偏爱同生理因素一定有某种联系。据梵·高自述，他对色彩的主观化选择是同神智的分裂和虚弱分不开的，因而，他总是夸张地处理金黄色的头发，同时偏爱橘黄、铬黄和淡暗柠檬色。正是这种侧重暖色的运用，非常切合梵·高时常产生的对友情和情爱的渴望。而且，富有意味的是，这类特异的视知觉往往会占有一般人所无法企及的深刻性。奥地利画家库宾在精神变态急性发作时曾经历了这样的过程：

我心里觉得满满的，在城里转来转去，晚上走进了一个杂耍剧场，因为我想找一个非常嘈杂的地方，以平衡我内心越来越剧烈的压抑。在那里发生了一些对我精神起决定性作用的现象，这些现象我至今没有完全明白，尽管我想过很久。当小乐队开始演奏时，我周围的环境一下子显得明亮和清晰，就像处在另一种光源中。我突然在周围观众的脸上看到了奇特的、介乎动物与人的东西，所有的声音听起来好陌生呀！我觉得它们好像是充满讥笑的、在呻吟的嗡嗡声，但有一种阴森可怕的内在含义。我很伤心，可脑子却随即掠过一阵特殊的快感，我又想到了克林格尔的铜版画。我在考虑，我该如何创作呢？于是一系列黑白图画的幻象顿时向我涌来，我根本无法描写，是何等丰富的素材在欺骗我的想象力，我立即离开了剧场，因为那音乐和许多光在妨碍我。我迷乱地、漫无目标地在昏黑的街道上走着，并继续被一种阴幽的力量所征服。稀奇古怪的动物、房子、街道，荒诞可怕的情景在我面前变幻着，我觉得在这个使我着魔的世界中说不出的舒服，我的情绪很高。我走累了，跨进一家品茶小沙龙。这里的一切也是那么不寻常，一走进门我就感到女招待好像都是蜡人，天知道她们是用什么机械动作的。那少量的客人犹如虚假的影子，这些人好像是在做恶狠狠的、见不得人的交易而被我当场逮住了似的。整个背景是风琴和柜台，它在我眼里仿佛是道具，它隐藏着一种秘密——可能是一个光线模糊、像畜厩一样的血腥的地狱。这些幻象变化不定，而我自己却显得十分被动，我将那些还能捕捉住的幻象用寥寥几笔——具有特征的几笔画在速写簿上。在回家的路上，这种内在变异还在继续，奥古斯特大街好像在收缩，在我们这个城市的周围冒出了朦胧的山脉……[23]

这种一片黑暗、末日般的印象如此强烈，摄人魂魄，在常态心境中是难以想象的。再如，在蒙克的笔下，少女几乎都成了不具备生命感的人形，而在《呐喊》里，那个仿佛受到死神煎熬的桥上人差不多难以辨清是男还是女，凡此

23 转引自[德]曼·科·希勒布雷希特：《现代派艺术心理》，陈钰鹏译，上海文艺出版社，1989年，第177-178页。

种种皆表明，这些艺术家不仅能调摄一般的视知觉经验，而且还以身心的痛苦反应能力去占有了特殊的视幻象。因此，除了现实的每一种直接印象之外，画家还神经质地跨越了现实和梦幻、客体和寓意、理智和狂想的界限，从而使相应的图像具有十分奇异的知觉特征。

其次，身心痛苦也在体验级上衍生自己的独特形式。在精神变态的艺术家那里，我们会特别强烈地感受到作为“元体验”之一的情感——爱的无所不在。所谓“元体验”，是人所必须时时经历同时又不能被剥夺的体验。[24]爱，正是一种关涉几乎所有属人的情感的“元体验”。在某种意义上说，没有爱，就无异于失去一个最有意味的心理宇宙、一个人生最不可断缺的精神港湾。爱一旦受阻，就有可能进一步加深伤痛的反应及其郁积。或许，我们可以给艺术家列举种种酿成身心痛苦的外在事件，但爱却会是共有的内在界面。德国美学家谢林在其《艺术哲学文选》中曾写下这样诗化的结论：“灵魂不是生硬的、没有感受性的，更不会放弃爱，她倒是在痛苦中表现爱，把爱表现为比感性的存在更加青春永驻的情感；这样，她便从外在生命或幸福的废墟之上升起，显现为神奇的灵光。”确实，若是经过爱的体认，外在的对象或事件才有可能在创作中内化成深沉而富有情致的心力，凸现出感人肺腑的表现性，为人性的阐释提供一束强光。所以，伟大艺术家的标志有时就是爱与最高形式的内在痛苦的交织。那些曾经激起创作者内心痛苦的对象往往就是爱的投射的去处。也就是说，艺术实现了在现实中受挫的元体验。由此，我们也就不难理解，为什么以痛苦、紧张和恐惧伴随人生的蒙克在大部分的作品中都表现了爱的主题。在《开始与结尾》《男与女》和《生与死》等画中，他就是要力图将现实中的对立用爱的形式统一起来，从而反衬了艺术家本人的不幸经验。当然，爱在这里并不是

---

24 日本美学家今道友信在《关于爱》一书开头就说过：“人类可以有多种多样的体验。但所有一定要体验，而且时时都在体验的体验……称为‘原体验’。”“原体验”，就是我们这里所讨论的元体验。

一个笼统的概念。事实上，美术家的身心痛苦和创作时的再度体验还必然会由于社会文化因素，以及本身的人格理想、价值观念和审美需要等复杂因素而生成一系列的体验变体。譬如，1.孤独感。这是艺术家的情感结构中有时强烈到神经质地步的情绪倾向。早在文艺复兴时期，瓦萨里就已经意识到，艺术家应当逃离人群。[25]"即使两个人紧紧地拥抱着，彼此的心也是孤独的。"这是蒙克的自我写照。多才多艺的法国艺术家让•科克托（Jean Cocteau）坦承："身处人群却倍感孤独的痛苦，身在钟爱之地却倍感格格不入的忧郁，分身乏术（不能将众人的角色集于一身）令人反感，像俘虏一样生活在狭小的自我空间令人厌恶，经历人生应有的温柔时光却使人精疲力竭，人生所愿的和所怨的总是相互交织。"[26]但是，令人深思的是，身陷孤独的艺术家有时竟是执着地追求孤独！据说，蒙德里安还算是很善交际的人，但是，即使是在这种情况下他也是孤独的。对他来说，这种孤独不是受动意义上的一种体验，因为他把孤独的体认当作了创造性的心理状态，尽管它的代价往往是离开朋友。蒙德里安说："我不得不寻求一种真正的捷径"，而孤独正是一种捷径本身。[27]如果说，默默无名时的蒙德里安所抓住的孤独感还相对有限的话，那么，成名后的他对孤独的渴求几乎到了一种精神封闭症的极点，仿佛孤独感是人生的绝对需要似的。[28]但是，通过孤独而坚执于内心生活，并不一定是精神与生理状态的涅槃，而恰恰有可能是一种愈加强烈的不安和缺乏，这样，痛苦就会更甚、更深。没有疑问，

---

25 参见[美]朱立安·李布、D.杰布罗·赫士曼：《躁狂抑郁多才俊》，郭永茂译，上海三联书店，2007年，第13页。

26 转引自［英］詹姆斯·S.威廉姆斯：《让·科克托》，刘宇清译，北京大学出版社，2011年，第22页。

27 Peter Gay, *Art: Its History and Psychological Significance*, New York: Harper & Row, 1976, p. 75.

28 参见［日］岩井宽：《境界线的美学——从异常到正常的记号》，倪洪泉译，湖北人民出版社，1988年，第84页。

这种孤独感的发展极易同无路可走、世界末日将降临的悲剧意识息息相通。所以，我们不妨说，孤独感之于对痛苦有切肤之感的艺术家来说更有可能成为一种汇集、提升体验的开放状态，使他面对永恒的东西或者缺乏永恒的东西。正如高尔基意味颇深的那一名句所说的那样，对艺术家来说，“孤独是使他更加深刻，更加明智地观察生活的高度”。[29]这倒并不是说，伟大的艺术家都应是落落寡合、离群索居的人，因为创作所要求的孤独感完全是内在化的情感状态，一个人即使走在最熙熙攘攘的马路上也同样会有天涯陌路式的孤独之感。2.同情感。由于自己的身心伤痛以及与之俱至的对痛苦的忍受与敏感，使美术家的同情感不仅会比一般人更为突出，而且还会同人性的终极性关怀相连。在心理学中，同情感曾是很热的话题。麦独孤、詹姆士等名家都把同情感看作是人的一种与生俱来的本能；法国心理学的奠基人赖波特甚至认为，同情是一切社会存在的基础，它使人能够约束自己，把别人的痛苦看作自己的痛苦，并表现出忠诚、宽容和挚爱等。但是，美术家的同情感就远不只是一般“天性”的流露而已。说到底，决定他爱与憎力量的仍会是其痛苦的深刻程度。L.维特根斯坦深有所悟地说过：“只有非常不幸的人才有怜悯别人的力量。”[30]事实也正是如此，我们从蒙克作品中弥漫的同情感中所领略的全是一种灵魂的痛楚和久久的沉思。这对于在顺境中成长的艺术家来说是很难企及的。

最后，身心痛苦还可能在象征层次上得到浓缩的、哲理化的具现。如果说孤独是趋向于凸现和扩张自我的情感和意识，那么，同情则趋向于把自我倾之于外，使其在对象中映现和验证自我的体验和反应。这似乎形成了创作主体体验的双向流动，但其实并不构成整个体验中的激情矛盾或冲突。应该说，美术家之所以能使感觉与体验的世界“戏剧化”起来，乃是因为他们内

29　转引自赵鑫珊：《哲学与当代世界》，人民出版社，1986 年，第 275 页。

30　[英]路德维希·维特根斯坦：《文化与价值》，黄正东、唐少杰译，清华大学出版社，1987 年，第 66 页。

心常常经历着种种矛盾的痛苦，而对于陷于生理之苦的艺术家来说，更是有一种如诗人海涅所说的那种“世界裂成两块，裂缝正好穿过我的心”的极端分裂。所以，一方面是对现实的、社会的和人生的具体体验，而另一方面又是希求体验的幻象世界，两者的落差愈大，痛苦就愈甚，因而冲突也愈显得剧烈。这正好是费尔巴哈一句名言的注脚。费尔巴哈说：“我们越是痛苦，我们就越是用幻想跳跃得很高。”[31]所以，我们无须惊奇，当艺术家不能或根本不愿意遵循情绪流动的自然方向时，他就依照自己的意愿重新想象、营建一个新的世界。而且，归根到底，情感体验本身所牵涉的主体和客体的关系，也反映着对待世界的一种方式。因而，艺术家在无法接受或要求改变某种心理目标时，就会在冲突的体验中寻求象征的跳跃。美丽缤纷、宛若仙境的画面有时恰恰就是痛苦的产物，艺术家依助回归（regression）机制达到了对现实

图 7-3　蒙克《生病的女孩》，1907 年，布上油画，118.7x121 厘米，伦敦泰特美术馆。

31　［德］费尔巴哈：《费尔巴哈哲学著作选集》（上），三联书店，1959 年，第 278 页。

世界的极端改观。已有学者指出，蒙克的《生病的女孩》（见图7-3）《姐姐与死》《嫉妒》《悲伤》《离别》和《地狱中的自画像》等，既是艺术家对某种现实的写照，也是其内心痛苦的形而上的象征，它们的意义显然越出了图像本身。

当然，应该申明的是，虽然身心的痛苦极大地影响了创作，但并非所有的这类联系都趋向审美的价值。过分封闭的自我感、赤裸裸的本能冲动等无疑也会是艺术创作的障碍。所以，如何把个人的身心伤痛上升为可以向全人类倾诉的普遍性体验，无疑是美术家在艺术传达过程中必须永远反思的重要问题。

第三节
美术家与神秘体验

唐代的张彦远早已把绘画活动和所谓的“穷神变，测幽微”的力量不自觉地联系在一起了。在西方，艺术家似乎更有可能和未卜先知的预言家联系在一起。这是否也是对美术创作的超自然心理力量的一种觉察？如何阐述美术创作中的神秘体验无疑是美术心理学的艰巨任务之一。

所谓神秘体验（mystical experience）是指通过一种特殊的（尤其是经过修炼的）悟性所达到的高级体验，其中我与非我、个人与大同、有限与永恒等相挟而俱化，所以，又有“神契”的提法。不消说，神秘体验与宗教的关系是相当接近的。譬如，基督教所信奉的即是“与神合一”，印度教则为“梵我合一”；佛教又是另一番讲究：它既否认自我与超越性存在的融合，也不同意灵魂对肉身的摆脱，只有唯“空”的洞见和体验才是克服任何“有我”的心灵状态的途径。或许是宗教作为一种强大的文化具有凝聚和传播作用的缘故，东、西方的创作心理中的“神秘体验”也因而有着形形色色相异的品性。

如果说，西方艺术家的神秘体验是在实在中腾越起来的迷思，那么，中国古典画家的却更是在“虚静”（不同于“宁静”）中款款流淌的灵悟。施莱尔马赫曾在《论宗教》中这样写过：“人的心灵具有一种虔诚的迷醉般的狂喜，在这种状态中，整个灵魂都在有限与永恒的当下、直接的情感中融化了……”这种内心的无限锐进的状态与中国古代美学所津津乐道的“心斋”“以恬养知”等显然不太一样的，即使参照佛教典籍，“禅”也是与“静虑”相关联的。

应该指出的是，心理学对神秘体验是持相当审慎态度的，因为我们能够提供的有关异常意识状态的材料是和那种用来鉴定大部分其他心理现象的材料大不相同的。而且，即使是承认其现实性的人也吃不准，神秘体验是否真的能同那种人们比较熟悉（因而也研究得较多的）意识状态——催眠区分开来。[32] 不过，一些即便相对外在的手段也还是证明了神秘体验的确凿存在。譬如，哈佛大学的心理学家沃尔特·帕恩克（Walter Pahnke）以一个实验中出现的迹象，说明宗教经验有时就属于异常意识状态的范畴。他在神学学生进礼拜堂参加某一宗教盛典之前，让他们服墨西哥致幻梦素或无药效的安慰剂，被试者事先并不知道自己是服用了安慰剂还是真药。紧接教仪之后，每个被试者都要叙述祈祷时的宗教体验。据报告，吃了药的人，宗教体验显然增加，几乎都有神秘的体验过程；但是，在服用安慰剂的被试者中也有人产生了神秘体验。[33] 在这里，药物起了一种推波助澜的作用，心理学家还发现，服了 LSD[34] 而横在街上的人会因从树叶间隙中射过来的阳光而产生知觉的奇异“特写”，此时黄绿色的树叶内部的金色叶脉一根根清晰可辨，而且还会看到一滴滴流过其中的银色水滴。在闪闪发光的水滴中闪现出彩虹，它和叶脉

---

32 参见［美］克雷奇、克拉奇菲尔德、利维森等：《心理学纲要》，周先庚、林传鼎、张叙祖等译，文化教育出版社，1982 年，下册，第 497 页。

33 参见［美］克雷奇、克拉奇菲尔德、利维森等：《心理学纲要》，下册，第 474-475 页。

34 LSD 系 lysergic acid diethylamide 的缩写，即麦角酸乙基酰胺，一种麻醉药物。

纵横交错，黄绿色的叶中闪动着无数的光轮……这种神异的知觉经验是大异于普通知觉的，毋庸讳言，也有一些艺术家借助过药物去寻到特异感受，达利即为一例。希勒布雷希特也提到，“通过麻醉剂引起的感受方式对现代派美术的影响……表现为追求梦幻、错觉、轻盈，这种倾向有时在建筑艺术中也能觉察到。米肖和基希纳就是直接在麻醉剂的作用下创作的；科克拉曾描述过他抽鸦片时的经验”，[35]等等。但是，这种通过外在的刺激所得到的神秘体验对于真正的美术创作到底具有多大的普遍意义，是颇引人怀疑的。“灵媒画”至少就没有什么特别的审美力量。鉴于这种考虑，我们所要关注的神秘体验应该是从美术家内心真实而自然地产生的心理状态，这会使我们对美术家的特异心理过程有更完整的理解。

心理学家对神秘体验的正面阐述当推詹姆士的《宗教体验的种类》一书。他试图把神秘体验规定为以下四种特点的集合：1.不可言喻的，2.直觉的，3.瞬间获得的，4.受动的。但是，正如有些学者已指出的那样，詹姆士的概括只是从这种体验的形式着眼的。比詹姆士谈得稍稍深入些的却是哲学家斯泰思（Walter Terence Stace）。在《神秘主义和哲学》（1960年）这一部著作中，斯泰思指出，神秘体验具有：1.言语道断的合一性（oneness），2.悖反的合一性，3.神圣感，4.实在感。与詹姆士不同的是，斯泰思不仅暗示了神秘体验的可表达性，而且，也点明在这种体验中包含了原先相悖的事物的浑整、合一（如个人与宇宙、有限与永恒，等等）。与此同时，斯泰思的思路也更能启发人们去肯定神秘体验中表象的鲜明程度（“实在感”）以及体验化的精神化方向（“神圣感”）。在上述基础上，斯泰思还论述了神秘体验的两大类型：一种是外向的神秘体验，另一种则是内向的神秘体验。在

35 参见［德］曼·科·希勒布雷希特：《现代派艺术心理》，陈钰鹏译，上海文艺出版社，1989年，第207页。

对世界上各种各样的神秘体验加以比较之后，他认为，外向和内向的神秘体验除了共有的特征之外，其不同之处尤在于外向型的是体验到宇宙万物的浑然一体，而内向型的则达到一种纯净的意识，在这种无差别性的意识中，人感到自己就是整个实在，它超越了一切时空的界限。参照心理学家和哲学家的精彩论述，我们也就不难为美术家的神秘体验寻到一个较为合适的阐释起点了。在我们看来，像西班牙著名画家安·塔比亚斯那样的对神秘体验既心向往之而又不无迷惑的感受是颇有典型性的。画家写道："我自认为不具有任何宗教思想，因此我曾长期对这样一个事实苦思不解：那些我觉得最接近、给我感动最深的中国和日本大艺术家、大诗人都是一些宗教信徒和贤人，但在研究了他们的见解——某种神秘主义、哲理智慧和生存之艺术的混合——之后，我终于明白，我与他们之间的共鸣毫无可惊可怪之处。他们的许多信仰（正如整个佛教一样，是无神论的）竟和若干世纪之后许多具有开放精神的西方人的观念和结论奇妙地相似。毫无疑问，这些观念后来逐步具体化，以致在今天的西方思想中出现一块越来越大的区域（其中尤其有一些艺术家），和这种形式的精神修行建立了深刻的对话，而并不摒绝唯物主义。这种东方的哲学已深深潜移默化于我们的思想中，终于失去其来源地的标志。"[36]这真是一段不可多得的精彩论述，它把艺术家的神秘体验和宗教经验的联系与分离分析得丝丝入扣，合情合理。由此，我们也不难理解，美术家的神秘体验并不出自宗教的动机，而更要达到对既是整个实在对象又超越了时空规定的心理现象的审美掌握。当创作主体把这种超验性的体验和"存在认知"结合在一起时，他就有可能把整个构思提升为一种特殊而又深刻的主题。按照心理学家马斯洛的说法，"在存在认知中，体验或对象倾向于被看成是超越各种关系，可能的利益、方便和目的的，看来它就是宇宙

36 ［西班牙］安·塔比亚斯：《艺术实践》，河清译，浙江摄影出版社，1988 年，第 9 页。

中所有的一切，似乎它就是和宇宙同义的全部存在”，而且，当具有存在认知时，知觉对象不仅是充分注意到的，还会越来越丰富起来。[37]因而，这时的神秘体验既是一种对主观和客观界限的冲决，也是对一种更形而上的真理的亲近。正如绘画大师毕加索在有感于人们对“神圣”的怀疑时所愤愤然说过的那样：“神圣才是关键，这似乎是个我们应该会应用的词，可是人们总是错误地理解它。你本该可以说画就是画，它具有感染力是因为它犹如经过上帝的染指。可是，人们总把神圣当虚假。然而，那恰好就是最接近真实的东西。”[38]据说，达利相信梦幻比现实本身更具有真实性，因而，他对神秘难测的梦境表现了异乎寻常的兴趣。由于现实和梦的临界状态最易唤来神秘的体验，而且又是当他入睡时浮现在头脑里的，所以为了期待它并且再捕捉住它，画家在桌旁睡觉时用了三号高尔夫球棒把自己的下巴托住，然后等着他沉睡伊始头往下一垂而醒转过来的那一时刻。[39]艺术家用心良苦矣！当然，美术家希图进入神秘体验的主要目的一方面可能是为了凸现某种本质的真实，另一方面也是在谋求特殊的审美效应。所谓“贯通无穷……无有止极”“无在而无不在……固非形资所能限”[40]的神秘体验是很难从实在而写真的图像中得到的。值得注意的是，神秘体验中的无差别性境界并不一定是同玄宏、博大的图像世界联系在一起，它还可能是“一石一世界”的廓然无际感。画家米罗（Joan Miro）曾经动情地说过：“海滩上的浴者和走动的人远不如一块静止的卵石能打动我（从宏伟的意义上说，动不如静）。静使我想到产

---

37 参见［美］A.H. 马斯洛：《存在心理学探索》，李文湉译，云南人民出版社，1987 年，第 66 页。

38 ［美］多尔·阿西顿：《20 世纪艺术家论艺术》，米永亮、谷奇译，上海书画出版社，1989 年，第 3 页。

39 参见特丽萨·M. 艾曼贝尔：《创造性社会心理学》，方展华等编译，上海社科院出版社，1987 年，第 87 页。

40 ［明］罗洪先：《念庵文集·卷四·答蒋道林》，收入《四库全书》。

生运动的巨大空间，这种运动没有特定时间的停止，也没有终极。正如康德所说，它是直接介入有限之中的无限。有限和静止的卵石给我的提示不仅是运动，而且是没有终极的运动。这在我的画布上表现为画面形象如火花飞出火山般呼之欲出……我觉得必须要以最简练的手法来获得最大的表现力。正是这一点使我的绘画具有一种更大的虚无感。”[41]所以，从一种艺术表现的考虑出发，仅仅表明图像包含了神秘性是相当笼统的事情。美术家的着眼点似乎更应落实在把神秘的意味通过人们可以目击、可以心领神会的美感形式传达给人们的视知觉，从而进入对一种永恒性的体认。艺术的“点石成金”即是以一当十，使凡俗化为奇妙，令平淡变得隽永，而这一切又同神秘体验不无关系。在这种意义上说，神秘体验应该是美术家心仪的一种超越之径了。

41　[美]多尔·阿西顿：《20世纪艺术家论艺术》，米永亮、谷奇译，上海书画出版社，第7-8页。

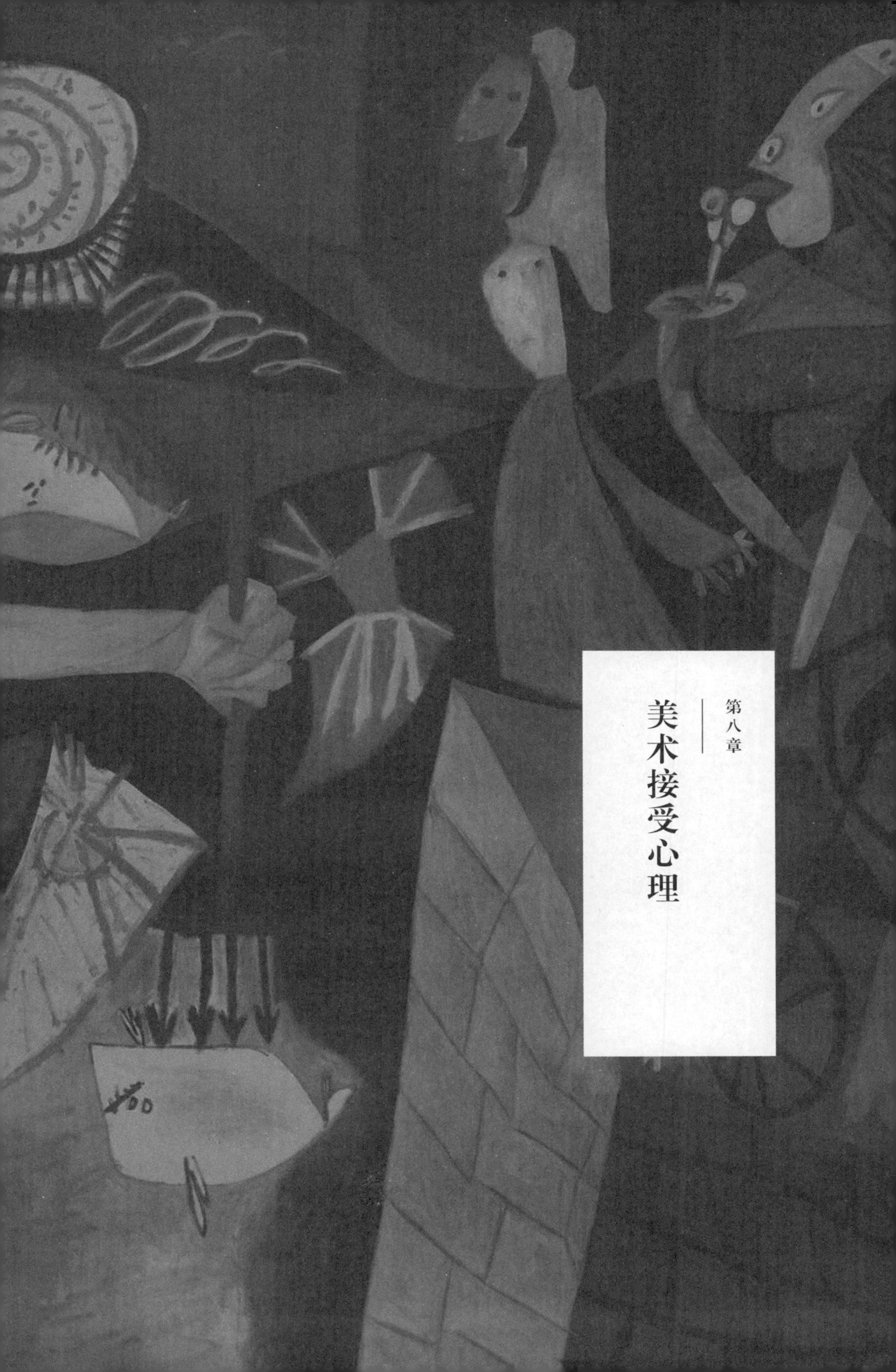

第八章 美术接受心理

在美术活动所包括的创作、作品和接受这三大方面中，接受被忽略得最为厉害。在 18 世纪的法国，人们就仿佛存有一种暗认了的观念，即接受者的兴趣和审美观是和美术家相一致的，因为两者的关系是一种有约束力的审美关系，享用的是一种共同的风格语言；对于接受者来说，所谓观赏就是尽可能准确地通过一件美术作品重现创作者的感受与思想。不过，自从 19 世纪起，这种观念开始受到了冲击。到了 20 世纪上半叶，接受则渐渐被人们看作是一种同样充满创造性和建设性的活动，它甚至会极大地影响或改变美术作品的内涵。对于美术心理学来说，接受（尤其是其内在的方面）同样也是一个需要重新审视与开掘的研究对象。

第一节
接受的心理特征

在进入正题之前，有必要对“接受”这一概念做一下简要的辨析。严格地说，“接受”一词能够堂而皇之地作为美学和艺术理论中的重要概念是20世纪60年代“接受美学”崛起之后的事情。它同传统观念中的“欣赏”或“鉴赏”[1]是不完全等价的。第一，在语义上看，英文中的“欣赏”（如英语的appreciate）包含有“充分估计”“高度尊重”等的意味，而中文的“欣赏”，顾名思义，指的也是一种愉悦状态下的赏玩心理（“鉴赏”[1]则是一种具有审察倾向的“欣赏”）。比较而言，“接受”却是指主体把对象当作一种视觉刺激源的行为与反应，因而，它所关涉的主体—对象的关系域远远大于“欣赏”（或“鉴赏”）的范围。一个人在任何时候和任何条件下都会对作为视觉对象的绘画、雕塑等作出生理—心理的反应，但是，并非所有的反应都属于欣赏或鉴赏。显然，“欣赏”（或“鉴赏”）不可能等同于“接受”。第二，从逻辑上看，由于“欣赏”（或“鉴赏”）更指向美术接受心理的一种常态的、

1 “鉴赏”另有鉴定、辨析美术作品真伪的意思，如［明］张丑在《清河书画舫》中云：“赏以定其高下，鉴以定其真伪。”此暂不讨论。

理想的和审美的过程与结果，因而大量不能归属于欣赏本态的现象，就会有意或无意地被遗落在研究的视野之外。问题在于，这些现象也有凸现接受心理内在奥秘的深刻可能性。就如一个人理解了沉默才会更全面地理解语言本身一样，对接受心理的把握，非常态的甚至非审美化的现象同样具有不可替代的参照作用。第三，从方法论上看，如果说美术接受心理是一种复杂的总体构成的话，那么，以“欣赏”（或“鉴赏”）笼而统之就不但缺少前提条件，而且也是在隐匿研究的弊端。一旦人们把某一种状态从一个由众多联系所组汇成的总体中抽取出来时，就有可能失去该现象总体的真实面貌和全部深度联系的规定性。在这种意义上说，研究接受心理也就是研究更为广泛、丰富和复杂的现象本身。饶有意味的是，阿诺德•豪泽尔甚至要把艺术批评也纳入接受过程中，他曾写道：“艺术批评的目的……是记录作品接受者心灵上所引起的多种过程。”[2]可见，接受是一个包容性更广的概念。

美术的接受心理首先表现为过程性。根据科学心理学的研究，仿佛瞬间发生的单纯知觉也是一种逐渐变化的微妙过程。因而，面对作为意义系统的视觉图像而产生的反应的过程性就很不容怀疑了。不过，问题在于，这种过程性在传统的观念中多少是个被曲解的概念。人们认定，创作是美术家的精神审美地物化于一定的媒介材料上，由此产生有意义的图像；欣赏者正是凭借这种图像达到那创造者的精神。这就是说，欣赏心理就是创作精神的逆行或回溯、还原。在这一点上，古典的释义学无疑充当了这种观念的发言人。然而，这恰恰是无形之中贬低了接受者的心理反应的积极性意义。因为，一方面，接受者确是受着图像意义的某种牵引而走向创造者的原意识状态，另一方面，接受者也在自觉或是不自觉地实现主体的某种内在承诺（包括思想、情操、价值观和审美观等），因而有可能丰富和扩大对图像意义的心理反

2 ［匈］阿诺德·豪泽尔：《艺术社会学》，居延安编译，上海学林出版社，1987 年，第 105 页。

应。在这种意义上说，所谓过程性既是一种心理反应的规约性，也是一种开放性。正是规约和开放的相互作用使我们一步步地接近和充实对图像意义的审美把握。尤其是伟大的视觉艺术，更使规约性和开放性的相互作用变成了一种没有终极点的运动。歌德曾说："优秀的作品让你怎么去探测它，都是探不到底的。"[3]罗斯金干脆说："每一部伟大作品的精华部分，总是无法解释清楚的，因为它好，所以它好。"[4]因而，接受的心理意义不仅不可能落实在复原的结果上，而且还意味着接受者醉心于同视觉图像趋于一致（而非达到一致）的迷人过程中。再进一步说，美术作品的图像也非客观的存在物，它糅合着创作者的主观情愫，因而，接受者能比任何其他客体更易融入其中，也就是说，接受是一种更为个体化的反应心理，是一种心灵与心灵的悄然交流、对话甚至转化。同时，在每一种反应中总是可以追究到预示或酝酿新质心理能量的种种变化痕迹。换一句话说，有关图像的每一次特殊的经验都将内化在继起的同类经验中，从而也使每一次经验都是新的或相异的，这同人对客观现象的认识活动是截然有别的。即使是同一个人对同一图像的反应也是始终变化着的。达·芬奇的《蒙娜丽莎》在接受者眼里总是意味着新的心理事件。因而，过程性才是接受的必然心理特征之一，而接受者与美术作品的心气相共的"同一""还原"只能是一种假设罢了。

其次，是自律性。所谓自律是同他律相对的，在这里，它标志着接受主体的自愿态度或自由状态。很明显，在理想的水平上，接受者对特定图像的一系列反应应该自始至终是由衷地出乎内心，并由此融入图像的意义中。确实，就如康德所坚信的那样，不可能有任何法则能强迫一个人认为什么东西是美的，什么东西是不美的。强加的外力往往会是导致非审美反应的祸根。外在

3 ［德］歌德：《歌德的格言和随想集》，程代熙、张惠民译，中国社会科学出版社，1982 年，第 75 页。

4 转引自［英］罗宾·丹尼斯：《梅纽因谈话录》，张世祥译，人民音乐出版社，1984 年，第 91 页。

的东西如果不被内心的逻辑所认可，就永远是外在的。这也就是情感在美术接受中具有关键作用的原因所在。正因为美术接受应当呈现为自律地展开和发展的心理过程，不仅多样化的感受变成了可能，而且，接受者内在的、或多或少呈现分离甚或颉颃状的表层意识和深层无意识也可能得到某种沟通或融汇。此时，心理就远离了人工性、单值性和表层性，其独特的意义是自不待言的。当然，我们把视觉艺术看作是接受主体心甘情愿地领受感召力的审美对象，并不是说接受主体只要自动做出一定的心理反应就够了。因为，并非一切相差很大的自律反应都是美术活动所要求的心理，有些反应虽然也是自律地产生的，但由于偏离或根本达不到审美的旨趣，就不会有什么特殊的价值。法国哲学家阿兰曾在其《美学笔记》中提过，一个文化很低的人曾经为偷空跑进卢浮宫博物馆而激动不已，但是当他以渴求的目光投向那些历代绘画精品时，美好的作品却毫无俯就之意，他失望、沮丧极了……因而，自律地注视图像，忘却除此之外的存在或干扰，得到审美的快感，实际上殊非易事。它其实是由相当的修养、经验等所培养起来的。美术接受的自律性心理特征也是和那些同情感相妨碍的知解力、功利感等互相矛盾的。爱与美的女神沦为粗俗的谈资，罗丹的《思想者》被看作是一个蹲在厕所座位上的狂想症者，亨利·摩尔的雕塑之洞被解释成艺术家幼年时啖食人肉的欲念的重现等，显然都是接受者们坚执于感情以外的某一因素的畸形结果。所以，在接受过程中，只有当美术作品充分引发和活化了接受主体的情感过程，使图像本身成为他凝神观照的独立对象，接受才有可能真正成为使心灵获得愉悦和自由的审美活动。否则，艺术作为最能渗透人心、塑造灵魂的“魔杖”的神奇力量必然会荡然无存或所剩无几。

最后，是自主性。接受主体在任何特定视觉艺术前所引发的各种各样的心理过程，一方面固然和作品内蕴的深度有关，也就是说，作品也规约着反应的大致方向，另一方面也同自己的意识状态及深度不无关系。世界上绝无思想意志、情感操守和审美经验决然相同的人，因此，对艺术的反应也不可能趋同到没有差异的地步，不过，这仅仅是点出了产生接受心理差异的主体依据，而没有进一步指明接受者为了实现更为丰富、独特的审美经验而做出的主动努力。换一句话说，接受的更高境界是使心灵领受创造性灵光的沐浴，而这恰恰需要一种凸现自我和改造自我的自主精神。这种精神对于多义性的作品具有特别的意义。像毕加索的《昂蒂布的夜渔》（*Night Fishing at Antibes*），就仿佛是一种谜似的存在，对应于好几种彼此有些矛盾的阐释。鲁宾（William Rubin）的解释建立在对场景的奇特的灵感吸引力上，认为《昂蒂布的夜渔》暗示的是愉快的节日气氛；博约姆（Albert Boime）写道，打鱼的隐喻所传达的是一种“性的吸引和反应”的朦胧主题；斯蒂费尔（Lawrence Steefel）则认为人体的姿态具有非常关键的作用；莱维汀（George Levitine）猜测道，收藏在卢浮宫的无名氏作品《浴者》（Bathers）可能是《昂蒂布的夜渔》（见图8-1）的渊源之作，并且，同阿恩海姆[5]一样，莱维汀也觉得此画的创作日期与将要到来的战争有极其重要的联系，等等。[6]上述接受性阐释本身也作为自主性的反应而从不同的侧面昭示了作品《昂蒂布的夜渔》的丰富含义。但是，每一种反应又有进一步推敲的可能。譬如，罗森塔尔（Mark Rosenthal）已经指出过，博约姆的读解显然是推测的，因为在毕加索的所有作品中几乎找不到同样的

图8-1 毕加索《昂蒂布的夜渔》，1939年，布上油画，205.8x345.4厘米，纽约现代艺术博物馆。

阐释，因而，所谓的“性的吸引和反应”主题就不免是凌虚蹈空的。从这一情况看，接受者即使有相当充分的阐释反应可以作为接受的新起点，他也应该保持自主性，否则就不可能纵深地探求多义性的作品内涵并得到莫大的证同快乐。正因为接受主体坚持了对视觉艺术的自主性反应态度，所以他不仅可以维持审美的注意力，而且也能充分调动自身内在的素质，把自我的力量实现到最大的程度。自主性的程度，在这种意义上说，也就是自我意识的对象化和确证的程度。当然，接受心理的自主性不仅是既与视觉图像的内容深度相关联，也与自身的主体素质有联系，而且，它也始终是发展和变化着的。所以，实现接受反应的自主性倾向从来就不可能是无条件的。对于人生经历相对单薄、审美经验比较稀少的人来说，自主性的程度或质量无疑会受到极大的影响。相反，接受者总会积极地要求作品的审美内涵接近于自己的反应水平，或者把一种对更高审美期待的要求表现得越来越强烈，从而影响美术创作活动本身。无疑，自主性是美术接受心理的最高意义的标志。

第二节
接受的心理图式

有大量的事实可以使我们相信，对于美术作品所作出反应的背后还有一种始终在起着微妙作用的心理图式，康德在其《纯粹理性批判》一书中感慨地把它称为“潜藏于人心深处的一种技术，我们很难猜测到大自然在这里

5 Rudolf Arnheim, Picasso's 'Night Fishing at Antibes'. *Toward a Psychology of Art: Collected Essays*, Berkeley: University of California Press, 1966.

6 Mark Rosenthal, Picasso's Night Fishing at Antibes: A Meditation on Death. *Art Bulletin*, December, 1983.

所运用的秘诀”。[7]在美术批评史上，确有过这样的例子：当罗杰·弗莱（R. Fry）和威伦斯基（R. H. Wilenski）在有关法国绘画的书中完全抹去了米勒的位置时，另一位艺术史家马瑟（Richard Muther）却坚信米勒的作品是19世纪最有意义的作品。法国作家贝尔·司汤达是一位热情过人的美术爱好者，他游访意大利，对拉斐尔的所有作品（包括信笔点染的穿廊壁画）推崇b备至。然而，叱咤风云的英国批评家罗斯金却对拉斐尔颇有微词，认为他只不过是一个空虚烦琐、平淡无奇的小画家而已，丝毫不能激发人们的灵智和激情。至于他的穿廊壁画，则是没有多大意思的小摆设。司汤达也并非对所有意大利画家都有敬慕之心，比如他对波提切利就很不以为然，说他低三下四地巴结美第奇家族，是个平平庸庸的画家而已，只不过是因他的多产才引人注目。但是，在罗斯金的笔下，波提切利又成了典范者、值得效法的榜样和最大的宗匠，仿佛是一位伟大、玄妙地使用色彩的抒情诗人。凡此美术史家们久听耳熟的事实，都同统摄整个接受反应的主体心理的先存结构（即心理图式）有关。

“图式”的概念早已有之，不过正是心理学家把这一概念推到了科学的实证基础上。应该承认，皮亚杰所阐述的发生认识论作为一种有心理学背景的主体认识图式的研究具有特殊价值。简而言之，皮亚杰首先改造了以往行为主义心理学“刺激→反应”（S→R）的单向活动模式，他认为刺激和反应之间存在着双向的作用模式，即“刺激⇄反应”（S⇄R）。但是，这一改造虽然矫正了对人的心理活动的机械观点，却尚未真正反映主体在认识活动中的真正意味。为此，皮亚杰又把认识活动分析为S→AT→R的连续过程，也就是说，一定的刺激（S）只有经过AT（即图式）的整合才能对刺激有所反应（R）。不难见出，皮亚杰的高明之处在于既没有把图式交予客体决定，也不判之为

---

7 Immanuel Kant. *Kritik der reinen Vernunft*. quoted in Ernst Gombrich, *Art and Illusion: A Study in the Psychology of Pictorial Representation*, London: Phaidon Press, 1984, p. 52.

主体的先天所有，而是看作源自主客体相互作用的活动的结果。不过，显而易见的事实是，皮亚杰实际所从事的研究对象还不是整全意义上的主体认识图式，严格地说，只是一种内化了的动作性结构，也就是说，作为主体图式的内在内容，由于实际研究的诸多控制条件而被略而不计了。因此，在皮亚杰那里，虽然我们也了解了主体图式的存在及其独特作用，但是，这仍然还是一种轮廓式的印象。所以，皮亚杰的思路给予我们的是一种进一步研究的起点，而不是研究过程本身。

那么，心理图式究竟是以一种什么样的构成来体现对接受反应的具体影响呢？无疑，一切内化了的因素都是活生生的变量，甚至是不能分析的整体。不过，我们可追究到底是哪一类心理因素会影响美术接受的深度或方向。首先，以情感倾向而论，我们不难在具体接受中体会到它的重要性。按照阿恩海姆的说法，除非接受者是直觉地（也即情感地）把握一幅绘画的审美信息，他才有希望在理智上把它作为艺术品来看待。[8]爱尔兰的批评家小泉八云（KOIZUMI YAKUMO）就指出，由于不是从情感的体认出发，伟大的艺术品即使是在思想家眼中也会变为诋毁的对象，罗斯金对希腊艺术和日本艺术的贬低正是由于他的偏狭的认识。[9]不过，情感也不是处处显灵。在很多时候，过分的情感投射、认同会泯灭必要的审美距离，而生理性占先的情欲往往是把一种功利上的占有放在首位，维纳斯的塑像沦为庸俗话题的对象并非没有可能。所以，狄德罗不无道理地强调过：“情感就其本身性质论，是一种既不能说得太好也不能说得太坏的因素。”[10]再以认知而论，一定的认知经验是构成美术接受的前提环节。除了对特定作品的直接感知、联想、想象外，以

8 Rudolf Arnheim, *New Essays on the Psychology of Art*, Berkeley: University of California Press, 1986, pp. 3-4.

9 ［爱尔兰］小泉八云：《托尔斯泰的艺术理论》，《英美近代散文选读》，商务印书馆，1986 年。

10 ［法］狄德罗：《哲学思想录》，《狄德罗哲学选集》，江天骥、陈修斋、王太庆译，商务印书馆，1997 年，第 1 页。

一般的知识领会为基础的沉思是接受心理深化的重要条件。潘诺夫斯基曾经谈到过，在澳大利亚的丛林居民看来，达·芬奇《最后的晚餐》这一西方名画仅仅是表达了一种令人兴奋的晚餐聚会的概念。这种接受反应之所以远离作品的图像学意义，就是因为接受者不熟悉《福音书》的内容。罗杰·佛莱曾经让克莱夫·贝尔引用过这样的真实事例：当《日本寺院藏宝》的编辑冈仓天心第一次来到欧洲，他能够毫不费力地欣赏那些把精力放在形式创造上的艺术家的画作。他很快就理解了拜占庭时期的大师们以及文艺复兴之前法国、意大利的作品。然而，在那些文艺复兴时期画家画的、着重表现与叙述艺术家对文学和轶事的兴趣的作品面前，他却茫然了，看到的只是粗鄙和紊乱。艺术的普遍和基本品质，即有意味的形式，不见了，更确切地说，降格为浅浅溪流，上面覆盖了杂草，因而其普遍的反应，即审美的情感并未唤起。直到来到马蒂斯作品前，他才重回所熟悉的纯艺术的世界。同样，敏感的欧洲人会对伟大的东方艺术中有意味的形式有直接反应，但是，对中国爱好者倍加赞美的、充满轶事与社会批评的作品却没有兴趣。[11]不过，话且说回来，并非一切认知状态都天然地契合于审美化的反应，因为，受一定图式牵制的认知水平在深入到艺术精神深处的过程时必然会表现出特殊的差异。一切纯净状态的认知都是设想而已。赫伯特·里德在1932年发表的《毕加索近作的心理学含义》中提及，他在爱丁堡大学的学生在听了他的课后反而在一项艺术判断测试（Meier-Seashire Art Judgement Test）中考得更差了。再如，美术史家沃尔夫林一旦意识到他所赞美的古典画风出自拉斐尔的画室时，那地道的恬静文笔就从沾沾自喜的风格转为罗斯金式的道德义愤了。他对拉斐尔的评价是："色彩刺目，思想卑微，姿态做作，尤为突出的是构图缺少比例。"对于这种事实上很早就已有过的评价，雷诺兹曾经表示过异议：

11 参见［英］克莱夫·贝尔：《艺术》，周金怀、马钟元译，中国文联出版社，1984 年，第 23 页注。译文根据原文有改动。

"因为这些作品表现得不自然就加以责难，我认为是不合理的批评……理性应该妨碍……并阻止我们去感受这种复杂的艺术努力的全部效果吗？"以米开朗基罗的《圣家族》（见图8-2）为例，理性告诉我们，平常没有一位母亲会像圣母那样以做体操般的姿态从圣父那里接过孩子。但是，我们的视觉所感受到正是一种净化了的、神圣的时代精神。[12]可见，非要艺术的表现与理性的东西丝丝入扣，并不一定是"合理"的；最后，以意志而论，它作为接受的特殊需要的一种依托，在接受反应中也可以达到相当活跃和强烈的程度。每一个接受者都自觉或不自觉地要求在接受过程中实现某种意愿。对于渴求精神生活的人来说，有时没有艺术就意味着剥夺了一种必须得到某种体验的要求。然而，一方面意志固然可以通过需要与动机等对认识和情感作出维持、调节甚至深化的贡献，而另一方面，它也可能由于内在意志的过于强烈，一旦受挫而偏离审美的性质。这种情况并不鲜见，比如，苏东坡是个放性自

图8-2 米开朗基罗《圣家族》，约1506年，木板油画，直径120厘米，佛罗伦萨乌菲兹美术馆。

12 ［英］米凯尔·列维：《文艺复兴盛期》，赵建平、李晓明译，重庆出版社，1990年，第49-51页。

重的人，所以他对文与可所画的一气呵成的无节之竹能发生共鸣；但是，作为明朝贵族后裔和遗民的石涛，乃是个抱节不屈之人，对文与可的无节之竹就很不以为然了。

描述基本心理因素的乖巧并不是为了说明它们之间的不可组织性；恰恰相反，它十分自然地让我们进一步思考心理图式中各要素的相互作用的重要意义。对于情感来说，那种以深刻而广泛的认知作为内在灵魂的，无疑更易走向理想的审美反应，相反，那种以单纯的感性因素为基础的情绪就或是停留在美术作品的表面，或是不自觉地走向非审美化的一面。以心境性的反应为例，当主体由于情绪的弥散性而只能在对象中体会他自己觉得相仿的情绪过程时，他也就往往以同样的情绪投入其中。这就使他自身的反应只能停留在艺术的表面之上。在这种意义上说，情感与认识的联系就显得尤其重要了。正如心理学家所指出的那样，一方面我们可以把情感、情绪看作是某种生理的唤起状态，另一方面又可以把它确认为受认知推进的反应能力。因为认知对情绪起着重要的引导作用。一个人认知了当前的情景，用过去的经验对这种认知作出解释时便产生了一个网络，人就能够理解、标记自己的情绪了。即使是相同的生理唤起状态也会由于认知因素的不同而产生不同的情绪，虽然单纯的认知并不构成或引起情绪。所以，在心理学家的眼里，情感既是一种唤起状态的激发和持续能力，同时又更是一种主体与对象关系的内在标记。换一句话说，情感是一种主体和对象间相互作用而累积的产物，一种以需要为轴心发展起来的关系的反映。因而，在原则上，主体“情感体验的内容愈是丰富，其中所反映的各种现实的联系和关系愈是丰富，就愈是有更多的根据预测到这种情感将会加强，深度变得越来越大”。[13]生理美学家艾伦（Grant Allen）也谈及，人的智性的拓宽也导致“情绪视域”的拓宽，“并且会日益强烈地预知越来越显得分明的未来中的愉悦和痛

13 参见［苏］维得罗夫斯基：《普通心理学》，朱智贤等译，人民教育出版社，1981 年，第 390 页。

苦”。[14]因而，我们有时遇到的直接情感，其实已可能是相当深刻的意识状态了，它和图式中情感积累或构成是对应着的。据说，陀思妥耶夫斯基站在拉斐尔的《西斯廷圣母》这幅美得惊人的画像前，深受感动，竟停留了几个小时。[15]这该是何其丰富、何其深沉的情感反应！

对于认知而言，其自身也容涵了具体而又多样化的内容。有事实表明，即使是像照片那样写实的绘画，也不是人人都能无条件地加以认知的。琼（John）和路易斯·福尔斯德尔（Louis Forsdale）曾收集过大量的例子表明：爱斯基摩人或非洲部落的人在初次见到这类画时，根本就识别不出上面画的是什么。[16]如果说在感性层次上，认知所及不仅可以使对象成为一种直接物的呈现，而且也同时在改造和深化那些仿佛是自生自灭的、具有随机或情境性的情感。那么，在理性的层次上，认知又发挥了这样一些作用：1.确定何种反应将占据主导地位，譬如，对于艺术的体式和风格的判定，区分与选择等就往往是接受展开的必要准备；2.使接受者自身与接受环境（如自然背景、广场和画廊等）保持协调，从而使随之而来的反应具有合宜的定向。

对于意志而言，仅仅只检验其对接受者心理活动的维持、定向还不能见出其全貌。尽管功利毕现的倾向无以使主体和对象构成审美意义的关联，但是，意志如果是对那种要求对象的现实性适应自身某种心向期待的满足的倾向，那么，它的意义就十分显要了。根据纽曼的分析，我们很可以在亨利·摩尔的《斜躺的女人》中不断开掘而得到越来越深入的意义，而这是需

---

14 See John Fizer, *Psychologism and Psychoaesthetics*, Amsterdam, 1981, p. 67.

15 See Peter Sekirin ed. *The Dostoevsky Archive: Firsthand Accounts of the Novelist from Contemporaries' Memoirs and Rare Periodicals*. Jefferson, North Carolina: McFarland Publishing, 1997, p. 317.

16 参见［美］阿恩海姆：《视觉思维》，滕守尧译，光明日报出版社，1986 年，第 444 页。

要意志的不断深入的。我们看到的首先是女性形象的再现，其中的“洞”让人联想到女性的一种性特征。其次是女性形象的抽象，是母亲的象征，因而“洞孔”与其说是一种性特征，还不如更确切地把它看作为子宫。其三，抽象的表达手段也会让人进一步地猜测，那是一种自然景观的特征的凸现。高出部分指涉山和高原，凹进的部分则为山崖上的洞孔。因而，这是由山、高原和洞穴所构成的美丽无比、令人遐思的景色。其四，整个雕塑构型既有母亲的形象特征，也有山崖洞穴的构造特点，因此，应该看作是大地—母亲这两种视觉形象的巧妙结合，观者分不清它到底该是大地，还是母亲，因而，面对的是大地—母亲的整体形象。最后，如果把整个雕塑结构看作是一个从受动的、低级的非有机体向一种主动的、高级的有机体转化的过程的话，那么，其中的洞孔就可能使人进一步想到一种锐进的意识走向冥暗的、神秘之域的通道了。在这种层层深入的探究中，接受者的内在要求和努力无疑是非常关键的合力。列述这些相互矛盾又相互联系的心理因素的作用之后，我们可以进一步强调，心理图式不管如何变化与发展，对于美术接受来说，情感是起了核心的组织作用的。对于消除不同心理因素功能上的颉颃与紊乱，从而使图式在美术接受活动中体现出整体的意义，情感无疑有其最独特的作用。一旦接受者出乎内心的情感被激发起来，那么它又可能比较充分地引发大脑中繁富多姿、鲜灵活跃的表象因素。往往情感愈是丰富，表象的活动范围也就愈大，而无穷多样的表象是主体对于艺术对象的自由反应的重要前提。在情感既为感知和表象所触发又进一步推进后者的运动中，其他的心理因素就有可能得以聚汇和亲和，从而对艺术的诸多特殊意义的把握具有更为深刻的力量。在这种意义上说，没有情感甚至也就没有接受图式的整体的审美现实性了。

第三节
接受的心理倾向

正因为美术接受从来不是接受者对作品的一种脉冲式或者悉无差异的心理反应，所以其多样化的心理倾向就成了一种十分合乎逻辑的结果。

首先，是选择性倾向。正如威廉姆·詹姆士所说的那样：“意识永远总是对它的对象的一部分比其他部分更关切，并且意识在它的思想的全部时间里，总是欢迎一部分，拒绝其他部分，换言之，意识总是在选择。”[17]这在美术接受中同样体现得十分明显。比如，早期来华的一些西方人，由于不明中国古典绘画作品“外师造化，中得心源”和不务形似的追求，就把中国画看作是没有透视的落后画种，缺乏生气，利玛窦即是指责者之一。发人深思的是，即使是同时代的人也有很强的带有排斥性的选择倾向。譬如，塞尚就对高更大有微词，认为他都算不上是什么画家，因为“他只搞了些中国玩意儿。只有一根黑线来保持轮廓（具色彩面的轮廓），这是应该用一切力量来避免的缺点”。[18]不过，另一方面，接受者依凭特定的心理图式选定对象的信息刺激，是积极而主动地使对象具有主体性的意义，并且由此获得比直接感官反应更为复杂也更为丰富的东西。所以，即使是相当专一的选择性，也可能是一种旁人难以企及的激赏。比如偏爱中国古典绘画的接受者，尽管可能不很充分表现出对西画以及新派图画的喜好，但对所选定的对象的体味也可能是相当精到的。所以，美学家乔治·桑塔耶纳不无辩证地说：“不能欣赏某种类型的美，也许就是欣赏另一种美的Sine non（必要条件）”“艺术史上最伟大的时代往往也是最不宽容的时代”。[19]这从一个侧面告诉人们，

---

17 See William James, *The Principles of Psychology*, New York: Cosimo, Inc., 2007, vol. I, p. 139.

18 参见《宗白华美学文学译文集》，北京大学出版社，1982年，第216页。

19 ［美］乔治·桑塔耶纳：《美感》，缪灵珠译，中国社会科学出版社，1982 年，第 29 页。

所谓的选择倾向，也只有到了接受者内在接受经验具有相当基础时才有一种特殊定向的敏感度。它是接受者心理的自我调节和适应的必然结果。库恩曾经这样写道："一个人看到什么既取决于他所看到的对象，也取决于先前先有的视觉—概念的经验引导他如何去看。"[20]这里的所谓"引导"即是一种积极的定向，是对所视对象的具有自我适应意义的反应，同时也可能成为反应本身多样化的主要契机。应该指出的是，选择倾向也不一定总是以排他和专一为必要前提。因为，艺术（尤其是伟大的艺术）总是可以让人普遍地感受到美。克莱夫·贝尔在《艺术》中曾说："如果一件艺术品的形式很有意味，那么它的出处是无关紧要的。面对卢浮宫中萨默里安的人物塑像的壮观，他（按：有高深造诣的接受者）所感受到的狂喜与四千年前迦勒底的崇拜者感受到的狂喜是同样多的。"[21]当然，狂喜与狂喜之间也是有差异的。对于接受者来说，重要的是提升和拓宽自己的选择倾向。

其次，是角色倾向。"角色"一词按其原义是指演员在戏剧舞台上根据剧本所扮演的某一人物的专门用语。这种现象推而广之，使人们把一种由社会所规定的期望也称为一种角色，它有两层含义：1.在各种特定条件下，由其他人引起某个人可能的行为；2.给予行为以一种必不可少的可预言性标准。[22]换言之，某一个角色既是与某一特殊社会性位置有关联的行为模式，也代表着有关行为的社会性标准，正是这些标准规定了个体在"扮演"某一社会性角色时所应有的行为与反应。在这一点上，个人的行为反应必定是社会性的一面镜子。美术接受也不例外。由于美术接受大多有一定的公众性，因而接受者的角色感是相当明显的。有时公众性的改变（比如从画廊转到广场）使同一作品可以引起不同的心理反应。也许最突出的例子该是美国自

20　转引自R.维尔斯：《论观察依赖理论》，《自然科学哲学问题丛刊》，1980年，第2期。

21　Clive Bell, *Art*, Oxford University Press, 1987, p. 36.

22　参见[美]克莱德·克鲁克洪：《社会化：使人适应其社会》，《文化与个人》，高佳等译，浙江人民出版社，1986年。

由女神像了。在今天的人们看来，自由女神在向那些远离欧洲、首次接触这个具有无限可能性的伟大的自由之邦的旅客问候，它也是美国，或者保守的爱国主义感情的化身。但是，这座雕像最初时却含有另一种意义，即左派世界观的象征，因而也就无法在当时反动的法兰西觅得一块容身之地。所以，只有新大陆才是她的最佳位置。[23]由此可见，接受者的角色倾向对于作品的意义的释放起了不小的作用。但是，偏差或失误也不鲜见。这里，应该提到1984年在伦敦一次画展上所发生的情形。该年，当地的一家电视台编播了一部分上下两部分的讽刺抽象艺术的真实节目。第一部分由摄制人员在街上任意选择几个清道工，由他们用扫把在一块预备好的画布上自由涂扫，整个过程都录了像。第二部分，一批美术理论家、评论家应邀来某画廊鉴定一幅抽象派新作。画廊中灯光辉煌，仪式隆重。而所谓新作就是清道工涂扫的产物，它被堂而皇之地悬挂在画廊的中心位置上。摄像机同样把理论家到场后对这幅新作所发的宏论（包括对作品的分析、理论上的发挥、历史上的引证、哲理上的引申等）全录制下来。而后，两部分合而为一播放，一时传为笑谈。在这里，画廊以及整个布局的气氛无疑强化了理论家和批评家本身的角色，使他们正正经经对“作品”作一番深刻的评点，结果落入了一个经过设计的圈套之中。实验表明，让被试者看两幅画，如果事先告诉他们一幅是出自名家之手，而另一幅是无名画家所作，那么他们的评价反应往往是两极化的，名家的画被赞美倍至，而非名家的画却受到种种挑剔，而事实上这两幅画都是名画家所作的。当然，角色倾向本身毕竟是发展和变化着的。社会学家明确指出：“社会角色扮演的反复过程，使得个人必须不断地接受价值和经验的多种新含义。在任何新关系开始出现时，个人都试图了解他自己期望的那些反应，都希望了解他寄希望于他人的那

23 参见［德］曼·科·希勒布雷希特：《现代派艺术心理》，陈钰鹏译，上海文艺出版社，1989 年，第 152–153 页。

些反应和其中包括的使人满意的事……随着一个人对某种角色情境的了解，他很快就会懂得应该期望什么，应该如何作出反应，应该在履行角色时补充哪些自我意识成分，等等。认识到这些，就可以说他开始习惯新关系了。”[24]这无疑使我们进一步看到艺术对象和接受主体之间所生成的一系列角色效应，实际上还是由整个社会实践活动暗中推动着的。它的分化、解体、重建和再分化、再解体、再重建的宏观发展过程总是令人乐观。或许正是角色在社会文化中的活跃程度使得未来学家奈斯比特在《大趋势》中写下了这样的感想：“我们现在要做的事情只有重新思考自己的角色作用，其他一切都无济于事。”[25]确实，对于现代主体来说，如何在多元存在和发展的文化和亚文化的过程中使美术（无论是古典美术还是现代美术）“扮演”特定角色，是一个不能避而远之的问题。譬如，角色知觉是角色实现的主要因素，其正确与否至少与以下三个因素有关：1.对角色的社会期待的明确程度，2.取得学习或经验的程度，3.环境及时代的变化。可见，如何调整自我和美术接受相谐和的角色倾向，不能不是一个重要的主体工程。

其三，是接受的惯例倾向。“惯例”的概念是由美国当代美学家乔治•迪基发展起来的。在他看来，艺术都有自身的惯例，它“由戏剧、绘画、雕塑、文学、音乐等各种艺术门类系统所构成。而每个艺术门类都具备那种能授予客体以鉴赏资格的惯例的背景”，“惯例”即为“每一个门类系统为了使该门类所属的艺术作品能够作为艺术作品来呈现的一种框架结构”，因而，在艺术家、艺术作品和接受主体共同参与的活动中，一切都是“惯例化”的。[26]譬如，没有人会无意步入画廊，他们之所以进画廊正是由于带着各种各样的期

---

24 参见[美]克莱德·克鲁克洪：《社会化：使人适应其社会》，《文化与个人》，高佳等译，浙江人民出版社，1986年。

25 [美]约翰·奈斯比特：《大趋势：改变我们生活的十个新方向》，中国社会科学出版社，1984年，第61页。

26 参见《美学译文》（3），中国社会科学出版社，1984年，第237-241页。

待，而期待本身又产生于他们对视觉艺术的惯例的一种默契。在这里，所谓的惯例的经验，就是那种具有约定性的，有关接受活动所涉及的环境、对象和具体方式的综合性心理反应模式。很难想象，如果美术的接受者不能毫无疑问地默认图像的非现实性（幻觉现象），他们还能和拉斐尔、伦勃朗、高更、毕加索和康定斯基等人心心相照；同样，要理悟《地狱之门》和《格尔尼卡》，就不能不首先承认隐喻、象征和梦幻的表现性艺术当然也是一个浩瀚的宇宙，然而只有那些在天体轨道上运行的心灵才能更为自由地遨游其中，领略到灿烂而迷人的风光。确实，在美术接受中惯例倾向并不是偶然的现象。诚如恩格斯所说，“在社会历史领域内进行活动的，全是具有意识的，经过思虑或凭激情行动的、追求某种目的的人；任何事情的发生都不是没有自觉的意图，没有预期的目的的”。[27]美术接受如果是一种自为的活动，当然也有其自身的必要前提或者预期方向。海德格尔就指出：“并无简单地‘在那儿’的东西，每个所说的和在文本中出现的东西都已在期待之下”，换一个角度说，“只有在期待下的东西才能被理解”。[28]赫德森在20世纪60年代做的大象试验表明，欧洲人总是按图8-3中左图的方式看动物（大象的形象），而一些非洲人却总要把大象画成右图的样子才感到舒服。这显然是受到心

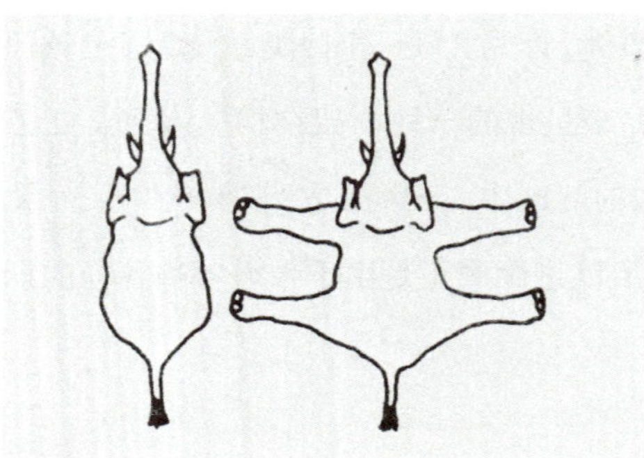

图8-3

27 《马克思恩格斯选集》，人民出版社，2009 年，第 4 卷，第 302 页。
28 转引自程伟礼：《黑箱：意识的结构与功能》，人民出版社，1987 年，第 313 页。

理定式(包括期待)的牵制的结果。正因为期待具有这种先在的定性,所以没有人会以一种不受惯例经验影响的态度接近艺术。同时,经验在主体的意识过程中的参照意义几乎也是无所不在的。鲁利亚指出过:“脑皮层的各种不同的区,其中也包括着彼此间很远的区,都参加在心理活动的积极形式的实现,这些积极形式不仅接收信息,而且要将这些信息与过去的经验相比较。”[29]因而,在通常情况下,那些属于已有经验和需要所构成的“坐标网”的信息更易被人接受,而信息愈是含混,愈是无结构,主体的经验也愈不确定。只有当某种期待能得以顺利实现的情况下,意识才会获得强化趋势,其中强化的因素又往往是愉快的情绪体验。同样道理,当接受主体的特定惯例经验得到证同、强化时,愉悦之情也就应运而生。这种体验又会通过隐形累积为新的接受反应贮存经验因素。确实,各种类型的美术作品都会引导或加强各自的惯例反应。一帧国画的构图挪移到油画中去可能会使人不适,而不到化境的中西融合也会使人产生别扭感。内在的原因都在于各种类型的构成并不是作品的一种外在的躯壳。它们程度各异地具有对特定意蕴的审美的约束度。法国学者梅洛-庞蒂在谈到塞尚时深有体会地说:“在艺术家画笔的每一笔触中,都表现着解剖和构思的规则,正如在球拍的每一次挥动中,潜藏着网球比赛的规则。”[30]另一方面,在很大程度上,接受主体的惯例经验如何,作品也就如何具体化。如果西方人因为对透视的讲究而把中国画贬为落后的、缺乏生气的画种的话,那么中国人则会由于对气韵笔法的重视而把西画列入匠艺之作。清代邹一桂在《小山画谱》中就愤愤然地把油画斥为“不入画品”的劳什子。就此而言,当惯例倾向膨胀到了一切都应如此的时候,它又面临被扬弃(即进入新的惯例倾向)的机会,由此,也造成惯例倾向本身的矛盾和运动。如果说,一般的艺术家还只是在他自己对世界的无数

29 [苏]鲁利亚编:《神经心理学原理》,王青等译,科学出版社,1983年,第53页。

30 参见王鲁湘等编译:《西方学者眼中的西方现代美学》,北京大学出版社,1987年,第60页。

感受中进行选择时，利用他那个时代的文化形态和等级所大致认可的形式和规范来重新组织这些感受，以加强自己作品感染效果；然而杰出的艺术大师却多少拿出罕有的勇气和才能，用自己的独创去抗衡，打破他那个时代的接受主体的心理惰性，从而也在为自己的精神产儿寻找当代直至未来的崇高位置，尽管这么做有时甚至要以在相当长时间里受到不小的冷遇为惨重代价。据说，惠斯勒的《母亲肖像》曾差点被人拒之门外而不能参展。当时的罗斯金对惠斯勒的评语真是苛刻到顶，谴责后者竟“把一罐颜料摔在公众脸上”。[31]但是，这幅肖像后来成为价格极其昂贵的收藏精品。通常说来，惯例倾向既非永远不变，但也不可能完全背离原有倾向而进入一种异己的状态。对于美术家来说，如何获得这两者之间的合适期待域是特别重要的。也许在美术创作时，艺术家会通过巧妙地偏离某一惯例，从而在接受者的经验中激起惊奇之感，然而这种效果又恰恰只有在接受者了解惯例的情况下才具有充分的意义。每当一种惯例开始疏离自身时，它其实又是在相反的方面自觉其自身。同样，我们能够发现一种惯例的变化或偏离，恰恰意味着我们能够确认被偏离的那一惯例。所以，这是一种很合乎逻辑的结果：一旦人们都以背叛惯例而自诩时，就没有什么东西可以背叛了。惯例越少的时候往往也就是美术家施展身手的机会越少的时候。

最后要指出的是，我们在上面匆匆浏览的美术接受的心理现象还至多是以一斑窥全豹式的描述，而且，基本上是横向的考察。像托尔斯泰在其《艺术论》中所特别推崇的审美共鸣，其实是以相当充分的经验作为前提条件的：“感受者和艺术家那样融洽地结合在一起，以致感受者觉得那个艺术作品不是其他什么人所创造的，而是他自己创造的，而且觉得这个作品所表达的一切正是他很早就已经想表达的。”[32]正如狄德罗在《绘画论》中所说的那样，是那

31 参见《现代画是什么》，《美术译丛》，浙江人民美术出版社，1987 年第 3 期。

32 参见［俄］列夫·托尔斯泰：《艺术论》，张昕畅、刘岩等译，中国人民大学出版社，2005 年，第 131-132 页。

种“由于反复的经验而获得的敏捷性”使观画者能够“抓住真实与美好的东西，并且迅速而热烈地为它所感动”。[33] 从纵向上看接受心理的变化和发展趋势的话，至少会涉及以下几点。1.反应能力的自然性变化。就像美术创作有一种“晚期风格”（Late Style）[34]一样，美术接受也存在同样的倾向。譬如，青年时期的歌德在斯特拉斯堡大学求学期间曾对哥特式表示欣赏，认为它是极其优美的建筑艺术式样，但到了垂老之年，歌德却把哥特式建筑看作是野蛮和疯狂的表现，而把古典建筑当作唯一完满的样本了。据说，达尔文到了晚年由于再难有艺术的审美志趣而大为遗憾。在他心目中，艺术组成了美好人生的一种天然组成部分，丧失审美志趣就等于失去了一种幸福。[35] 2.反应能力的审美性提高。应该说，一方面人随着生理上的衰老都出现视觉和听觉的减退、短时记忆的老化、反应时间的延长和智性灵活性的降低等；但是，另一方面生理的延伸也意味着经验和智慧的增长。对于美术接受来说，也就有发展一种越来越精到的趣味的可能性。所谓“五岳归来不看山，黄山归来不看岳”“曾经沧海难为水，除却巫山不是云”等诗句其实贴切不过地道出了美术接受者的一种纵向的心理发展规律。大画家之所以没有多少画可供他观赏，大建筑家没有多少建筑值得他享受，大批评家没有多少作品会真正引起他的评论欲，道理正在于此。不过，这多少是有点极而言之了。事实上，一般接受者的内心也可能自然而然地进行着一种越来越趋向于更美、更新的美术作品的主体化工程。举例说，美国画家波洛克在确立了自己独特的创作面貌之后就鲜有再突破，从而陷入深深的烦恼之中。其创作陷于停顿的原因或许很多，但是，有一点是肯定的，即他后来的那些作品已低于接受者发达起来的审美经验的水平了。在这种意义上说，接受无疑是推动美术活动走向更高和更新的审美境界的巨大动力，失去接受的这种贯以始终的推动，美术史的纵深化就无法想象了。

33　参见［法］狄德罗：《狄德罗美学论文选》，人民文学出版社，1984 年，第 430-431 页。
34　参见拙作：《论“晚期风格”的艺术》，《文艺研究》，2016 年，第 7 期。
35　［苏］И. 弗罗洛夫：《科学与艺术》，《国外社会科学》，1985 年，第 4 期。

第九章 美术史和心理学

把美术史置于心理学的视野之下，或许是早已有之的一种做法了。因为，美术的发展总是内在地和人的心灵问题难分难解。不过，应该指出，只是到了20世纪60年代由于弗洛伊德理论的广泛影响所致，心理学意识才在史学领域中成为强大的一脉。列维-斯特劳斯就甚至要把他的结构人类学规定为从诘问社会生活的无意识基础入手的学科，以同向来就社会生活的有意识表现这一方面整理材料的历史学相区别。尽管20世纪60年代起风行的心理史学（psychohistory）由于过分倚重精神分析的理论而有主观化太甚之嫌，然而，史学和心理学的联姻并不为错。人们越来越清楚地意识到，把追求绝对可靠的事实本相作为历史研究的目的，实在是一种虚幻到顶的设想。如果这样做，反而只会停留在历史事件的表面现象上。要把对过去的事件的探索的触角伸向内在的因果之中，没有心理学倾向的探究几乎是不可思议的。虽然，在美术史的圈子里确认心理学的位置相对来说要容易得多，但是，正如美国学者彼得·盖伊所指出的那样，“富有讽刺意味的是，心理学的那种中心地位恰恰是被那些把心理学作为心爱的手段加以运用的史学家们弄得面目不清的。大量的心理史研究令人失望——琐碎、矫饰，而且最糟的是简单化”。[1]因此，如何进一步调整美术史和心理学的关系对于美术心理学来说仍然不是什么可以轻描淡写的事情。或许，值得庆幸的是，一旦我们回视美术史的研究历程，还是可以发现美术史家以往在这方面的诸种努力——无论是自觉的还是不自觉的——早已多多少少为进一步的探索提供了不无明朗的思路，甚至在不少地方还越出了心理史学的那种限制而与文化学的思想融为一体，凸显了更有说服力的美术史观及其视野。所以，在这种意义上说，美术史的心理学意义上的研究倒是拥有一个很有希望的起点的。

---

1 Peter Gay, *Art and Act: On Causes in History: Manet, Gropius, Mondrian*, New York: Harper & Row Publishers, 1976, p. 19.

第一节
美术史：内在的绵延维度

诗人帕斯捷尔纳克曾经写下过这样令人深思的诘问："谁又能知道，谁又能说一说，过去这儿是怎么回事？"（《磨坊》，1915年）这恰好是对美术史研究所面临的一个恒在难题的暗示。尽管在原则上说，美术史作为一种学科的存在指的就是对人自身所创造和经历的一切美术活动的记录与认识，然而，与此同时，这一学科又始终要面对艺术创造与接受的诸种主体性，因而有别于一般的人文学科。毫无疑义，美术史多种形态的活力就在于不仅是并存，而且还派生或趋向于更为多样也更为错综的问题系列。正是由于这一点，美术史的思想空间的自觉拓展有着巨大的可能性。然而，美术史一方面以其多姿的魅力引人神往，另一方面又有如同塞壬（Siren）[2]的动人歌声而使人时有触上暗礁的危险。因而，在浅显史识的不自觉的徘徊中超越出来，并不是多此一举的。事实上，往往在最言之凿凿之处可能最大限度地密集着需要深思的疑点。

2 塞壬，希腊神话中半人半鸟的海妖，以美妙歌声诱惑水手并使船只触礁而毁。

譬如，美术史研究的最基本一环——分期，有时就是一个小小的陷阱。美术史大家欧文•潘诺夫斯基在其著名的《文艺复兴和西方艺术的诸复兴》一书中劈头第一句话就是："现代学界已越来越对分期（periodization）持怀疑态度了。"[3]鲁道夫•阿恩海姆也深有感触，他说："如今的美术史家已越来越不满足于那种把美术史看作是自足的年代的线性排列的传统模式，其中，每一年代又有一系列确定的特征和可以推算的日期的开端以及末尾"。[4]无论是潘诺夫斯基抑或阿恩海姆，他们都是有感于美术史研究中的普罗克鲁斯提斯（Procrustes）[5]式的宰割术而发的。那种几乎已经司空见惯的借用美术繁荣时期的政治文化的分期来阐释美术发展阶段的做法，实际上无形地降低了分期的重要性。所谓的"分期"不只是一个时间的概念，它还应该是美术史本身的分类方式，相当于哲学中的"概念"、自然科学中的"类"（class），因而，它是一种特殊的序列形式（ordnungsform）。按照阿恩海姆的看法，不高明的分期仅仅是为了美术史家本身的便利，借助美术以外的分期似乎直接得到了美术发展的确定表征，但是并非都适得其所。譬如，宋朝美术（"宋画"）被当作一种美术分期的概念，却没有任何前提表明了三百年间的一切美术作品都是同一于统一的风格。人们不应未经证明地把一种统一的东西强加于一个复杂的总体（尤其是一种艺术的集结和连续）。人们之所以不能单凭一般的编年方法去接近美术史发展的内在律动，其原因就在于，时间就其自身而言，并不是一种动因（causal agent）。[6]美术史的复

---

3 Erwin Panofsky, *Renaissance and Renascences in Western Art*, New York, 1969, p. 1.

4 Rudolf Arnheim, Style as a Gestalt Problem, *New Essays on the Psychology of Art*, p. 263.

5 古希腊神话中的强盗，他把高个儿截短，把矮个儿拉长，以使他们和他的床相适宜。

6 Rudolf Arnheim, Style as a Gestalt Problem. *New Essays on the Psychology of Art*.

杂性或许就在于，一方面美术交织在社会文化的特定关系之中，另一方面又有相对独立的审美发展脉络。因而，用单纯的时间概念划分美术史有时会显得十分的外在和权宜。美术史家乔治·库布勒曾经承认，最不得力之处往往就在有关美术的时间问题上。罗伯特·荷维兹（Robert Joseph Horvitz）向库布勒质询过：在《时间的形态》这部美术史哲学的力作中，有一种观点认为，美术史的阶段更替常以六十年左右为一界限；既然已经断定1910年间是西方美术与建筑的剧变之时，那么，在经历了“现代主义转换”的六十年之后，到底又意味着进入了美术发展的什么新阶段呢？对此，库布勒竟毫无辩解和详加阐释的意思，而是大智若愚地回答道：这就是《时间的形态》这本书的最微弱处之一。[7]确实，随着对美术史研究的逐步深入．人们要坚信不疑的并不是那种似乎一目了然而实际上却是偏离美术史本身的线性排列，而更应是形形色色的甚至零零乱乱的时间交叉、时期替换、时期细分，甚至时期的独立（maverick）和时期的例外等等，以切实触摸美术史自身的发展脉络。可见，美术史仅就分期而言就不是一种坦途四达的领域。

显然，作为主体创造所构成的美术史和作为认识成果的美术史之间的阻隔是多方面的。阿纳森曾在其《西方现代艺术史》的序言中流露了这种几乎不能回避的懊恼：“任何艺术史和（或）艺术评论的著作，都不可避免地要把视觉的体验翻译成语言的体验，因为心理被包括在这两种体验之中，此两者之间某些地方是相通的。尽管如此，这两种体验从根本上就是两码事，而且始终不要忘记，解释作品所用的言词，充其量不过是近似于视觉的艺术作品而已。”看得出来，阿纳森还是多多少少地偏袒了“语言的体验”，似乎不忍心把素有“牢房”之称的语言在能指方面的特殊局限彻底抖出。不过，他的

---

7 Thomas F. Reese ed., *Studies in Ancient American and European Art: The Collected Essays of George Kubler*, New Haven: Yale University Press, 1985, p. 413.

经验之言已足以使人们观念中残留的那种追求纯粹的、原初的和本真的美术史的幻想荡然无存。令人尴尬的是，人们还是不得不用语言去构筑属于认识的美术史。换一个角度说，人们不得不处在语言和美术史本体的“非全”和“非同一”的境况中。如是，是否抽去了美术史的存在价值呢？这种疑问把我们的思路无以悬搁地牵入了释义学的思想维度，对于历史及其认知之间矛盾并存的理解也是各派释义学的重要心结。譬如，在传统（或正统）释义学学者看来，意义的正常呈现会因为那种“历史性”而丧失其本真的面目，因此，必须坚决地排除，舍弃这种释义的“噪音”。施莱尔马赫曾经悲观地认定，从过去的岁月中流传下来的艺术由于已然脱离原初的世界，因而也就不再是原来的和最初的东西。换言之，艺术在其原来的联系没有历史地保存下来时，它就损失了本身的意义。这就仿佛是那种从火中救出却带有烧灼痕迹的东西了。但是，企求一无主体个性色彩和历史变异意味的复呈的释义活动事实上又有几分可能呢？现代释义学就干脆像P.利科尔那样，把释义学限定为“消极的”释义学，因为绝对普遍和有效的阐释恰恰是不足为训的和非历史的。这在根本上涉及了历史观念本身。对美术史来说，它自身究竟是一种纯粹的存在（pure being）而只呈现为一系列可以证实的现象，还是作为一种渗入了主体因素的对象？换一句话说，美术史只是外在于主体的那种赤裸裸的过去，还是本身就是主体目的结构中的有机组成部分？无疑，现代释义学更尊重后者而非前者。其实，阐释主体把自己置于一个可以认知某一对象或过程的特殊位置上参与有目的性的释义，也不完全是消极的。阿诺德·豪泽尔早就强调过，当人从目的论的角度审视过去时，过去“也可以说是现在的产物，这不仅因为历史总是沿着特定的路线发展的，过去总是某个特定现在的过去，而且还因为在一个特定的时间里不同的观点会看到同一过程的不同方面”。[8]所

8 ［匈］阿诺德·豪泽尔：《艺术社会学》，居延安编译，学林出版社，1987年，第187页。

以，今天的人们虽然已经全无可能（也不再有必要）变成古代雅典的狄奥尼索斯剧院里的观众或者当年在巴特农神殿前的景仰者，但是意识到阐释的有限性也意味着一种超越，即不再设定上帝的存在。这也有别于尼采的所谓“现在”的“逆动力”和柏格森对“现在”的神化（即认为“现在”不仅可以显现过去的原被掩盖的部分，而且可以首次地创造过去）。

回视美术史的研究历程，企图离开政治、文化等时间概念对美术史的框定的努力事实上不绝如缕，最突出的则首推沃尔夫林。“没有名字的美术史”（art history without names）的研究用意就在于从心理学、文化史和形式分析这三个方面反映美术史本身的发展走向，使美术史不再是什么艺术大师的名字排列，而是艺术风格的运演及其兴衰之变。不过，沃尔夫林的五对风格范畴，即线描和图绘、平面和纵深、封闭的形式和开放的形式、多样性的统一和同一性的统一、清晰性和模糊性等，是否能较为全面地体现美术史的内在动向，还是一个争议颇多的问题。同时，他对这五对范畴背后的起因和发展的阐发也是不甚深刻和严谨的。不过，尽管如此，沃尔夫林的史观却全无科林伍德所谓的“剪刀加浆糊”之嫌。对美术史的内在趋势的关注还同美学家克罗齐不无关系。在克罗齐主观的强调中，他认定没有思想便没有实在，因而也就不会有历史的实在。对历史具有真正理想的人通过本人的心灵或精神“冶炼”了所谓的史实，也就是说，我们必须“历史”地去思想，即思想古人做某事时是怎么想的。克罗齐的这种史观在渊源上可能远承了维柯的思绪，后者早就指出过，史家必须神游于古代的精神世界之中，重视古人的内在心灵。在这种意义上，美术史就不应该是对过去的复述，而是对过去的心灵的复活了。这种复活在本质上应该有别于谢林心目中的那种“绝对”自我实现的历史研究，而旨在通过美术活动的思想现实去感受一种内在的绵延。在这方面，艺术心理学家（如兰克、荣格、纽曼等人）的努力是具有特别意义的。尽管他们对美术史内在发展的观照也是占用各不相同的层次和角度，但是，每一层次或角度对于采用它的人来说，却总是合理的或者是唯一的可能。所以，他们都对美术史内在绵延维度的揭示有所贡献。以兰克为例，这位奥地利的心理学家是这么表述他的美术史观的：由于艺术家的创造冲动源自那种使自己不朽的志愿，生命和创造的矛盾就会永恒地困扰着艺术家，因而巡视美术史的整个历程，与其要以艺术作品为基本素材，还不如选取艺术家的创造性人格为切入口。整部美术史从某种意义上说也可以看作是艺术家的人格类型的变迁史。艺术家一般总是分为酒神和日神型、古典和浪漫型、爱欲制约和爱欲主导型，等等。若从现代心理学角度看，他们还可分为与恐惧有关的心理病态—冲动型（the psychopathic-impulsive type）和与意志有关的强迫—神经症型（the compulsive-neurotic voltional type）。诸如此类的创造性人格的差异，实际上就暗示了美术史的某种内在倾向。就整个美术史而言，所谓的原始艺术，是一种集体意识的表现，它通过对宗教性的灵性观念的提炼而具有永恒性；所谓的古典艺术，则是以社会的艺术概念为基础的，理想化是其不朽的根本，它的最为纯粹的表现即是美；所谓的现代艺术，是建立在个体天才的基础上，并且以有形化（concretization）获得永久的性质。它通过对个体性的人格崇拜达到最晓畅的表现。与原始艺术相比较，现代艺术中真正起作用的与其说是作品本身，还不如说是作为个人的艺术家。换言之，美术史是一种越来越凸现个体意义的过程。[9]兰克的思路无疑是大胆的和富有启示力的，但是，和美术史家一样，兰克也面临主观印象和客观描述、假设求证和实证分析、心理剖析和文化参证等多方面的难题。

不过，对美术史的内在绵延规律的叩问毕竟是意味十足的事业。从古代的老普里尼、文艺复兴时的瓦萨里直到当代的贡布里希，他们都自觉程度各异地寻求过一种具有整体内在意义的美术史发展脉络。他们的影响至今仍笼罩在

9 Otto Rank, Life and Creation, in *The Myth of the Birth of the Hero, and Other Writings*, ed. by Philip Freund, New York: Vintage Books, Inc., 1959.

美术史领域上空。老普里尼的巨著《自然史》(Natural History，又称博物史、博物志等）表达了他对自然本身的崇拜。正因如此，他认为美术家所遭遇的难题也必然是自然所出的难题，而他们对自然的成功再现无非是对自然的某一点的专注，其目的是要走向知识的总汇。[10]所以，老普里尼大加推崇的是在绘画中第一个区分了男性形象和女性形象的雅典画家欧默勒斯（Eumarus）、第一个描绘倾斜性形象（obliquae imagines）的塞蒙（Cimor）、第一个赋予绘画以比例并且使人物的脸部表情生气四溢的巴哈修斯（Parrhasius）、第一个描绘和表现人的心理和内在情感的希腊底比斯画家亚里斯德斯（Aristides），等等。每个画家都占有了一块小小的知识领地。不过，他们的业绩还需更伟大的艺术家集大成而为之。普里尼认准阿波罗德勒斯（Apollodorus）和宙克西斯（Zeuxis）是最了不起的艺术家，前者是第一个真正的艺术大师，为赫拉克里斯城的宙克西斯打开了事业的大门；后者则因画过可以乱真的葡萄而声誉长存。[11]在普里尼的心目中，美术史差不多就是艺术家之间相互竞赛而留下的胜利记录，譬如阿佩莱斯（Apelles）画出了普罗托基（Protogere）无法画出的线条，巴哈修斯以迷惑眼睛的“幕帘”使宙克西斯信以为真，等等。就此而言，人们对美术发展的期望就是对新的、技艺更加高超的艺术家的出世的等待，瓦萨里的《名艺术家传》实际上是普里尼《自然史》中美术史观人文主义的翻版。所不同的是，在普里尼那里倍受推崇的是阿波罗德勒斯和宙克西斯等，而在瓦萨里处则成了契马布埃（Cimabue）和乔托（Giotto）。在瓦萨里看来，拉

10　老普里尼把宇宙分为这样的知识范畴：(1) 关于世界、元素和星座，(2) 关于人的创造，(3) 关于大地上的生灵，(4) 关于金和银，等等。

11　与宙克西斯画葡萄、巴哈修斯画布帘可以相映成趣的，不仅有三国时的曹不兴笔下的杨梅和小蝇，而且宋代曾敏行在《独醒杂志》卷九中的趣事也可聊备一格：“东安一士人善画，作鼠一轴献之邑令，令初不知爱，漫悬于壁。旦而过之，轴必坠地，屡悬屡坠。令怪之，黎明物色。轴在地，而猫蹲其旁。逮举轴，则踉跄逐之。以试群猫，莫不皆然者，于是始知其画为逼真。”

斐尔是技巧发展的高峰，而米开朗基罗则是表现发展的顶点。这就是说，瓦萨里已乐观地把他那一时代的美术无意中当作了完美无缺的丰碑，至于美术的未来，他不再予以申论。显然，和老普里尼相似，瓦萨里也多少把美术的发展看作为走向知识总体的一种累积，即向艺术完全复现世界这一点的不断趋近。无论是普里尼，还是瓦萨里，他们都透露了一种深刻的逻辑悖论：艺术是具有发展性质的，而有关自然的知识（无论是过去的还是现在的）却都是“当代的”，因为自然本身是不变的存在。这就可能引申出这样的意义：美术其实也没有什么历史性可言，因为它以不变的自然为蓝本。美术史归纳到这一点上也就自然到了穷途末路上了。贡布里希无疑是代表了现、当代美术史思想的最高权威之一，尽管他也像瓦萨里那样，非常注重美术史发展的内在逻辑，然而他对美术相关的知识范畴的理解完全有异于古典的那种“积累”和“汇总”。这只要比较一下贡布里希所推崇的卡尔•波普尔的哲学思想和传统哲学的不同就不难理解了。在《艺术与错觉》这部浸透了波普尔（或者更早的休谟）思理的著作中，贡布里希认为，美术家不可能在绝对意义上描绘或复现视觉之域，而是在和假定（hypotheses）打交道。但是，正如布列逊所指出的那样，贡布里希对整个艺术史的理解依然是一种乐观主义的理解：图式与修正的不断运演一步步地趋近于现实的完好再现，从而达到一种高峰。所以，当贡布里希类比地把美术也看作是对假定的确证过程时，他和老普里尼和瓦萨里就不无相同之处了，即绘画史重新被确认为一种前行的运动，而过去（或传统）从来就不是一种“负担”。[12] 且不论布列逊的批评是否有矫枉过正的意味，使我们感兴趣的是美术史发展的未来前途。按照乐观主义的理解，正如知识积累到一定程度就减慢了速度一样，越是晚来的艺术家就越是无所作为，但是这恰恰忽略了美术史发展中另一种潜在的可能，即在“影响的焦虑”中崛起，对传统或是误读

---

12 Norman Bryson, *Tradition and Desire: From David to Delacroix*, Cambridge, UK: Cambridge University Press, 1984, pp. 13-15.

(misread)，或是破坏(iconoclasm)。事实上，西方美术受(圣像)破坏的驱动也是很深刻的一个方面。现代艺术——如赫伯德·里德所说——是一个开山祖师创始的，但他又不愿承认他的这辈子孙，不让他们继承他的衣钵。在这种意义上说，美术史的发展与其是呈现为一种平滑的上升或流动，毋宁说是一种起伏不断、变化复杂的过程，其中既有美术家对传统的痴情厮守，也有顽强的较量和抗争，充满了喜悦和痛苦，贯穿着诸种强大的主体倾向。

因而，理解美术家的内心对于美术史的把握具有非常重要的意义。科林伍德曾在未发现任何新史料的情况下，对一个争议不断的历史事件提出过这样的问题：恺撒曾两次入侵不列颠，目的是什么呢？这一提问并不复杂深奥，却恰恰是人们所忽略的历史事件的内在意义。科林伍德断言，恺撒在自己的著述中对这两次重大的军事行动缄口不语，恰好构成了他内在意图的主要证据，因为无论恺撒的意图是什么，他对此保持沉默只能意味着军事行动的失败，否则他就没有沉默的必要了。[13]对于美术史的重要事件的阐释也是一样与其坐等新的史料，不如试图从事件的主体性加以思考，即思想古人的思想。马克思在论及古希腊罗马艺术的不朽魅力时，诗意地类比了人类心理的早期面貌——童年。尽管马克思本人并没有完全揭开艺术史这一伟大之谜，却有力地暗示了艺术应该会有的内在绵延轨迹。所以，要把美术史从一种对死的过去的复述转化为美术内在精神或生气的源源不断的释放，我们就应该如诗人雪莱所描述的那样，“像一个精灵 / 在其心田的最深处寄居蜷隐 / 思其之所思，感受其所感 / 谛听其内心最隐秘的独白”[14]——这样，美术史就会真正成为心灵和心灵的迷人对话的结果了。

---

13 参见［英］柯林武德：《历史的观点》中译本序言，中国社会科学出版社，1986 年。

14 As quoted in Georg Brandes, *Main Currents in Nineteenth Century Literature*. Vol. 4, Naturalism in England, translated by Mary Morison, New York: Macmillan, 1906, head page.

第二节
美术史：精神与文化的深度

美术史或许会比任何一种别的历史更易使人陷于两难之境：当艺术的遥远而朦朦胧胧的种种迹象成为考古学意义上的确凿材料，并且能够印证一般的历史进程时，美术史却可能在付出丧失自身诗性的代价。毫无疑问，史料的确证、辨定等从来都是必要的，但是，美术史的研究最后使其自身只有忝列历史分枝的资格时，却面临其个性被吞没的隐在危险。哲学家罗素在《历史作为一种艺术》中指出："历史——我将这样坚持认为——就像人们公认的诗歌的情况那样，是每个人精神生活中值得向往的一部分。"[15]历史如此，恐怕美术史更其然，后者的突出之处就在于它直接就是人的精神生活本身。因而，有时与其要剥离美术史的非历史性质，毋如最大限度地凸现其精神的和文化的诗性及其独特流变。正是在这一点上，我们颇能同感于贡布里希的这种强调：并非美术史隶属社会科学（包括历史学），而是社会科学从属于美术史。原因恐怕就在于，美术史的对象的特殊性表现为无所不在的精神与文化的气质。

如果说，美术史作为一种历史，是受纵贯的倾向牵制着，那么，它作为一种文化现象时就对应于横断的剖示了。或许，只有当历史的描述和文化的分析互相衬映和互相佐证时，美术史的形象才会立体起来，才会比较完整。但是，这种既和一般历史有别又有所联系的美术史观并不是呼之欲出的产物。有关美术史何以自律、自治，曾有过相当长的反思过程。如何使美术史从一般文明史中摆脱出来与雅各布•布克哈特式的治史传统分道扬镳，一度是争执的焦点。

值得注意的还有美术史究竟是风格史还是精神史的著名争论。这场发生

15　[英]罗素:《论历史》,何兆武、肖巍等译,生活·读书·新知三联书店,1991年,第63页。

在20世纪上半叶的争论，一方是以一贯强调美术史自律性的沃尔夫林为代表，另一方则是属于维也纳学派的A.李格尔和德沃夏克等人。后者更关心的是艺术风格发展的背后所隐现的各个时代的精神现象。比如，李格尔曾受W.狄尔泰的影响，倾向于把视觉艺术解释成支配人类文化和其他现象的统一整体思想的表现。因而，不难见出，虽然美术史要从一般的文明史中争取到自己的独特标志，但这种争取自身独立的过程，并不是要割断与文化和时代精神的关系。把视觉艺术孤立于它赖以产生和衍化的文化规定和精神背景，无疑是过于人为了。所以，就此说来，风格史和精神史的分歧与其说是本质的，还不如说是技术的，两者的融合、互补才可能更接近美术史的本来意义。

应该承认，在以往，美术史和文化史的时相重叠并非全然没有意义。18世纪中叶，是伏尔泰与赫尔德创始了文化史，布克哈特随后使其达到了引人注目的高度。正是由于布克哈特对绘画和近代建筑的文化史研究，他的影响才变得世界化了。丹纳的《艺术哲学》、佩特的《文艺复兴历史的研究》等都发展了布克哈特的文化学思想。丹纳与佩特又影响了西蒙兹（John Addington Symonds）的《意大利文艺复兴》和蒙兹（Eugene Muntz）的《文艺复兴时期的美术史》。所以，布克哈特包括美术在内的文化史研究虽然不完全是美术史本身，但是，其影响却广泛而有益，我们可以列出长长一串名字：贾尼斯查克（Hubert Janistchek），著有《意大利文艺复兴时期的社会和艺术》；贾斯蒂（Karl Justi），著有《迪埃哥·委拉斯开兹和他所处的世纪》；瓦尔堡（Aby Warburg），作为前面两位的弟子，他明确地把美术史解释成文化史和精神史学科；赫伊津哈（Johan Huizinga），著有《中世纪的衰亡：14和15世纪法国、意大利的生活、思维和艺术的形式的研究》；格雷伯（Oleg Graber），著有《伊斯兰美术的形成》；杜比（George Duby），著有《大教堂时代：艺术和社会，1980—1420年》；霍夫曼（Werner Hofmann），著有《古斯塔夫·克里姆特和维也纳的世纪转折》……文艺复兴艺术之所以成为美术史中的最热点，与布克哈特的影响绝不可分。只是在今天看来，有点可惜的是，有些贯穿文化史思路的美术史更多地是偏重文化本身，而不是美术。

相形之下，精神史要显得更内在些，因为如果说文化史纵览的是特定时代和社会的风貌特征的话，那么精神史则企图洞悉特定时代和社会的精神意绪。以李格尔的高足德沃夏克（Max Dvorak）的研究为例，他认为一次大战预兆了绘画中的实利主义和文化自然主义的终结，替而代之的将是以珂珂希卡（Oskar Kokoschka）的表现主义为样本的新唯灵论（spiritualism）。在他看来，正是表现的精神品质赋予具体的创作过程以形体。当人们把哥特时期的视觉艺术与其他的当代现象相类比时，就不难在那种凌越于物质经验的中世纪基督教的世界观中找到各种艺术的基点。哥特式的绘画与雕塑所反映出的正是一种纯粹精神性的超验世界观。在这里，德沃夏克不是把艺术解释成受制于新的经济、社会或宗教思想的发展，而是认为中世纪的艺术的精神品性不可能从当时神学家的著述中推演出来，它更是一种和宗教思想相平行的现象。换一句话说，超验的世界观是社会整体精神的集中反映，艺术是其中的一部分。这种史观无疑是独到的，因为它对美术发展的解释不是遵循单一的因果联系，而是极力强调相互作用的因果关系。遗憾的是，德沃夏克的著作极难移译。这大大影响了他的美术史思想的广泛传播，倒是他的弟子安塔耳（Frideric Antal）和豪泽尔，由于把精神史的思路进一步和马克思主义哲学联系起来，从而格外引人注目。不过，精神史本身的不足也不难见出。譬如，继承德沃夏克思路的美术史家几乎均对“时代的精神思想”的诸种成因与发展等语焉不详。

不过，美术史的精神与文化的视野确是没有局囿的。美术史家的这方面关注事实上也时有新的发现。潘诺夫斯基指出过，14世纪上半叶意大利文艺复兴时期的艺术是对中世纪晚期空间分隔（compartalization）的终结；而文艺复兴之所以不同于洛加林王朝与12世纪的艺术，就是由于它对“整全和永恒”的意识促成了形式与内涵的古典型结合。在《哥特式建筑和经院哲学》中，他不但粉碎了哥特式建筑是一种独立存在的说法，而且，使人们第一次相信了经院思辨对12到13世纪的法国哥特式大教堂的内在气质的影响。另外，威特科尔（Rudolf Wittkower）对视觉艺术与个人主义、天才和孤独等内在的关系的分析，埃格伯特（Donald Drew Egbeot）对美国建筑史和有机表现观关系的考察等，也都显示了把美术史同文化的、精神的现象加以联系把握的有益性。

应该指出的是，从一种具有重要意味的内在方面审视美术史，无论是精神的还是文化的，并不仅仅在阶段性的、局部的研究上体现其优长，而且在扫除历史学的盲视点上表现出了宏观的洞察力。在这里，一直有争议的斯宾格勒是不能略而不论的。虽然我们无意全盘接受他在《西方的没落》中的观点，同时，此书也不是美术史的专门论著，但是，使我们感兴趣的是其中的史识及有关美术史的独特阐发。譬如，在斯宾格勒看来，希腊人、东方的印度人都属于非历史性（ahistorical）的民族，似乎都对时间的流逝很不在意，而更关心当下的永久价值。希腊人的历史研究，从希罗多德直到修昔底德，都未曾在真正展示时间的流动中找到变化不息的“活的历史”；他们偏爱历史的断面，并寻找理想的样本。在古希腊的美术中，对“永恒”的爱是无以复加的，这同近代西方人以及埃及人形成相当明显的对比。对于埃及人来说，他们关心的是生命在未来中的持续存在；近代西方人也大致相仿，在近代的绘画中频频出现慈母和婴儿的象征母题，就再好不过地反映了近代人对未来的一种关怀和憧憬。这恰恰是坚执于“神话性过去”（mythical past）的古希腊人所不曾梦想过的。因而，对西方文艺复兴以降的美术史和古希腊美术史的基本关系的判断，仅仅依凭一般史家的论断——同一历史的不同阶段，两者相互连接——是难以令人放心的。在斯宾格勒看来，虽然古希腊美术是西方美术的一大渊源，文艺复兴正是要复兴古典的希腊精神，但是，这还是粗糙的感受。人们的一般印象只是表明，一种文化艺术对于另外一种的羡慕可以达到何其强烈的程度。所以，尚需要补充一种更为内在的透视角度。如果说古典的精神可以表述为典型的“阿波罗精神”，那么，近代西方精神却是“浮士德的精神”。阿波罗作为雕塑之神，其基本特征是：具体、清朗和明晰，旨在从有限的形体中觅取和谐之极的美。它不同于西方式的以示长远的圣母圣婴的表现，总是具现出一个“永恒之现在”的灵魂，崇尚落实了感觉亲缘的“接近和现时”（near and present）的原则。“浮士德的精神”则不仅仅是文学中的人物精神的概括，而是潜入于各种艺术中，以抽象的、流动的和进取的特征有别于古典精神。从壁画到油画，直至最高的表现艺术——音乐，其中的“浮士德的精神”凸现了一种内在的无限性发展的逻辑。因而，在文化精神的深度视界中，古典的希腊艺术和近代艺术所背倚的是两种不同的灵魂。如果说“阿波罗的精神”孕育了古希腊超妙无比的造型艺术，“浮士德的精神”发展出越来越抽象的表现艺术，“昧津灵魂”（magian soul）塑造了阿拉伯的视觉艺术，那么，对无穷的极爱和对抽象（非模仿）的表现意志的推重，在中国古典美术中又凸现了一种怎样的精神呢？在这里，侧重文化精神方面的发问本身就是意味深长的。

或许，对于比较美术史的研究来说，文化和精神史的意义显得最突出。美术史从来是特定文化和时代精神的一种最有力的“自我意识”。这种“自我意识”的限度越是明确、越是深刻，美术史与美术史之间就越有互相影响的价值。换言之，某一种精神、文化形态中的艺术对于另一种的影响程度，正是由精神和文化的差异性所决定的。差异的程度越大，其价值也就越显著。这很容易使我们联想到“五四”前后西画对中国美术的巨大影响。我们甚至可以说，正是文化差异所引起的震动或冲击，使新质的艺术精神变成了另一种文化之下的有力召唤。但是，进一步的深层事实是，当两种不同文化（精神）的艺术渐渐缩小了视觉效果上的差距时，保持独特的“自我意识”就变得越来越困难，同时也越来越有特殊的价值。这就是说，在现实的条件下，文化和精神的独特气质永远是不应该也不可能泯灭的。只有这样，美术史才有其勃勃的发展前景。所以，正是各种艺术所汇成的影响的起伏、激荡，让我们的耳际充满了涌向未来的迷人涛声。

附 录
国外美术心理学参考文献

Ackerman, J. 1962. A Theory of Style. *The Journal of Aesthetics and Art Criticism* 20(3): 227–237.

Alajouanine, T. 1948. Aphasia and Artistic Realization. *Brain* 71: 229–241. Reprinted in M. T. Sarno, ed. *Aphasia: Selected Readings*. New York: Appleton-Century Croft, 1972. 231–239.

AIbers, J. 1963. *Interaction of Color*. New Haven: Yale University Press.

Altshuler, R. and Hattwick, L. 1969. *Painting and Personality: A Study of Young Children*. Chicago: University of Chicago Press.

Anwar, M., and Child, I. 1972. Personality and Esthetic Sensitivity in an Islamic Culture. *Journal of Social Psychology* 87: 21–28.

Arnheim, R. 1943. Gestalt and art. *The Journal of Aesthetics and Art Criticism* 2(8): 71–75.

——1949. The Gestalt Theory of Expression. *Psychological Review* 56: 156–171.

——1954. *Art and Visual Perception: A Psychology of the Creative Eye*. Berkeley and Los Angeles: University of California Press.

——1962. *The Genesis of a Painting: Picasso's Guenaica*. Berkeley: Universitv of California Press.

——1966. *Toward a Psychology of Art: Collected Essays*. Berkeley: University of California Press.

——1969. *Visual Thinking*. Berkeley: University of California Press.

——1971. *Art and Entropy*. Berkeley: University of California Press.

——1977. The Art of Psychotics. *Art Psychotherapy* 4: 113–120.

——1977. *The Dynamics of Architectural Form*. Berkeley and Los Angeles: Universiry of California Press.

——1980. Problems of Space in Early Forms of Art. Paper presented at National Symposium for Research in Art, University of Illinois, Urbana–Champaign, October.

——1982. *The Power of the Center: A Study of Composition in the Visual Arts*. Berkeley and Los Angeles: University of California Press.

——1986. *New Essays on the Psychology of Art*. Berkeley and Los Angeles: University of California Press.

——1989. *Parables of Sun Light: Observations on Psychology, the Arts, and the Rest*. Berkeley: University of California Press.

——1990. *Thoughts on Art Education*. Los Angeles: Getty Center for Education.

——1992. *To the Rescue of Art*. Berkeley: University of California Press.

——1996. *The Split and the Structure*. Berkeley: University of California Press.

——1997. *Film Essays and Criticism*. University of Wisconsin Press.

Attneave, F. 1954. Some Informational Aspects of Visual Perception. *Psychological Review* 61: 183–193.

——1972. Representation of Physical Space. In A. W. Melton and E. Martin, eds. *Coding Processes in Human Memory*. New York: Wiley.

Bader, A. 1958. Psychotics and Their Paintings: the Human Soul Laid Bare. *CIBA Symposium* 6: 152–155.

Barron, F. 1952. Personality Style and Perceptual Choice. *Journal of Personality* 20(4): 385—401.

——1953. Complexity-simplicity as a Personality Dimension. *Journal of Abnormal and Social Psychology* 48: 162–172.

——1958. The Psychology of Imagination. *Scientific American* 199(3): 151–166.

——1963a. *Creativity and Psychological Health: Origins of Personality and Creative Freedom*. Princeton: Van Nostrand.

——1963b. The Needs for Order and for Disorder as Motivation in Creative Activity. In C. W. Taylor and F. Barron ed. *Scientific Creativity: Its Recognition and Development*. New York: Wiley.

——1969. Creative Person and Creative Process. New York: Holt, Rinehart, and Winston.

——1972. The Creative Personality: Akin to Madness? *Psychology Today*, July, 42–44, 84–85.

Barron, F., and Welsh, G. 1952. Artistic Perception as a Possible Factor in Personality Style: Its Measurement by a Figure Preference Test. *Journal of Psychology* 33: 199–203.

Beebe-Center, J. 1932. *The Psychology of Pleasantness and Unpleasantness*. Princeton: Van Nostrand.

Beebe-Center, J., and Pratt, C. C. 1937. A Test of Birkhoff's Aesthetic Measure. *Journal of General Psychology* 17: 335–350.

Berlyne, D. 1960. *Conflict, Arousal, and Curiosity*. New York: McGraw Hill.

——1970. Novelty, Complexity, and Hedonic Value. *Perception and*

Psychophysics 8: 279–286.

——1971. *Aesthetics and Psychobiology*. New York: Appleton–Century–Crofts.

——ed. 1974. *Studies in the New Experimental Aesthetics: Steps toward an Objective Psychology of Aesthetic Appreciation*. New York: Wiley.

Berlyne, D., and Ogilvie, J. 1974. Dimensions of Perception of Paintings. In D. E. Belyne ed. *Studies in the New Experimental Aesthetics: Steps toward an Objective Psychology of Aesthetic Appreciation*, New York: Wiley.

Bernstein, L. 1976. *The Unanswered Question: Six Talks at Harvard*. Cambridge: Harvard University Press.

Bettelheim, B. 1967. *The Empty Fortress: Infantile Autism and the Birth of Self*. New York: The Free Press.

Birkhoff, G. 1933. *Aesthetic Measure*. Cambridge: Harvard Universtity Press.

Birren, F. 1961. *Color Psychology and Color Therapy*. New York: University Books.

Bogousslavsky, Julien, and Michael G. Hennerici ed. 2007. *Neurological Disorders in Famous Artists* – Part 2, Basel, Freiburg, Paris, London, New York, Bangalore, Bangkok, Singapore, Tokyo and Sydne: Karger.

Bonarparte, M., Freud, A., and Kris, E., ed. 1954. *The Origin of Psychoanalysis*. Trans. Eric Mosbacher and James Strachey. New York: Basic Books.

Bond, E. 1972. Perception of Form by the Human Infant. *Psychological Bulletin* 77: 225–245.

Bornstein, M. 1975. Qualities of Color Vision in Infancy. *Journal of Experimental Child Psychology* 19: 401–419.

Bower, T. 1964. Discrimination of Depth in Premotor Infants. *Psychonomie Science* 1: 368.

——1966. The Visual World of Infants. *Scientific American* 215: 80–92.

——1972. Object Perception in Infants. *Perception* 1(1): 15–30.

Brittain, W. 1968. An Exploratory Investigation of Early Adolescent Expression in Art. *Studies in Art Education* 9(2): 5–12.

Brody, G. 1970. The Development of Visual Aesthetic Preferences in Young Childern. *Scientific Aesthetics / Sciences de l'Art*: 7(1–2): 27–31.

Bush, M. 1967. The Problem of Form in the Psychoanalytic Theory of Art. *The Psychoanalytic Review* 54(1): 5–35.

Carothers, T., and Gardner, H. 1979. When Children's Drawings Become Art: the Emergence of Aesthetic Production and Perception. *Developmental Psychology* 15(5): 570–580.

Cassirer, E. 1957. *Philosophy of Symbolic Forms*. New Haven: Yale University Press.

Child, I. 1962. Personal Preferences as an Expression of Aesthetic Sensitivity. *Journal of Personality* 30: 496–512.

——1964. *Development of Sensitivity to Aesthetic Values*. Cooperative Research Project No. 1748, Yale University.

——1965. Personality Correlates of Esthetic Judgment in College Students. *Journal of Personality* 33: 476–511.

——1968–1969. Esthetics. In G. Lindzey and E. Aronson, ed. *Handbook of Social Psychology*, vol. 3, 2nd ed. Reading, Mass: Addison–Wesley.

——1978. Aesthetic Theories. In E. Carterette, ed. *Handbook of Perception*. vol. 10. New York: Academic Press.

Child, I., Hansen, J., and Hornbeck, F. 1968. Age and Sex Differences in Children's Color Preferences. *Child Development* 39(1) 237–247.

Child, I., and lwao, S. 1968. Personality and Esthetic Sensitivity: Extension of Findings to Younger Age and to Different Culture. *Journal of Personality and*

Social Psychology 8: 308–312.

——1977. Young Children's Preferential Responses to Visual Art. *Scientific Aesthetics / Sciences del'Art* 1(4): 291–307.

Child, I., and Schwartz, R. 1966. Exploring the Teaching of Art Values. *Journal of Aesthetic Education* 1(2): 41–54.

Chipman, S., and Mendelson, M. 1975. The Development of Sensitivity to Visual Structure. *Journal of Experimental Child Psychology* 20: 411–429.

Clark, A. 1896–1897. *The Child's Attitude toward Perspective Problems. Studies in Education*. Stanford: Stanford University Press.

Cole, M., and Scribner, S. 1974. *Culture and Thought: A Psychological Introduction*. New York: Wiley.

Cooper, Arnold M., and Marcus, Steven. 1996. *The Artist and the Emotional World: Creativity and Personality*, New York: Columbia University Press.

Corcoran, A. 1954. Color Usage in Nursery School Painting. *Child Development* 25(2): 107–113.

Cross, P., Cattell, R. and Butcher, H. 1967. The Personality Patterns of Creative Artists. *British Journal of Educational Psychology* 37: 292–299.

Dax, E. 1953. *Experimental Studies in Psychiatric Art*. London: Faber and Faber.

Deloache, J., Strauss, M., and Maynard, J., 1979. Picture Perception in Infancy. *Infant Behavior and Development* 2: 77–89.

Dennis, N. 1978. *Portrait of the Artist*. New York, Review of Books 25(May 4): 8–15.

Deregowski, J., Muldyow, E., and Muldrow, W. 1972. Pictorial Recognition in a Remote Ethiopian Population. *Perception* 1: 417–425.

Dickie, George. 1968. Is Psychology Relevant to Esthetics? In F. J. Coleman, ed. *Contemporary Studies in Esthetics*. New York: Mcgraw–Hill, 321–335.

Dirks, J., and Gibson, E. 1977. Infants' Perception of Similarity between Live People and Their photographs. *Child Development* 48: 124–130.

Dissanyake, E. 1974. A Hypothesis of the Evolution of Art from Play. *Leonardo* 7: 211–217.

Dixon, Laurinda S. 2013. *The Dark Side of Genius: The Melancholic Persona in Art*, ca. 1500–1700. Penn State University Press.

Dormandy, Thomas. 2000. *Old Masters: Great Artists in Old Age*. London: Hambledon and London.

Drevdahl, J., and Cattell, R. 1958. Personality and Creativity in Artists and Writers. *Journal of Clinical Psychology* 14: 107–111.

Duncan, E. H. 1970, The Ideal Aesthetic Observer; A Second Look. *Journal of Aesthetics and Art Criticism* 29: 47–52.

Ecker, D. 1963. The Artistic Process as Qualitative Problem Solving. *The Journal of Aesthetics and Art Criticism* 21: 283–290.

Edwards, B. 1979. *Drawing on the Right Side of the Brain*. Los Angeles: J. P. Tarcher.

Ehrenzweig, A. 1953. *The Psychoanalysis of Artistic Vision and Hearing*. London: Routledge and Kegan Paul.

——1967. *The Hidden Order of Art: A Study in the Psychology of Artistic Imagination*. Berkeley and Los Angeles: University of California Press.

Eysenck, H. 1940. The General Factor in Aesthetic Judgments, *British Journal of Psychology* 31: 94–102.

——1940–1941. Some Factors in the Appreciation of Poetry and Their Relation to Temperamental Qualities. *Character and Personality* 9: 160–167.

——1941a. "Type" Factors in Aesthetic Judgments. *British Journal of Psychology* 31: 262–270.

——1941b. The Empirical Determination of An Aesthetic Formula.

Psychological Review 48: 83–92.

——1942. The Experimental Study of the "Good Gestalt": A New Approach. *Psychological Review* 49: 344–364.

——1960. *Uses and Abuses of Psychology*, London: Penguin Books.

Eysenck, H. and Castle, M., 1970. Training in Art as a Factor in the Determination of Preference Judgments for Polygons. *British Journal of Psychology* 61: 65–81.

Eysenck, H. and Eysenck, S. 1976. *Psychoticism as a Dimension of Personality*. London: Hodder and Stoughmn.

Eysenck. H. and Iwawaki, S. 1971. Cultural Relativity in Aesthetic Judgments: An Empirical Study. *Perceptual and Motor Skills* 32: 817–818.

Eisner, Elliot W. 2002. *The Arts and the Creation of Mind.* New Haven and London: Yale University Press.

Fagan, J. 1970. Memory in the Infant. *Journal of Experimental Child Psychalogy* 9: 218–226.

Fantz, R., Fagan, J., and Miranda, S. 1975. Early Visual Selectivity. In L. Cohen and P. Salapatek, ed. *Infant Perception,* vol. 1. New York: Academic Press.

Fantz, R. and Miranda, S. 1975. Newborn Infant Attention to Form of Contour. *Child Development* 46: 224–228.

Fechner, G. 1876. *Vorsehule der Astetik*. Leipzig: Breitkopf &. Hartel.

Feshbach, S., and Singer, R. 1971. *Television and Aggression*. San Francisco: Jossey–Bass.

Festinger, L. Burnham, C., Ono, H., and Bamher, D. 1967. Inference and the Conscious Experience of Perception. *Journal of Experimental Psychology Monograph* 74: 1–36.

Flugel, J. C. 1969. *The Psychology of Clothes*. New York: International Universities Press.

Ford, C., Prothro, E., and Child, I. 1966. Some Transcultural Comparisons of Aesthetic Judgment. *Journal of Social Psychology* 68: 19–26.

Foucault, M. 1973. *Madness and Civilization: A History of Insanity in the Age of Reason*. New York: Random.

Frances, R. 1968. *Psychologie de l'esthetique*. Paris: Presses Universitaires de France.

Freeman, N. 1980. *Strategies of Representation in Young Children*. London: Academic Press.

Freeman, N. and Janikoun, R. 1972. Intellectual Realism in Children's Drawings of a Familiar Object with Distinct Features. *Child Development* 43: 1116–1121.

Freimuth, M. and Wapner, S. 1979. The Influence of Lateral Organization on the Evaluation of Paintings. *British Journal of Psychology* 70: 211–218.

Friedman, S., and Stevenson, M. 1980. Perception of Movement in Pictures. In M. Hagen, ed. *The Perception of Pictures*, vol. 1: Alberti's Window: The Projective Model of Pictorial Information. New York: Academic Press.

Fry, R. 1958. *Cezanne: A Study of His Development*. New York: Noonday.

Fucigna, C., and wolf, D. 1981. *The Earliest Two–dimensional Symbols: the Onset of Graphic Representation*. Paper presented at Eleventh Annual Conference of the Jean Piaget Society, Philadelphia, May.

Gablick, S. 1976. *Progress in Art*. New York: Rizzoli.

Gardner, H. 1970. Children's Sensitivity to Painting Styles. *Child Development* 41: 813–821.

——1971. The Development of Sensitivity to Artistic Styles. *The Journal of Aesthetics and Art Criticism* 29(4): 515–527.

——1972. The Development of Sensitivity to Figural and Stylistic Aspects of Paintings. *British Journal of Psychology* 63: 605–615.

——1974. The Contributions of Color and Texture to the Detection of Painting Styles. *Studies in Art Education* 15: 57–62.

——1975. *The Shattered Mind*. New York: Knopf.

——1979. Children's Art: Nadia's Challenge. *Psychology Today* 13(4): 18–23.

——1980. *Artful Scribbles: the Significance of Children's Drawings.* New York: Basic Books.

Gardner, H. and Gardner, J. 1973. Developmental Trends in Sensitivity to Form and Subject Matter in Paintings. *Studies in Art Education* 14: 52–56.

Gardner, H. and Winner, E. 1981. Artistry and Aphasia. In M. Samo ed. *Acquired Aphasia*. New York: Academic Press.

Gardner, H. and Winner, E. 1982. First Intimations of Artistry. In S. Strauss ed. *U-shaped Behavioral Growth*. New York: Academic Press.

Gardner, H., Winner, E. and Kircher, M. 1975. Children's Conceptions of the Arts. *Journal of Aesthetic Education* 9(3): 60–77.

Gardner, H., and Wolf, D. 1979. First Drawings: Notes on the Relationships between Perception and Production. In C. F. Nodine and D. F. Fisher ed. *Perception and Pictorial Representation*. New York: Praeger.

Garfunkel, G. 1980. *The Development of Compositional Balance in Children's Drawing.* Paper presented at Annual Meeting of American Educational Research Association. Boston, April.

Getzels, J. and Csikszentmihalyi, M. 1976. *The Creative Vision: A Longitudinal Study of Problem Finding in Art.* New York: Wiley.

Getzels. J., and Jackson, P. 1962. *Creativity and Intelligence: Explorations with Gifted Students.* New York: Wiley.

Ghiselin, B. ed. 1952. *The Creative Process.* New York: Mentor.

Gibson, E. 1969. *Principles of Perceptual Learning and Development.* New

York: Appleton–Century–Crofts.

Gibson, J. 1950. *The Perception of the Visual World.* Boston: Houghton Mifflin.

——1954. A Theory of Pictorial Perception. *Audio–Visual Communication Review* 1: 3–23.

——1960. Pictures, Perspective, and Perception. *Daedalus* 89: 216–227.

——1966. *The Senses Considered as Perceptual Systems.* Boston: Houshton Mifflin.

——1971. The Information Available in Pictures. *Leonando* 4: 27–35.

——1979. *The Ecological Approcah to Visual Perception.* Boston: Houghton Mifflin.

Gibson, J. and Yonas, P. 1968. A New Theory of Scribbling and Drawing in Children. In H. Levin, E. J. Gibson, and J. J. Gibson, ed. *The Analysis of Reading Skill.* Washington, D. C.: U. S. Dept. of Health. Education and Welfare, Office of Education (Final Report).

Gollin, E. 1960. Developmental Studies of Visual Recognition of Incomplete Objects. *Perceptual and Motor Skills* 11: 289–298.

——196l. Further Studies of Visual Recognition of Incomplete Objects. *Perceptual and Motor Skills* 13: 307–314.

Golomb, C. 1973. Children's Representation of the Human Figure: the Effects of Models, Media, and Instruction. *Genetic Psychology Monographs* 87:197–251.

——1974. *Young Children's Sculpture and Drawing.* Cambridge: Harvard University Press.

——1981. Representation and Reality: The Origins and Determinants of Young Children's Drawings. In *Review of Research in Visual Arts Education* 14: 36–48.

Gombrich, E. 1963. *Meditations on a Hobby Horse and Other Essays on the*

Theory of Art. London: Phaidon Press.

Goodman, N. 1968. *Languages of Art.* Indianapolis: Bobbs–Merrill. 2nd ed. Indianapolis: Hackett, 1976.

——1972. *Problems and Projects,* Indianapolis: Bobbs–Merrill. Repub. Indianapolis: HacKett, 1976.

——1975. The Status of Style. *Critical Inquiry* 1(3–4): 799–811.

——1977. When Is Art? In D. Parkins and B. Leondar ed. *The Arts and Cognition.* Baltimore: John Hopkins University Press.

——1977. *Children Drawing.* Cambridge: Harvard University Press.

Gordon, I. 1982. Left and Right in Art. In D. O' Hare ed. *Psychology and the Arts.* Atlantic Highlands. N. J.: Humanities Press.

Gotz, K. Borisy, A., Lynn, R. and Eysenck, H. 1979. A New Visual Aesthetic Sensitivity Test: I. Construction and Psychometric Properties. *Perceptual and Motor Skills* 49: 795–802.

Granger, G. 1955a. An Experimental Study of Colour Harmony. *Journal of General Psychology* 52: 21–35.

——1955b. The Prediction of Preference for Color Combinations. *Journal of General Psychology* 52: 213–222.

——1955c. An Experimental Study for Colour Preferences. *Journal of General Psychology* 52: 3–20.

Graves, M. 1946. *Design Judgment Test.* New York: Psychological Corporation.

Greene, G. 1980. *Ways of Escape.* New York: Simon and Schuster. Gregory, R. 1977. Review of Nadia, *New Statesman*, Dec. 1, p. 57.

Hagen, M. 1978. An Outline of An Investigation into the Special Character of Pictures. In H. Pick and E. Saltsman ed. *Modes of Perceiving and Processing Information.* Hinsdale, N. J.: Lawrence Erlbaum Associates.

Hagen, M. and Jones, R. 1978. Cultural Effects on Pictorial Perception: How Many Words Is One Picture Really Worth? In R. Walk and H. Pick, Jr. ed. *Perception and Experience.* New York: Plenum.

Haith, M. 1966. Response of the Human Newborn to Visual Movement. *Journal of Experimental Child Psychology* 3: 235–243.

Hardi, I. 1962. The Effect of Psychotmpic Drugs on Drawing. In G. Macagnani ed. *Psicopatologia dell' expression.* Imola: Galeati.

——1966. *Dynamic Drawing Tests Applied in Psychotropic Medication.* Third conforentia Hungarica pro therapia et investigatione in pharmacologia. Budapest: Kultura.

——1972. Reflection of Manic-depressive Psychoses in Dynamic Drawing Tests. *Confinia Psychiatrica* 15: 64–70.

Haritos-Fatouros, M. and Child, I. 1977. Transcultural Similarity in Personal Significance of Aesthetic Interests. *Journal of Crosscultural Psychology* 8: 285–298.

Harris, D. 1963. *Children's Drawings as Measures of Intellectual Maturity*. New York: Harcourt Brace& World.

Hauser, A. 1985. *The Philosophy of Art History,* Northwestern University Press.

Hochberg, J. 1978. Art and Perception. In E. Carterette and M. Friedman ed. *Perceptual Ecology.* New York: Academic Press.

Hochberg, J. and Brooks, V. 1960. The Psychophysics of Form: Reversible—perspective drawings of spatial objects. *American Journal of Psychology* 73: 337–354.

——1962. Pictorial Recognition as All Unlearned Ability: A Study of One Child's Performance, *American Journal of Psychology* 75: 624–628.

Howe, Patrick. 2013. *The Awakening Artist: Madness and Spiritual*

Awakening in Art. New Alresford: John Hunt Publishing.

Hudson, W. 1960. Pictorial Depth Perception in Subcultural Groups in Africa. *Journal of Social Psychology* 52: 183–208.

Hulsker, J., ed. 1970. *Van Gogh's "Diary".* Amsterdan: Meulenhoff International.

Humphreys, L. 1939. Generalization as a Function of Method of Reinforcement. *Journal of Experimental Psychology* 25: 361–372.

Howe, Patrick. 2013. *The Awakening Artist: Madness and Spiritual Awakening in Art,* New Alresford: John Hunt Publishing.

Hustvedt, Siri. 2016. *A Woman Looking at Men Looking at Women: Essays on Art, Sex, and the Mind,* New York: Simon & Schuster.

Hyde, Lewis. 2007. *The Gift: Creativity and the Artist in the Modern World,* New York: Vintage Books.

Iwao, S., and Child, I. 1966. Comparason of Esthetic Judgements by American Experts and by Japanese Potters. *Journal of Social Psychology* 68: 27–33.

Iwao, S., and Garcia, M. 1969. Further Evidence of Agreement between Japanese and American Esthetic Evaluation. *Journal of Social Psychology* 78: 11–15.

Iwawaki, S., Eysenck, H., and Gotz, K. 1979. A New Visual Aesthetic Sensitivity Test(VAST): II. Cross-cultural Comparison between England and Japan. *Perceptual and Motor Skills* 49: 859–862.

Jahoda, G., Deregowski, J., Ampene, E., and Williams, N. 1977. Pictorial Recognition as an Unlearned Ability: A Replication with Children from Pictorially Deprived Environments. In George, Butterworth ed. *The Child's Representation of the World.* New York: Plenum.

Jahoda, G., and McGurk, H. 1974. Pictorial Depth Perception in Scottish and Ghanaian Children: A Critique of Some Findings with the Hudson Test. *International Journal of Psychology* 9(4): 225–267.

Jakobits, L. 1969. The Affect of Symbols: Toward the Development of a Cross–cultural Graphic Differential. *International Journal of Symbology* 1: 28–52.

Jaspers, K. 1977. *Strindberg and Van Gogh.* Trans. O. Grunow and D. Woloshin. Tucason: University of Arizona Press.

Jones, J. 1980. *Teaching Art to Older Adults:* Guidelines and Lessons. Atlantic: Georgia Department of Administrative Services.

Jung, C. G. 1960. *Psychology and Religion.* New Haven: Yale University Press.

Kagan, J. 1970. The Determinants of Attention in the Infant. *American Scientist* 58(3): 298–306.

Kennedy, J. E. 1961. The Paired–comparison Method and Central Tendency Effect in Esthetic Judgments. *Journal of Applied Psychology* 45 (2): 128–129.

Kennedy, J. M. 1974. *A Psychology of Picture Perception.* San Francisco: Jossey–Bass.

Knapp, R. 1957. Achievement and Aesthetic Preference. In J. Atkinson ed. *The Assessment of Human Motives.* Princeton: Yan Nostrand.

Knapp, R., McElroy, L. and Vaughn, J. 1962. On Blithe and Melancholic Aestheticism. *Journal of General Psychology* 67: 3–10.

Koch, K. 1970. *Wishes, Lies and Dreams.* New York: Chelsea House.

Koffka, H. J. 1940. *Problems in the Psychology of Art.*

Koffka, K. 1935. *Principles of Gestalt Psychology.* New York: Harcourt.

Kogan, N., Connor, K., Gross, A. and Fava, D. 1980. Understanding Visual Metaphor: Developmental and Individual differenees. *Monographs of the Society for Research in Child Development* 45: 1.

Kohler, W. 1929. *Gestalt Psychology.* New York: Liveright.

——1937. Psychological Remarks on Some Questions of Anthropology. *American Journal of Psychology* 50: 271–288.

Kosslyn, S. 1980. *Image and Mind.* Cambridge: Harvard University Press.

Kreitler, H. 1957. The Psychology of Dadaism, in W. Verkaufed. Dada: *Monograph of a Movement.* Teofen, Switzland: Niggli, 74–88.

Kreifler, H. and Kreitler, S. 1972. *Psychology of the Arts.* Durham: Duke University Press.

Kris, E. 1952. *Psychoanalytic Explorations in Art.* New York: International Universities Press.

Kubovy, Michael. 2008. *The Psychology of Perspective and Renaissance Art.* Cambridge University Press.

Kuhn, R. 1983. *Psychoanalytic Theory of Art: A Philosophy of Art on Developmental Principles.* New York: Columbia University Press.

Kutash, E. F. S. 1982. A Psychoanalytic Approach to Understanding: Form in Abstract and Minimelist Painting. *International Review of Psychoanalysis* 9: 167–177.

Lamb, C. 1951. Sanity of Genius. In *The Last Essays of Elia.* London: Oxford Clarendon Press.

Langer, S. 1942. *Philosophy in a New Key*. Cambridge: Havard University Press.

——1953. *Feeling and Form*. New York: Scribner.

Lark–Horowitz, B. 1937. On Art Appreciation of Children: I. Preference of Picture Subjects in General. *Journal of Educational Reserch* 31(2): 118–137.

——1938. On Art Appreciation of Children: II, Portrait Preference Study. *Journal of Educational Research* 31(8): 572–598.

——1939. On Art Appreciation of Children: Ⅲ. Textile Pattern Preference Study. *Journal of Educational Research* 38(1): 7–35.

Lark–Horowitz, B., Lewis, H. and Luca, M. 1973. *Understanding Children's Art for Better Teaching*. 2nd ed. Columbus: Merrill.

Lawler, C. and Lawler, E. 1965. Color–mood Associations in Young Children. *Journal of Genetic Psychology* 107: 29–32.

Lowenfeld, V. and Brittain, W. 1970. *Creative and Mental Growth*. 5th ed. New York: Macmillan.

Lawlor, Monica. 1955. Cultural Influences on Preferences for Designs. *Journal of Abnormal and Social Psychology* 61: 690–692.

Lewis, H. 1963. The Relationship of Picture Preference to Developmental Status in Drawing. *Joumal of Educational Research* 57: 43–46.

Liberman, A. 1960. *The Artist in His Studio*. New York: Viking Press.

Liebert, R. S. 1977. Michelangelo's Dying Slave: A Psychoanalytic Study in lcongraphy. *The Psychoanalytic Study of Child* 32: 505–543.

——1977. Michelangelo's Early Works: A Psychoanalytic Study in Iconography. *The Psychoanalytic Study of Child* 34: 463–525.

——1982. Methodological Issues in the Psychoanalytic Study of an Artist. *Psychoanalysis and Contemparaiy Thought* 5: 493–462.

——1983. *Michelangelo: A Psychoanalytic Study of the Man and His Image*. New Haven and London: Yale University Press.

Livingstone, Margaret. 2002. *Vision and Art: The Biology of Seeing*. New York: Harry N. Abrams.

Lowenfeld, V. and Beittel, K. 1959. Interdisciplinary Criteria of Creativity in the Arts and Sciences: A Progress Report. *Research Yearbook*. National Art Education Association. pp. 35–44.

Lundholm, H. 1921. The Affective Tone of Lines. *Psychological Review* 28: 43–60.

Machotka, P. 1966. Aesthetic Criteria in Childhood: Justifications of

Preference. *Child Development* 37: 877–885.

——1979. *The Nude: Perception and Personality*. New York: Irvington.

MacKinnon, D. 1961. The Study of Creativity and Creativity in Architects. *In Proceedings of the Conference* on "the Creative Person". Berkeley: University of California Extension.

——1962. The Nature and Nurture of Creative Talent. *American Psychologist* 17: 484–495.

——1965. Personality and the Realization of Creative Potential. *American Psychologists* 20: 273–281.

Maher, B. 1974. Delusional Thinking and Perceptual Disorder. *Journal of Individual Psychology* 30: 98–113.

Malraux, A. 1947. *Museum Without Walls*. Garden City, New York: Doubleway, 1963.

Marmor, Michael F. and Ravin, James G. 2009. *The Artist's Eyes: Vision and the History of Art*, New York: Abrams.

McGhee, P. 1973. *Children's Appreciation of Humor: A Test of the Cognitive Congruency Principle*. Paper presented at Society for Research in Child Development, Philadelphia.

Mednick, S. 1962. The Associative Basis of the Creative process. *Psychological Review* 69: 220–232.

Meier, N. 1940. *The Meier Art Tests: I. Art Judgment*. Iowa City: Bureau of Educational Research and Service, University of Iowa.

Meyer, L. 1956. *Emotion and Meaning in Music*. Chicago: University of Chicago Press.

——1979. Toward a Theory of Style. In B. Lang, ed. *The Concept of* Style. Philadelphia: University of Pennsylvania Press.

Milner, M. 1957. *On Not Being Able to Paint.* New York: International

Universities Press.

Morris, D. 1967. *The Biology of Art*. Chicago: Aldine—Atherton.

Munsinger, H. and Kessen. W. 1964. Uncertainty, Structure, and Preference. *Psychological Monographs* 78(9), No. 586.

Murray, D. and Deabler, H. 1957. Colors and Mood-tones. *Journal of Applied Psychology* 41: 279-283.

Neumann, E. 1955. *The Great Mother*. New York: Pantheon Books.

——1959. *The Archetypal World of Henrty Moore*. Ballingen Series, LXV Ⅲ. New York: Pantheon Books.

Nodine, C. 1982. Compositional Design as a Perceptual Determinant of Aesthetic Judgment. *Review of Research in Visual Arts Education* 15: 43-54.

Normore, L. 1974. Verbal Responses to Visual Sequences Varying in Uncertainty Level. In D. Berlyne ed. *Studies in the New Experimental Aesthetics*. New York: Wiley.

Ogden, R. M. 1938. *The Psychology of Art*. New York.

Olson, R. 1975. Children's Sensitivity to Pictorial Depth Information. *Perception and Psychophysics* 17(1): 59-64.

Olson, R., Pearl, M., Mayfield, N. and Millar, D. 1976. Sensitivity to Pictorial Shape Perspective in 5-year-old Children and Adults. *Perception and Psychophysics* 20(3): 173-178.

Osgood, C. 1960. The Cross-cultural Generality of Visual-verbal Synesthetic Tendencies. *Behavioral Science* 5: 6-69.

Pariser, D. 1979. A Discussion of Nadia: A Case Study of Extraordinary Drawing Ability in an Autistic Child. *Project Zero Technical Report, No. 9.* Harvard Graduate School of Education, Cambridge.

Park, C. 1978. Review of L. Selfe, Nadia: A Case of Extraordinary Drawing Ability in an Autistic Child. *Journal of Autism and Childhood Schizophrenia* 8(4):

457–472.

Parker, D. M. and Deregowski, J. B. 1990. *Perception and Artistic Style*, North–Holland.

Parsons, M., Johnston, M. and Durham, R. 1978. Developmental Stages in Children's Aesthetic Responses. *Journal of Aesthetic Education* 12(1): 83–104.

Patrick, C. 1937. Creative Thought in Artists. *Journal of Psychology* 4: 35–73.

Peel, E. 1944. On Identifying Aesthetic Types. *British Journal of Psychology* 35: 61–69.

——1946. A New Method for Analyzing Aesthetic Preferences: Some Theoretical Considerations. *Psychometrika* 11: 129–137.

Perkins, D. 1979. *Pictures and the Real Thing*. Paper presented at Conference on Processing of Visible Language 2, Niagara–on the Lake, Canada. Sept. 3–7.

——1981. *The Mind's Best Work*. Cambridge: Harvard University Press.

Piaget, J. 1952. *The Child's Conception of Number*. New York: Humanities.

——1963. *The Origins of Intelligence in Children*. New York: Nolon.

——1965. *The Moral Judgment of the Child*. New York: The Free Press.

Piaget, J. and Inhelder, B. 1967. *The Child's Conception of Space*. New York: Norton.

Pickering, G. 1974. *Creative Malady*. London: George Allen & Unwin.

Piekford, R. 1963. *Piekford Projective Pictures*. London: Tavistock.

——1970. Psychiatric Art. In H. Osborne ed. *Oxford Companion to Art*. Oxford: Clarendon Press.

——1972. *Psychology and Visual Aesthetics*. London: Hutchinson.

——1982. Art and Psychopathology. In D. O'Hare ed. *Psychology and the Arts*. London: Harvester.

Plokker, J. 1965. *Art from the Mentally Disturbed*. Boston: Little Brown.

Poffenberger, A. and Barrows, B. 1924. The Feeling Value of Lines. *Journal of Applied Psychology* 8: 187–205.

Poore, H. R. 1967. Composition in Art. New York: Dover.

Protnoy, J. A. 1942. *A Psychology of Art Creation*. Ph. D Thesis, University of Pennsylvania, Philadelphia.

Prinzhorn, H. 1972. *Artistry of the Mentally Ill*. New York: Springer.

Rickford, Ralph William. 1972. *Psychology and Visual Aesthetics*, London: Hutchinson Educational.

Rose, G. 1980. The Power of Form. Psychologlcal lssues. *Monograph* 49. New York: International Universities Press.

Rose, S. 1977. Infants' Transfer of Response between Two–Dimensional and Three–dimensional Stimuli. *Child Development* 48: 1086–1091.

Rosenberg, J. 1964. *On Quality in Art: Criteria of Excellence*, Past and Present, Princeton: Princeton University Press.

Rosenstiel, A., Morison, P., Silverman, J. and Gardner, H. 1978. Critical Judgment: A Developmental Study. *Journal of Aesthetic Education* 12(4): 95–107.

Rosenthal, D. 1970. *Genetic Theory and Abnormal Behavior*. New York: McGraw.

Rosinski, R., Mulholland, T., Dagelman, D. and Farber, J. 1980. Picture Perception: An Analysis of Visual Compensation. *Perception and Psychophysics* 28(6): 521–526.

Rothenherg, A. 1971. The Process of Janusian Thinking in Creativity. *Archives of General Psychiatry* 24: 195–205.

——1979. *The Emerging Goddess*. Chicago: University of Chicago Press.

Rothenberg, A. and Hausman, C. 1976. *The Creativity Question*. Durham: Duke Universitv Press.

Schaefer–Simmern, H. 1948. *The Unfolding of Artistic Activity*. Berkeley: University of California Press.

Schapiro, M. 1962a. Leonardo and Freud: An Art Historical Study. In P. Wiener and A. Noland ed. *Ideas in Cultural Perspective*. New Brunswick: Rutgers Universitv Press.

——1962b. Style. In S. Tax ed. *Anthropology Today*. Abridged ed. Chicago: University of Chicago Press.

Seheerer, M. and Lyons, J. 1957. Line Drawings and Matching Responses to Words. *Journal of Personality* 25: 251–273.

Segall, M., Campbell, D. and Herskovits, M. 1966. *The Influence of Culture on Visual Perception*. Indianapolis: Bobbs–Merrill.

Selfe, L. 1977. *Nadia: A Case of Extraordinary Drawing Ability in an Autistic Child*. London: Academic Press.

Silverman, J., Winner, E., Rosensfiel, A. and Gardner, H. 1975. On Training Sensitivity to Painting Styles. *Perception* 4: 373–384.

Simon, H. Newell, A. and Shaw, J. 1962. The Processes of Creative Thinking. In H. Simon, *Models of Thought*. New Haven: Yale University Press, 1979.

Smith, N. 1972. *The Origins of Graphic Symbolization in Children 3–5.* Ph. D dissertation, Harvard University, Cambridge.

——1980. Development and Creativity in American Art Education: A Critique. *High School Journal*, May, 348–352.

Sohm, Philip. 2007. *The Artist Grows Old: The Aging of Art and Artists in Italy, 1500–1800*. New Haven and London: Yale University Press.

Spitz, Ellen Handler. 1985. *Art and Psyche*. New Haven and London: Yale University Press.

Stokes, A. 1955. Form in Art. In M. KIein, ed. *New Directions in Psychoanalysis*. London: Tavistock.

——1965. *The Invitation in Art*. New York: Chilmark Press.

——1967. *Reflection on the Nude*. London: Tavistock.

Stone, I., and Stone, J. ed. 1960. *Dear Theo: the Autobiography of Vincent Van Gogh*. New York: Grove Press.

Tighe, T. 1968. Concept Formation and Art: Further Evidence on the Applicability of Walk's Technique. *Psychometric Science* 12: 363–364.

Todd, J. 1943. Preferences of Children for Modem and Older Paintings. *Elementary School Journal* 44: 223–231.

Torrance, E. 1962. *Guiding Creative Talent*. Eaglewood Cliffs, N. J. Prentice–Hall.

Turner, Mark. 2006. *The Artful Mind: Cognitive Science and the Riddle of Human Creativity*, Oxford University Press.

Valentine, C. 1962. *The Experimental Psychology of Beauty*. London: The Camelot Press, Methuen.

Wadeson, H. 1980. *Art Psychotherapy*. New York: Wiley.

——1987. *The Dynamics of Art Psychotherapy*. New York: John Wiley& Sons, Inc.

Wadeson, H., Durkin, J. and Pemch, D. 1989. *Advances in Art Therapy*. New York: John Wiley&Sons, Inc.

Weitz, M. 1956. The Role of Theory in Aesthetics. *The Journal of Aesthetics and Art Criticism* 15: 27–35.

Wheelwright, P. 1954. *The Burning Fountain: A Study in the Language of Symbolism*. Bloomington: Indiana University Press.

Wild, C. 1965. Creativity and Adaptive Regression. *The Journal of Personality and Social Psychology* 2: 161–169.

Willats, J. 1977. How Children Learn to Represent Three–dimensional Space in Drawings. In G. Butterworth ed. *The Child's Representation of the World*. New

York: Plenum Press.

Wilson, B. 1966. An Experimental Study Designed to Alter Fifth and Sixth Grade Students' Perception of Paintings. *Studies in Art Education* 8(1): 33–42.

Wilson, B. and Wilson, M. 1977. An Iconoclastic View of the Imagery Sources in the Drawings of Young People. *Art Education* 30: 5–11.

Winner, E., Mendelsohn, E., Gaffunkel, G., Arangio, S. and Stevens, S. 1981. *Are Children's Drawings Balanced*? Paper presented at Society for Research in Child Development, Boston.

Wollheim, R. 1979. Pictorial Style: Two Views. In B. Lang, ed. *The Concept of Style*. Philadelphia: University of Pennsylvania Press.

Zaimov, K., Kitov, D. and Kolev, N. 1969. Aphasie chez un–peintre. *Encephale* 68: 377–417.

Zeki, Semir. 1999. *Inner Vision: An Exploration of Art and Brain*. Oxford University Press.

Ziff, P. 1953. The Task of Defining a Work of Art. *Philosophical Review* 62: 58–78.

Zigle, E., Levine, J., and Gould, L. 1966. Cognitive Processes in the Development of Children's Appreeialion of Humor. *Child Development* 37: 507–518.

Zigle, E., Levine, J., and Gould, L. 1967. Cognitive Challenge as a Factor in Children's Humor Appreciation. *Journal or Personality and Social Psyechology* 6: 332–336.

后 记

撰写一本知识还算翔实的《美术心理学》的想法，确已在我的脑子里酝酿了很久。可是，一直未敢轻易下笔。原因是很明显的，没有一个个专题的独立而又深入的研究的积累，任何专著都难免单薄和寒碜。同时，如果对这门学科的发展历史和现状了解甚少，也会犯坐井观天之忌。

幸好 1989 年我甫到当时的浙江美术学院史论系执教，就有机会为三位进修生开了一门艺术心理学的选修课。这项工作之所以还值得在这里提上一笔，是因为它不仅让我静下心来整理和补充几年来有关艺术心理学的想法，而且，那种漫谈、讨论式的授课方式所形成的既自由又不无紧张的气氛至今仍令人难以忘却。当时，教学双方都曾议定：尽可能详尽地介绍和分析西方现、当代的艺术心理学的第一手材料，同时也参证中国古典画论的精彩言论；宁可重在知识性，而毋求体系的完备性等等。这些均在这本《美术心理学》里留下了明显的痕迹，细心的读者是不难体会到的。

由于深感美术心理学研究的难度，我对各种现象更多地是去描述它们的诸多侧面和联系，而不强求绝对的结论。尤其是对于那些我认为是“言多必失”或越说反而越简单化的心理现象，更是点到为止，留给读者以进一步思考和体会的回旋余地。这多多少少也是心理学的一种设计。坦诚地说，这本小书算不上从从容容的思想的产物，因为整个写作过程十分匆忙，兼之中间夹了热情过火的酷夏，很多想再想一想的内容只能几笔带过，或者干脆割爱了。

此书 1994 年出版之后，来自读者的热情反应非常让人心暖。我前不久在一次讲座结束后，还有读者拿着一本保存得很好的、第一版的《美术心理学》找到我，让我签名！不被读者所忘，对于作者来说，是多么荣幸的事儿！

这次在第一版的基础上作了一些修订，补写了一些内容，希望会让读者喜欢。

莎士比亚的《亨利四世》第三幕中的一段对话依然意味深长，再读还是颇有感触，因为它几乎就是美术心理学的全部旨归和困难的一种暗示：

> 格尔道尔：我可以召唤深渊里的精灵。
>
> 霍茨伯：哈，这我也会，什么人都会；可是您召唤它们的时候，他们果真会应召而来吗？

好在我们与其要一个“一切已经做完了”的句号，还不如抱定“一切都从头开始”的宗旨。对于美术心理学的发展来说，没有东西会比追索未知的过程本身更令人心醉的了。

是为后记。

1990 年秋初记于杭州西子湖畔

2017 年夏再补记于上海旅次